학생선수, 학부모를 위한 **필독서**

현직 프로야구
스카우트가 전하는

프로가
된다는 것

PROFESSIONAL
BASEBALL

니다
잉

세계 야구 본고장이라 할 수 있는 MLB가 있는 미국에서 스카우트는 스포츠 경영을 전공하는 학생들이 가장 선호하며, 또 이들에게 각광받는 직업들 중 하나이다. 현직 스카우트가 직접 현장을 누비며 선수를 선발했던 경험과 야구인으로서 후배들에게 들려주는 생생한 조언들은 필히 아마추어 선수들에게 큰 도움이 될 것으로 의심의 여지가 없다. 하지만 한국은 물론 미국에서도 프로 진출을 꿈꾸는 아마추어 선수, 부모, 감독, 코치에게 직접적인 길잡이가 될 만한 서적을 찾기는 어렵다. 만약 그들이 프로에 진출하는 데 정말 필요한 것이 무엇이고 스카우트들이 무엇을, 어떻게, 왜 하는지에 관한 해답을 찾고자 한다면, 생생한 현장 경험을 바탕으로 스카우트가 직접 쓴 이 책이 중요한 지침서가 될 것이다.

– 민성익(미국 뉴욕주립대학교 스포츠경영학과 교수) –

프로에서는 어떤 덕목을 갖춘 인재를 원하는지, 학생 선수에게 기본기와 인성이 왜 중요한지 등 프로에서 선택받을 수 있는 실질적 조언을 이 책에서 풍부하게 제시하였다. 이 책은 프로선수가 되길 갈망하는 어린 선수들에게 유익한 지침서가 될 것이다.

– 이상군(천안 북일고등학교 감독) –

이 책을 읽고 잠시 나의 야구 인생을 추억해 봤다. 아마추어와 프로의 선수 생활이 끝난 뒤 중·고교, 대학의 선수들을 키우는 지도자의 입장에서 반길만한, 학생 선수들에게 참으로 좋은 책이 나왔다는 생각이 들었다. 재미로, 주변의 칭찬으로 시작한 야구가 시간이 흘러 이제는 미래의 인생을 좌우하게 될 시점이 되었을 때 꼭 읽어야 할 책이 나왔다는 것이 참으로 다행이라는 생각이 들었다. (이러한 지침서가 없었던 나의 과거를 아쉬워하며) 모든 학생 선수들이 꿈꾸는 프로선수가 되는 많은 과정들에 대해 친절하게 풀어 놓은 이 책을 통해 프로구단에서 원하는 것이 무엇인지 알게 되는 계기가 되길 바란다. 상급학교 감독님들과 프로구단의 스카우트들이 중요하게 보는 것이 무엇인지, 별로 못한다고 생각했던 선수가 왜 선택받는지 그리고 선택받은 그들이 더욱 성장하며 꿈을 이루는 과정에 대해 우리가 잘 알지 못했던 비화와 이면의 얘기들을 재밌게 풀어 냈다. 선수들과 함께 호흡하며, 야구를 사랑하는 모든 선수들에 대해 누구보다 관심이 많은 저자의 노력에 박수를 보내며, 이 책을 야구로 성공하고픈 모든 학생 선수들에게 꼭 읽어 봐야 할 책이라고 권하고 싶다.

－ 길홍규(고려대학교 야구부 감독) －

　많은 선수들이 프로에 입문한 뒤 성공하는 유형들과 실패하는 유형들을 무수히 지켜봐 왔다. 성공하는 선수들의 공통점들은 야구에 대한 열정과 집념·기질, 연구하는 자세 등을 지니고 있었고, 지도자 없이도 스스로 할 줄 아는 선수들이라는 게 대표적인 공통점이었다. 그들은 팀 적응력이 뛰어났고 사생활에 있어서도 절제력으로 자신을 담금질했다. 인성과 마인드 세팅(mind setting)은 필수 구비 요소였다. 반면 실패하는 선수들은 사생활이 문란했고 스스로 만족하는 선수들이 대부분이었다. 변명과 핑계가 많은 선수들은 프로 세계에서 오래 버티지 못했다. 이 책은 프로에 들어오기까지 필요한 부분들과 프로에 들어오고 난 이후의 선수 마인드 세팅을 세부적으로 섬세하게 담았다. 아마선수와 프로 2군 선수 모두에게 필요한 내용들을 펼쳐 내었다. 그동안 지도자들이 말로만 주문하던 내용들이 글로써 만인에게 알려지는 계기가 되어 반갑기 그지없다.

－ 이정훈(두산 베어스 2군 감독) －

머리말

까까머리 어린 나이에 야구를 처음으로 시작하여 앞만 바라보며 쉼 없이 달려오다, 지나온 세월을 잠깐 멈추고 뒤돌아보는 시간을 가졌다.

벌써 반백의 나이를 넘어선 지도 꽤 되는 것을 보니 어지간히도 야구나이를 먹은 것 같다. 늘 숨 가쁜 박빙의 승부 세계에서 살아오며 야구장에서 에너지를 뿜어내는 젊은 선수들과 함께하다 보니, 나이 먹는 줄도 모르고 여기까지 쏜살같이 온 것 같다. 그 긴 시간을 야구와 함께했다는 데에서 더욱 소중함을 느낀다.

그래서 생각했다. 무엇인가 야구 후배들에게 도움 될 수 있는 것을 남기고 싶다고, 그런 동기가 용기가 되어 이 책 『현직 프로야구 스카우트가 전하는 프로가 된다는 것』을 집필하였다. 하루하루 시간 날 때마다 글을 써 내려 가면서 어떤 내용들이 진정으로 선수들에게 도움을 줄 수 있을까에 대한 진지한 고민을 갖고 글을 잘 쓰기보다는 정확한 내용 전달에 충실하려 했다.

어느 누군가에게는 긴 가뭄에 단비처럼 또 다른 누군가에게는 오랜 장마 끝에 비치는 따스한 햇살처럼, 필요한 곳에 널리 나누어지는 잔잔한 여운과 통찰을 남겼으면 하는 바람과 어린 꿈나무들과 성장한 아마추어 선수들에게 선한 영향력을 끼쳤으면 하는 마음으로 이 글을 써 내려갔다.

야구단의 행정이든 계획이든 무엇이든지 주저하지 않고 도전해 왔던 지난날들의 자산 덕분에 이 글 또한 써 내려가는 데 큰 어려움은 없었고 써 나가는 내내 행복한 시간들이었다.

통찰과 자기성찰의 시간들로 지나온 발자취를 애써 꺼내어 내게 질문을 던졌고 내가 전하고자 하였던 메시지가 과장되지 않고 올바르게 전달되어 좋은 반향으로 선수들에게 스며들었으면 했다.

아직까지 미처 알지 못했던 내용들이나 궁금했던 내용들이 이 글들로 인해 알게 되고 깨닫게 된다면 참으로 보람되고 흐뭇할 것 같다.

모르고 가는 길보다 알고 가는 길이라면 비록 힘들지라도 잘 견디며 마음을 잡을 수 있을 것으로 생각했고, 프로로 가는 지름길이 있다면 이런 길이라고 그 무엇인가를 알려 주고 싶었다.

필자에게는 항상 마음에 새기면서 스스로를 채근하며 몸과 마음을 다잡아왔던 문구가 있다. '언젠가 할 일이면 지금 하고, 누군가 할 일이면 내가 하고, 어차피 할 일이라면 최선을 다하자.'라는 문구이다. 이것저것 재는 것을 싫어한 성격 탓에 매사 무슨 일을 하더라도 일하기 전에 기준을 잡는 것은 늘 확고부동했다. 하려고 하는 일이 불법이거나 규정에 어긋나거나 도의적으로 해선 안 되는 일은 아닌지 확인하고, 가치가 있다고 판단되면 스스로에게 충분한 명분을 주었고 이내 바로 실행했다.

어느 조직에서든 이런 마음가짐으로 일을 하다 보면 동료들, 선후배들과의 업무 협업은 물론이거니와 사내에서의 인간관계도 원만해지고, 상사로부터도 신임을 받을 수 있을 것이다. 이것은 야구에서도 똑같이 적용되는 사람 사는 세상의 이치라고 생각한다.

자기 욕심을 버리고 주변을 배려하며 자신이 맡은 업무에 최선인 사람들은 조직의 문제해결에 앞장서려 노력하고 직원들 간의 화합과 융화에도 늘 항상 앞서 행동한다.

마땅히 향후 조직의 리더로서 자질을 하나하나 갖추어 나가는 것이라 본다. 조직이 찾는 미래 인재상은 이런 덕목들을 찬찬히 내재화하며 성장하는 사람이다. 조직은 이런 인재를 차세대 리더감으로 관심 있게 들여다보며 육성한다.

이 책을 쓰면서 프로 스카우트의 속성과 선수 선발 과정 그리고 최우선으로 선호하는 유형들을 짚어 보았고 다른 측면으로는 주의해야 할 사항 등 선수들이 마땅히 숙지하고 미리 준비해 나가야 할 사항들을 나열해 보았다.

선택을 받을 것인가 패싱당할 것인가의 기로에서 보이지 않는 그 조그마한 차이를, 그 미세한 차이를 열거할 수 있는 범위 내에서 최대한 열거하였다.

이 책의 내용들은 프로야구에 입문하는 꿈을 가진 선수들이 프로에 입문하기 위해서 필요한 여러 가지 요소들을 정리한 것으로 결국은 프로 스카우트의 눈에 띄어 선택을 받아 내는 포인트(point)를 설명했다. 아울러 야구인이라면 한 번쯤 생각해 봐야 할 현 아마추어 야구의 환경과 우려되는 부분에 대한 이야기도 언급해 보았다. 필자도 스카우트로서 직접 현장에서 그런 기본 가치를 높게 평가하면서 선수를 선별해 나가고 있다.

나의 바람은 하나이다. 여러분들이 여기에 있는 내용들을 본인의 것으로 만들어 늘 항상 생각하고 깨어 있는 모습으로 프로구단의 스카우트에게 선택되는 그날이 펼쳐지길 응원한다.

그리고 이 책에는 아마야구 선수들뿐만이 아니라 프로선수 생활을 갓 시작한 신진급 선수들이 겪게 되는 낯설고 치열한 경쟁 부분도 다루었는데 끝까지 살아남아야 되는 서바이벌 경쟁의 현장에서 이기기 위한 마음가짐 등도 열거하였다.

야구선수로서 후회 없이 야구 인생을 살아 온 여러분들은 열망과 열정을 넘어섰으며, 남은 인생의 길을 환히 비추는 등불을 이미 가진 사람들이다. 야구정신은 그렇게 인생의 근본을 이루는 뼈와 살이 되어 앞으로 맞닥뜨리게 될 고난과 파고를 무난하게 거침없이 넘을 수 있게 하며 인생의 지혜와 내면의 강인함이 자신들의 마음 안에 당당히 자리하게 만든다.

여러분들이 흘린 땀과 열정이 프로에서의 성공이란 값진 보상으로 되돌려 받기를 기원하면서 각자의 꿈을 향해 거침없이 도전해 나가기 바란다.

저자 **진상봉**

차
례

현직 프로야구
스카우트가 전하는
프로가
된다는 것

현직 프로야구 스카우트가 전하는 프로가 된다는 것

PART 1

세상과 소통하는
프로야구

CHAPTER 01

프로야구가 세상에 안겨 주는 의미

꿈을 주는
한국시리즈

한국시리즈를 알리는 깃발이 여기저기 휘날리고 하늘에선 누군가가 날린 드론이 분주히 날아다닌다. 한 해의 마지막 야구잔치인 한국시리즈를 알리고 남기기 위해 허공을 가르며 사람들과 야구장을 연신 촬영하고 있다.

지난여름의 뜨거웠던 폭염이 언제였나 싶을 정도로 세상은 온통 울긋불긋 가을빛 단풍으로 물들고 깊어진 가을과 함께 한국시리즈는 차례를 기다리고 있다. 더불어 올 한 해를 환호로 달구었던 야구의 열기도 이제 한국시리즈를 끝으로 막을 내리고 새로운 야구 역사의 한 페이지를 장식할 것이다.

삼삼오오 모여든 관중들은 표 구매에 바쁘고 여기저기서 친구들을 부르며 환한 인사를 나누는 정겨운 모습이 눈에 들어온다.

모두가 각각의 유니폼 저지(jersey)와 구단 점퍼를 입고서 가을야구를 즐기기 위한 방한 준비까지도 다한 듯 담요도 주섬주섬 챙겨 온 것 같다.

한편에선 마치 캠핑장이라도 온 듯 텐트며 의자며 테이블을 잔뜩 들고서 입장 준비를 하는 모습이 이젠 익숙한 풍경으로 자리 잡았다.

가족들을 위해서 아빠는 힘센 헐크가 되어서 무진장한 물품들을 한 손 가득 번쩍 들고 다닌다. 힘든 일도 귀찮은 일도 마다하지 않고 오직 자신의 가족들을 위한 일이기에 힘은 들어도 즐거워 보인다. 어찌 이쁘이겠는가? 그래서 존경받아야 하고 또 훌륭하신 가장들이다. 물론 엄마들은 두말할 것도 없다.

사람들의 표정이 여느 때와 다르게 모두들 상기되어 들떠 있고 야구장까지 걸어 올라오는 모습들에서 발걸음 가벼운 소풍 나들이처럼 싱그럽고 활기찬 분위기가 느껴진다.

매점들도 손님들을 맞이하느라 분주하게 매장의 물품들을 차곡차곡 쌓아 놓고 축제를 즐길 준비에 여념이 없다.

애당초 포스트 시즌(post season)에 진출하지 못했다면 이런 호사도 누릴 수 없지 않은가? 그래서 매점 사장님들은 구단 성적을 열렬히 응원하는 최고의 팬이 될 수밖에 없다. 특별보너스를 받는 기분처럼 이보다 더 좋을 수가 없다. 매점 사장님 사정을 감안하면 7차전까지도 가야 하지만 애타는 팬들은 빨리 우승의 헹가래를 보고 싶어 한다. 피가 마르기 때문이다.

야구팬들이 입장을 서두르고, 관중들이 모여드는 광경에서 생동감이 느껴진다. 코로나19로 숨죽이며 살아온 지난 2년을 보상이라도 받듯이 모두가 자유롭게 노마스크(2022년 9월 26일, 정부에서 실외 마스크 착용 의무를 완전히 해제하면서, 2022년 포스트시즌부터 마스크 없이 야구장 입장이 가능해졌다)로 야구장으로 입장하는 모습은 시간이 뒤로 돌아간 듯 데자뷔(déjà vu)된다.

그렇게 사람들은 제각각의 선호 좌석을 미리 예매한 대로 발권을 하고 좌석을 잡고서 선수들의 이름을 연신 호명하고 마음껏 오늘을 즐길 준비를 한다. 열광의 도가니에 예열을 가하며 점점 빠져들어 간다.

투수가 던지는 공 한 구 한 구에 모든 시선이 집중되고 순간의 찰나에 움찔움찔 나도 모르게 온몸에 힘이 들어간다. 야구의 묘미가 이런 게 아닌가 싶다.

모든 관중들이 다 같이 아쉬움의 탄성을 내뱉기도 하고 절정의 환호성으로 야구장이 들썩이기도 한다. 그래 맞다. 이런 분위기, 우리네 일상의 어디에서도 느낄 수 없는 이런 분위기 말이다. 집에서 TV 중계로 볼 때는 느끼지 못할 압도적인 이 분위기를 느끼기 위해 시간과 공을 들여서 현장을 찾는 것이다.

현장은 살아 있는 생동감을 직접 느끼게 하여 내가 살아가고 있는 험난한 세상을 견디고 이겨 내기 위한 에너지와 자신감을 준다. 이 시간만큼은 나를 위한 시간이고 나를 사랑하는 시간이다. 내가 제일 좋아하는 일을 지금 하기 때문이다. 목이 터져라 소리 지르고 옆 사람과 하이파이브(high five)를 하며 하늘 높이 날아갈 듯 점프를 한다. 누가 억지로 시킨다고 이런 환호성이 나올까 싶다. 이 순간만큼은 이 세상의 스트레스는 내 앞에 없다. 홈런~! 어쩌면 그리도

멋있게 하얀 포물선을 그리며 펜스(pence) 너머로 날아가는지 관중들은 이 짜릿한 전율을 잊지 못해 야구장을 찾는다. 소름 돋는 그 느낌말이다.

엄마 아빠 손을 잡고 야구장에 자주 오는 어린이들은 십중팔구 야구선수가 되는 꿈을 꾼다. 실제 부모에게 간청하여 리틀야구나 클럽야구에 입문하기도 한다.

어린 눈에 비친 그 열광의 모습들은 어떠했을까? 순간적으로 환호성을 지르며 펄쩍펄쩍 두 팔을 높이 들고 괴성과도 같은 함성을 들으면서 그 어린이들도 희열을 느낄 것이다. 이게 무슨 세상이지? 하면서 자신도 소리를 지르면서 평상시에는 느끼지 못할 그런 장면들과 환희 같은 짜릿함을 말이다. 시간 맞춰 마지못해 가야 하는 영어학원에서도, 수학학원과 피아노학원에서도 이런 전율은 느낄 수 없다.

당연히 야구선수가 되는 첫 번째 목표가 생기고 경기가 끝난 뒤 집으로 돌아간 자신은 어느새 그날 홈런을 친 선수가 된다.

집 거실이 야구장 타석마냥 멋진 폼으로, 홈런 친 선수가 다이아몬드를 돌듯이 거실을 돌며 상기된 표정으로 아빠에게 이야기할 것이다. 나 야구 할래, 할 거야, 하게 해줘!

아무리 한국시리즈가 단기전이라 하더라도 경기는 주거니 받거니 공방전을 펼치다 승부는 결국 기울게 되어 있다. 팽팽하게 대치되던 승부는 아주 작은 실수와 볼넷 하나가 빌미가 되어 걷잡을 수 없이 순식간에 무너진다.

그래서 이렇게 큰 시합에는 여차하면 끊어 가야 하는 전략이 필요한데 정작 선수단을 이끌어 가야 할 수장인 감독들은 선수를 믿어야 하고 해줄 것이란 기대와 미련 때문에 교체 타이밍(timing)을 곧잘 미루기도 한다. 그 찰나에서의 선택은 감독들에게는 정답 없는 영원한 숙제이다. 왜냐면 잘되면 우승의 대권을 쥐는 것이고 잘 안되면 패장이 되는 선택이기 때문이다.

지연된 타이밍들의 결과들은 여지없이 참담하게 패배란 멍에가 되어 순식간에 팀 분위기를 짙은 어둠으로 몰고 간다. 마지막에 이기면 명장이 되고 패하면 고개를 숙이고 쓸쓸히 야구장을 빠져나온다.

축하 전화와 문자가 봇물 터지듯이 날아오는 승장의 전화기 너머로 패장에게는 몇몇 지인의 수고 문자만 진동으로 알려 줄 뿐 허무한 마음 가득 안고 야구장을 빠져나온다. 열광의 우승팀 세리머니(ceremony)를 뒤로한 채 나오는 패장의 마음은 그렇게 참담할 수가 없다.

7전4선승제의 한국시리즈는 매 경기가 살을 에는 초접전으로 펼쳐지다가도 언제나처럼 한순간에 승부가 갈린다. 모든 것은 공 하나에 승부가 결정된다. 무수히 많은 공을 던지고 받고 하지만 희비는 결국 그 공 하나에 갈린다.

한국시리즈 우승
그리고 남겨지는 것들

야구를 사랑하는 팬들은 그간 국내 한국시리즈든 미국 메이저리그(Major League Baseball, MLB)의 월드시리즈(World Series)나 일본 프로야구(日本プロ野球, Nihon Professional Baseball, NPB)의 일본시리즈(Nippon Series, NS)든 여러 방송 매체들을 통하여 마지막 우승 순간의 장면들을 많이 접했으리라 본다.

[그림 1-1] 2022 KBO 리그(한국시리즈) 우승 확정 후 환호하는 선수들
(출처: SSG 랜더스 제공)

우승이 확정되는 마지막 아웃카운트가 확정되는 순간 모든 선수들이 더그아웃을 박차고 그라운드(ground)로 쏜살같이 달려 나가 부둥켜안고 눈물을 흘릴 때, 팬 여러분들도 그 순간의 짜릿함과 성취감을 느끼며 기뻐했을 것이다.

선수들은 너나 할 것 없이 감독, 코치들과 연신 기쁨과 감격의 포옹을 나누며 뒹군다. 이때 프런트(front) 직원들은 미리 준비해 둔 우승 티셔츠와 모자를 매우 신속하게 선수단에게 나누어 주고 입힌다. 여러분들은 선수단이 순식간에 하얀색으로 맞춘 우승 티셔츠를 입고서 야구장을 수놓은 것을 본 적이 있을 것이다.

언제인가는 우승 모자와 티셔츠를 몰래 야구장 더그아웃 뒤편 라커룸(locker room)에 숨겨 두고서 애간장을 태우며 기다린 적도 있었다. 그게 사람들 눈에 띄면 재수가 없어 시합에 패한다고 하여 구석진 곳에 몰래 숨겨 두기도 하였던 것이다.

큰 경기일수록 한국 사람들은 미신을 따르려 노력한다. 프런트 직원들마저도 이긴 날의 옷을 그대로 다음 날 입고 오며 승리를 기원한다.

무엇이라도 안 좋다고 하는 것은 하지 않았고 행여나 우승을 위해서 필요한 것과 하지 말아야 할 토속 미신 등을 철저히도 믿으며 가야 했다. 그렇게 정성을 들여서 우승이 비로소 확정되고 숨겨 둔 모자와 티셔츠를 선수단에 입힐 때 비로소 우승이 실감이 난다.

프런트 직원들은 뒤이어 바로바로 다음 수순을 위해 기민하게 움직이고 준비하는 데 옷과 모자를 입히고 난 뒤에는 곧장 샴페인과 맥주를 그라운드에 박스 채로 갖다 놓는다.

선수들은 미친 듯이 샴페인과 맥주를 영광을 함께한 감독, 코치, 선수들 모두에게 맘껏 쏟아붓는다. 선수들은 동심의 세계로 되돌아가 마치 어린아이처럼 물총놀이하듯 그라운드에서 이리저리 마냥 뛰어다니며 페트병 속의 맥주들을 한껏 흔들어 동료 선수들에게 난사한다.

그라운드에는 하얀 거품으로 변한 맥주와 샴페인이 포물선을 그리며 여기저기 뿜어져 나온다. 관중석에서 바라보는 이 광경도 흔하지 않은 재미있는 광경임은 부인할 수 없다. 그 짜릿함을 상상해 보라! 머리와 온몸을 샴페인과 맥주로 샤워하는 기분을, 하늘에선 꽃가루가 날리고 맥주와 샴페인 비가 머리 위로 쏟아지는 광경을.

우승의 기쁨으로 야구장에서의 술 세례식은 그렇게 짧게 마무리되고 선수단은 전열을 재정비한다. 이번에는 야구장에 가득 찬 홈 관중인 팬들께 인사드리는 시간을 바로 준비한다.

[그림 1-2] 2022 KBO 리그(한국시리즈) 우승 트로피를 들어 올린 선수단과 코칭스태프
(출처: SSG 랜더스 제공)

그동안 시즌을 치르는 내내 열화와 같은 응원과 사랑을 나누어 준 팬들에게 인사하기 위해 그라운드를 한바퀴 돈다. 감독을 비롯하여 전 선수들이 내·외야를 모두 돌면서 우승을 염원하고 목이 터져라 응원해 준 팬들에게 인사한다. 이때 대형 구단기와 우승 현수막을 들고서 팬들과 함께 구단 응원가를 열창하기도 하고 선수 이름을 연호하는 팬들과 함께 일체감이 되어 환호한다. 하늘을 날아갈 듯한 이런 느낌은 평생 잊지 못할 기억으로 오래 남을 것이다.

이후에는 KBO가 주관이 되어서 한국시리즈 우승 시상식을 연다. 우승 트로피를 구단주와 야구단 사장, 감독, 주장이 함께 KBO 총재로부터 건네받는다. 선수단들은 우승단상에 모두 올라서 시상식을 즐긴다.

[그림 1-3] 우승 세리머니 중인 SSG 랜더스 선수들(출처: SSG 랜더스 제공)

우승 트로피를 높게 들어 올릴 때 좌우에 배치되어 있던 축포가 하늘 높이 다시 터지고 하얀 꽃가루가 눈처럼 쏟아져 내린다. 온몸으로 체감하는 우승의 기쁨은 하얀 꽃가루가 온통 밤하늘을 덮으면 절정에 이른다.

예전 프로야구 초창기와 2000년 초반 때만 해도 한국시리즈 우승 시상식에는 준우승팀들도 옆에 도열하여 우승을 축하해 주는 시상식을 함께 했었다. 정확하게 기억이 나진 않지만 언제부터인가 패배한 상대 팀을 배려하기 위해 시상식은 우승팀만 하는 것으로 바뀌었다. 사실 필자도 과거 한국시리즈에서 준우승한 경험이 있었는데 그때 시상식을 바라보는 마음이 굉장히 무겁고 씁쓸하였던 기억이 있다. 그 당시 선수였던 필자도 그런 심정이었는데 감독 이하 코칭스태프의 마음은 얼마나 쓰라렸을까 싶다. 아무튼 언제부터인가 준우승팀은 참석하지 않는 것으로 바뀌어 다행스럽고 바람직한 정책이라고 생각한다.

휘황찬란하였던 야구장의 조명이 소등되면 남아 있던 환호와 아쉬움도 떠나 보내며 내년을 기약한다. 그렇게 한 해의 모든 일정은 끝이 난다.

긴 겨울을 보내고 새봄이 열리면 그때 프로야구는 또다시 새로운 기대와 기다림 속에 열리게 된다. 프로야구는 이제 팬뿐만 아니라 일반 시민도 함께 이야기꽃을 피우고 호흡하는 삶의 일부가 되어 세상과 소통하는 매체가 되었다.

비시즌 중 겨우내 계속되는 야구에 대한 갈증은 다소 미흡하지만 스토브리그(stove league)가 채워 준다. 이 시기에 팬들은 귀기울여 다른 팀들의 전력 보강 행보를 주시하고 자신이 응원하는 팀의 동정들도 세세히 살핀다. 얼마나 동계훈련을 잘하고 있는지, 추가적으로 전력 보강을 어떻게 하는지, 기존의 외국인 선수들의 교체 여부 등에 대해 팬들은 이미 진작부터 파악하고 있다. 스토브리그가 시작되면 갑론을박을 SNS상에서 열띠게 주고받는다.

시즌 중 야구로 인한 일상의 이야기를 잠깐 해본다.

팬들은 경기가 끝나고 귀가하는 내내 오늘 벌어졌던 경기 내용을 복기하며 다시 한 번 그 짜릿함을 기억하려 한다. 야구장 근처의 맥줏집이나 포장마차 주인에게는 어쩌면 야구 경기가 끝나는 시간이 하루 장사가 새로 시작되는 시간일지도 모른다.

야구팬들의 못다 한 스트레스를 풀어 주는 또 다른 장외 야구장이 아마도 그곳일 게다. 야구란 콘텐츠는 이렇게 두루두루 여러 방면으로 참 좋은 일을 한다.

야구는 주변의 많은 사람들에게 생계를 이어가는 직업을 갖게 해 수익을 창출함으로써 지역 경제 순환에도 도움을 준다. 팬들에게 소속감과 애정, 삶에 희망을 주는 보이지 않는 무형의 에너지만이 아닌 실제 삶을 유지하게도 한다. 이렇듯 야구는 스포츠로서의 역할뿐 아니라 산업으로서도 한 역할을 담당하고 있음이 틀림이 없다.

그래서 더욱 아끼고 사랑하고 더 발전시켜야 한다. 리그가 더욱 건강하고 건전해져 팬들로부터 받은 무한한 사랑과 신뢰를 이어가야 한다. 리그 발전을 위해 프로야구 종사자들은 보다 더 많은 고민과 실행계획으로 머리를 맞대야 한다. 정체하고 안주하면 안 된다. 안정된 비행을 위해 비행기에 양 날개가 필요하듯이 반대쪽의 쓴소리도 경청해야 한다. 예스맨(yesman)들만 있는 조직은 도태된다. 지혜가 부족하면 귀를 열고 머리를 빌려서라도 끊임없이 혁신을 해야 한다. 그렇게 될 수 있도록 야구인들은 사명감과 책임감을 가져야 한다. 왜냐면 야구는 이제 단순히 스포츠로서만이 아닌 국민들의 소통채널이고, 삶의 안식처이기 때문이다.

CHAPTER 02

명문 팀으로 가는 길

한국시리즈 진출 팀의 조건

한국시리즈에 미리 선착하여 기다리는 페넌트레이스(pennant race) 우승팀과 와일드카드(wild card)를 거쳐서 준플레이오프(semi play off), 플레이오프(play off)까지 우열을 가리며 끝끝내 한국시리즈까지 진출한 팀에는 역시나 팀 자체의 탄탄한 전력과 특유의 팀 문화가 있다. 그리고 그 팀 안에는 각자의 역할에 맞춰 강한 팀 문화를 만들고자 노력하는 사람들이 있다.

우선 리더로서 감독이 있는데 두 가지 유형이 있다. 전략적인 마인드를 가지고 선수단을 통솔하는 카리스마 감독 유형과 형님 리더십으로 스스럼없이 선수들과 소통하며 역경을 이겨 내는 감독이 그 유형이다. 어떤 유형이 성적을 내는 데 더 알맞는지는 상황에 따라 다르겠지만 과거 프로야구 초창기 때와는 리더십도 점차적으로 변화되고 있는 추세이다. 세월이 흘러 세상도 많이 바뀌어서 감독들도 관리 야구에서 소통 야구로 변화하고 있고, 지금도 현재 진행형으로 계속 바뀌고 있다. 앞으로도 팀의 소통 강화를 위해 감독 스스로 변화를 지속할 것으로 보인다.

최근에는 선수들 간에도 나이 차이가 많아 세대 차이로 인해 소통에 종종 어려움을 보이는 경우가 있다. 이는 과거보다 체력 관리나 정신 무장이 잘 된 덕에 선수 생명이 길어져 고참들과 신진들의 나이 차이가 제법 20년 이상 벌어진 덕이다. 선배들이 솔선수범하며 자신을 관리하고 앞장서는 것은 바람직한 일이고, 그것은 곧 팀의 전통과 문화가 건강하게 만들어진다는 의미일 수 있다. 다만, 세대 차이로 인해 소통에 어려움이 지속된다면 장기적으로 팀 전력에 도움이 되지는 않을 것이다. 선배 선수는 신진 선수들에게 먼저 다가가려는 노력을 해야 하는 한편 선수 간의 소통을 위한 구조적 장치도 마련해야 한다.

그런 역할을 하는 것이 수석코치이다. 수석코치는 팀에서 마당쇠 역할을 마다하지 않고 선수단 가교 역할을 한다. 실제적으로 선수들과의 소통을 통해 개인 문제, 고민 등을 주로 수석코치가 나서서 해결하고 모든 선수들이 운동에만 전념할 수 있도록 하는 한편 감독에게는 큰 일 외에 신경을 덜 쓰도록 보좌하는 역할을 한다.

또한 각 분야의 전문 코치들은 각자 분업화된 보직과 파트에 맞추어서 남다른 노력으로 최신 야구 정보나 현재 선수 상태 등을 세밀하게 분석하고 지도한다. 코치 중에 가장 스트레스가 심한 파트는 주저하지 않고 타격코치와 투수코치라고 말할 수 있다. 물론 중요하지 않은 보직이 있으랴마는 굳이 따진다면 그러하다. 승패에 가장 민감하고 예민한 부분을 맡고 있다 보니 한 경기 한 경기 피를 말리는 순간들을 보낸다. 선수들과 가장 가까이 밀착해서 소통하면서 갑작스러운 슬럼프(slump)가 온 선수와 해결책을 찾느라 동분서주하기도 한다. 이렇듯 선수들과 아픔을 함께하는 타격 · 투수코치들의 역할은 매우 중요하다. 물론 각 파트별 전문 코치들도 고생하기는 매한가지이다. 예전에 비해서 코치들의 보직도 분업화가 잘 되어 있어서 세분화된 파트들이 있다. 모두가 각자의 파트에서 승리를 위한 무언가를 만들어 내기 위해서 노력을 아끼지 않는다.

한편으로 코치들의 맞춤형 지도가 있기까지 보이지 않는 곳에서 밤새 노력해 주는 전력분석원은 더할 나위 없이 고마운 친구들이 아닐 수 없다. 이들의 노고는 어떠한 칭찬으로도 대신할 수 없을 정도로 헌신적이다. 어쩌면 각 분야에서 최고의 경쟁력을 갖춘 인력들로 보아도 과언이 아니다. 이들은 각자의 위치에서 보다 나은 선수 개인 성적과 팀 성적을 위해, 고군분투하며 각종 자료와 상대 정보 등을 누구보다 열심히 분석해 내고 납득할 만한 고급 정보를 선수단에게 제공한다. 이것은 선수단 전력 외의 눈에 보이지 않는 제2의 전력이다. 매우 중요한 부분으로 요즘 추세는 단장과 대표이사조차도 이 전력분석 분야의 이해도가 높고 니즈(needs)가 많은 편이다.

대략적인 전력분석 자료들을 간략하게 나열해서 설명한다면 주로 상대 감독의 성향과 작전 유형, 최근 요주의 타자와 득점 루트, 조심해야 할 특정 선수와 그의 약점, 상대 팀 선발투수의 최근 투구 패턴(pattern)과 주요 볼 배합 그리고 위닝 샷(winning shot, 상대 타자를 무력하게 제압하는 결정구) 구종, 배터리를 이루는 포수의 특성과 볼 배합 유형, 출루를 할 경우 도루 가능 선수, 당일 경기 등판 예정인 중간 셋업(set-up, 불펜 투수) 투수들의 특색과 마무리 투수의 최근 볼 배합 등을 낱낱이 파헤쳐서 선수단에게 제공한다.

특히 상대 투수들의 버릇[일명 쿠세, くせ(癖)]*을 새롭게 찾아내기도 하고 반대로 소속 구단 투수진들의 버릇도 평소에 잘 관리하여 노출되지 않게 방어하는 역할도 한다. 투수들의 버릇이라고 하는 일명 '쿠세'라는 말은 일반인들과 아마추어 야구선수들에게는 다소 생소한 단어일 것이다. 타자에게는 매우 중요한 부분으로 투수들의 버릇을 알아채는 능력을 키울 수 있다면 열일을 제쳐 두고서라도 배워야 한다. 생각해 보라. 타석에 선 타자가 투수가 던질 볼을 미리 다 알고 친다면 얼마나 유리하겠는가? 반대로 투수 입장에서는 겨우내 갈고 닦은 본인의 변화구나 직구를 상대 타자가 아주 쉽게 그것도 정확하게 파악해 장타를 마구 날린다면 얼마나 힘 빠지고 자신감을 잃을 것인가? 그것은 아주 작은 차이에서 나오는 자신의 버릇이 노출된 탓이다.

직구면 직구, 변화구면 변화구대로 모든 구종을 알고 받아 치는 상대 타자를 보면서 마냥 그 친구가 잘 친다고만 넋 놓고 있을 텐가? 본인의 볼에 이상이 있나 없나를 고민하기 전에 자신에게 사소한 버릇이 있는지 없는지를 먼저 살펴야 한다. 그래서 만약 자신의 버릇을 찾으면 수정해야 한다. 어떤 상황에서 어떤 구종을 던질 때 버릇이 나온다는 것을 반드시 알고 있어야 대처를 할 수 있다. 아무것도 모르는 상황에서는 어떠한 대처도 안 된다. 중요한 경기들을 망칠 수 있고 더 나아가 팀 성적에도 막대한 지장을 초래할 수 있다. 단순한 버릇으로 인해 방어율이 올라가고 볼넷이 남발되고 자신감과 의욕상실로 이어져 결국에는 감독의 신임을 잃을 수도 있다는 점을 명심하라!

Baseball Tip

쿠세(くせ, 투구습관)
쿠세는 일본어 くせ로 한자로는 버릇 벽[癖] 자를 사용한다. 야구에서는 투수들의
특정 투구 습관이나 버릇을 쿠세라고 한다. 보통 투수가 글러브를 잡는 방법이나
투구할 때 손의 위치 등으로 타자들이 특정 구질을 알아챈다고 한다. 예를 들어 포
크볼을 던질 때 평소와 달리 글러브가 벌어지는 모 투수는 타자들이 그걸 알아채
고 그 공을 노리고 타석에 들어서서 통타당하기도 했다.

야구는 디테일(detail)에서 승부가 갈리는 종목이라 해도 과언이 아니다. 강조
해야 할 것이 수도 없이 많겠지만 투수들의 버릇을 잘 잡아내야 한다는 명제는
명확하다.

이처럼 전력분석 문제는 비단 프로야구뿐만 아니라 아마추어 야구에서도 점
점 중요한 비중을 차지하고 있다. 전력분석능력이 출중한 팀들은 과히 상위권
팀으로서 자격을 갖추었다 말해도 손색이 없을 것이다. 그라운드에서는 보이
지 않지만 이 부분이 취약하고 더구나 관심도 없는 팀은 어느 날부터 갑자기
콜드 게임[called game, 양 팀의 점수 차가 큰 경우(5회 10점 차, 7회 7점 차 이상 점수가 벌어졌
을 때) 경기를 종료시키는 제도로 콜드게임이 선언되는 시기나 점수 차는 리그·대회마다 상이하다]
으로 지는 경기가 많아지고 나가는 투수들 족족 난타를 당한다. '이상하다. 이
상하다.' 되뇌면서도 속수무책이다. 어떻게 보면 작은 부분인데 엄청 큰 파장
이 오는 것이다.

결론적으로 감독 이하 각 분야의 코치, 선수들을 비롯하여 트레이닝 코치,
전력분석원, 매니저, 하물며 훈련보조요원들까지 모두가 일치단결하여 각자의

위치에서 경쟁력을 갖추기 위해 노력을 할 때 그 팀의 성적은 늘 상위권에 있을 것이다.

이렇게 긴 시즌을 잘 버티고 이겨 내어 최종 마지막까지 남아서 한국시리즈를 치르는 팀은 그냥 우연히 되는 것이 아님을 이제 여러분들도 잘 알 것이다.

하위 팀으로
가는 공식

시즌이 거듭할수록 중도에 뒤떨어져 낙오하는 팀들에는 저마다 많은 사유가 있다.

여러 사유가 있겠지만 주로 주축 선수의 갑작스런 부상에 따른 이탈, 기대하고 뽑아온 외국인 선수의 부진, 야구 외적으로는 윤리사고의 발생 등이 있다. 특히 윤리사고는 언론과 팬들에게 지탄을 받아 야구단의 응집도와 집중도를 분산시켜 팀 성적 하락의 큰 원인이 되기도 한다.

이와 같은 불미스러운 일이 생기는 팀들은 안 좋은 일이 한꺼번에 몰아 닥쳐 동시다발적으로 일어난다. 팀 주축 전력이 붕괴되고, 핵심 선수가 전열에서 이탈하고, 백업(back-up) 멤버(member)들은 기존 주전들과의 기량 차이가 커서 누수 전력을 커버하지 못하고 점차적으로 하위권으로 밀려난다. 선수단은 선수단대로 단결하지 못하고 모래알처럼 분열되고, 사분오열하여 코칭스태프 따로, 선수들 따로 서로 눈치만 보면서 적당하게 넘어간다. 하위권에 속한 팀들은 자구책으로 온갖 방안을 마련해서 벗어나고자 노력을 하지만 결국 야구는 선수가 하기 때문에 프런트의 어떠한 방안과 대책도 먹혀들지 않는다.

하위 팀에는 특히 유난히도 부상 선수가 많이 발생한다. 선수들의 면면을 보면 분명 1군급 선수들인데 모두가 한꺼번에 부상자 명단으로 내려와 재활 팀을 채운다. 그 가운데는 실제 부상이 아닌 부상의 이유로 내려오는 경우도 더러 있는데 팀 분위기를 대변해 주는 증상이기도 하다.

코칭스태프와의 불화로 주전급이 2군으로 내려가는 경우도 선수단 분위기를 망치는 요인 중 하나이다. 그런 선수는 2군에서조차 훈련을 하지 않고 아프다는 이유로 곧장 재활군으로 내려간다. 이 같은 일들은 금세 선수단에 퍼지고 결국은 전체 선수단 분위기에도 좋지 않은 영향을 끼치게 된다. 이는 팀 단결력에 균열을 만들어 보이지 않는 곳에서 뒷담화가 퍼지고 팀 와해의 길로 가게 된다.

이렇게 좋지 않은 일들이 몰아닥칠 때면 애꿎은 코치들의 보직만 바꾸며 변화를 꾀하지만 큰 효과는 나오지 않는다. 그동안의 경험으로 말할 수 있고 역사가 증명한다. 코칭스태프도 전전긍긍하지만 뾰쪽한 수는 없고, 시합을 풀어나갈 선수가 없어서 대신 투입한 백업 전력은 상대적으로 약한 선수이다 보니 조금 반등하는가 싶다가도 결국은 좌절되고 만다. 팀 주축 선수들이 풀어 나가던 승리의 방정식을 백업 멤버들이 즉시에 해결하기에는 시간과 경험이 부족하기 때문이다.

연패가 길어지면 길어질수록 팬들의 성화와 반발은 점점 거세지고 언론매체 또한 구단과 선수단을 공격하는 기사를 연일 시리즈로 싣는다. 대부분이 구단의 무기력을 신랄하게 비판하는 내용들이고 은근히 감독 교체 결단을 부추기는 내용도 일부 나오기도 한다. 급기야 구단 프런트는 팀 쇄신 차원에서 감독을 경질하는 칼을 빼 드는 경우가 발생한다.

감독 대행으로 수석코치 내지는 2군 감독을 임시로 내세워서 시즌을 진행하는데 대부분 2군 선수들의 경기 경험을 살리는 데 주력한다. 그러다 보니 팀 전력은 2군급으로 보는 게 더 정확하다. 팀의 연패는 어쩌다가 끊어지기도 하지만 이내 곧 연패는 다시 시작되면서 시즌 종료를 앞두게 된다. 그런 팀을 응원하는 열성 팬들은 구단과 마찬가지로 속이 말이 아닐 정도로 타들어 간다. 매년 시즌을 거듭하면서 이런 현상은 늘 변함없이 마치 공식처럼 벌어진다. 신기할 따름이다. 승률 3할이 무너지는 팀이 생기면 프로야구 자체의 긴박감이 없어지고 순위 싸움이 시들해 버린다. 프로야구 흥행에도 바람직하지 않음은 주지의 사실이고, 무너진 팀들의 자존심 회복과 전력 회복도 단기간에는 쉽지 않다.

한 번 벌어진 승차는 점차 더 벌어져서 결국 극복하지 못하고 그대로 시즌을 포기한다. 차라리 내년 시즌을 대비하기 위해 젊은 유망주들을 전격 기용하여 경험을 살리는 데 주력한다. 다른 상위권 팀들은 시즌 막판 순위 싸움이 한창일 때 이런 팀을 만나면 승수를 올릴 수 있어 쾌재를 부른다. 시즌 막판 연승가도를 달리는 팀들에는 이러한 불균형 전력의 팀을 만나는 대진운도 따른다. 여기까지가 하위 팀으로 가는 공식이다.

반면에 우승 경쟁을 펼치는 팀들은 주축 선수들의 부상을 대비한 백업 선수들의 주전급 도약을 지속적으로 도모한다. 특히 외국인 선수 스카우트에도 심혈을 기울이고 공을 많이 들여서 전력을 구축한 팀들이다. 그 중요한 업무들을 나름 열심히 준비하는데 하위 팀은 늘 실패를 되풀이하고 있어 안타깝다.

이처럼 하위 팀으로 가는 길을 막기 위해서는 긴 페넌트레이스 동안 벌어질 변수들을 얼마나 많이 차단하고 주축 선수를 어떻게 지켜 나가느냐가 관건이 아닌가 싶다. 각자 파트에서 사전에 미리 준비하여 애당초 일이 벌어지지 않게 조치를 취하거나 벌어진 일들은 최소화하고 더 확대되지 않게 억제하는 것들이 중요한 일들이다.

팀 성적 저하의 큰 원인이 되는 선수 윤리사고는 단순히 팀 성적에만 영향을 주는 것이 아니라 프로야구 이미지에도 큰 영향을 끼친다. 때문에 10개 구단은 지탄받는 선수들의 반사회적 행위에 대해 선수단 교육과 재발 방지를 위한 장치를 더욱 강화하여 야구팬들에게 더 이상의 실망감을 주지 않아야 하는 공통의 숙제도 안고 있다.

문제를 일으킨 선수는 시즌 중에 못다 한 사회봉사 활동들을 비시즌 중에 적극 참여하여 국민들과 팬들에게 진심으로 사죄하는 마음을 담아 음주사고, 불법도박 등 각종 사건사고에 만연된 좋지 않은 인식을 개선할 수 있도록 노력해야 한다.

지속적인
성과를 내는 길

수치상 공·수·주에서 괄목할 만한 선수를 보유한 팀은 곧 성적으로 대변한다. 개인 타이틀 수상이 많은 선수는 곧 팀의 한국시리즈 진출에 많은 영향을 끼치는 것이 사실이다.

반면에 개인 타이틀이 없더라도 특급 외국인 선수든 국내 선수든 투수 선발 라인업(line-up)이 좋거나, 내·외야나 타자의 경우 각자 자신의 몫을 다하는 선수를 많이 보유한 팀도 시리즈에 진출할 확률이 높다.

Baseball Tip

와이어 투 와이어(wire to wire) 우승
1700년대 영국 경마에서 출발 시 1등으로 달린 말이 결국 1등으로 들어와 결승선의 철사(wire)를 끊는다는 데서 유래하였다. 골프나 경마, 자동차 경주 등 스포츠에서 한 팀 혹은 한 선수가 시작부터 끝까지 계속 1위 자리를 지키며 우승하는 것을 가리킨다. 2022년 KBO 리그 정규시즌에서 SSG 랜더스는 2022년 4월 2일 개막일부터 2022년 10월 8일 마지막 경기까지 1위를 내어 주지 않고 페넌트레이스에서 우승해 한국 프로야구 사상 최초로 와이어 투 와이어 우승을 달성했다.

한국시리즈 진출 조건에 위와 같이 전자와 후자 중에 어떤 게 우선인지는 알 수 없다. 다만 2022년 KBO 리그 역사상 역대 처음이자 향후에도 나오기 힘든 와이어 투 와이어(wire to wire) 우승*을 한 SSG 랜더스 구단의 경우 개인 타이틀 수상 선수가 한 명도 나오지 않았다. 개인 성적이 출중한 선수가 없었는데도 역대 처음으로 대기록을 달성한 부분에 대해 필자는 두고두고 의미를 곱씹어서 생각해 본다. 야구는 개인 기록 스포츠라고들 하지만 모두가 힘을 합쳐 하나가 되는 단체 협업 종목이란 것을 SSG 랜더스의 우승이 말하는 것은 아닐까? 야구 전문가들과 분석가들은 어떤 해석을 내놓을지 궁금하다.

ONE TEAM. 팀보다 위대한 선수는 없다. 응집력이 있는 단결된 팀은 지속적인 성과를 내는 법을 아는 팀이다. 선수단의 단결력과 자신감이라는 DNA는 언제라도 이길 수 있는 팀 문화가 존재한다는 이야기이다. 이 팀 문화에 추가로 외국인 전력이 더해지면 지속 가능한 성과에 더 가까워진다. 이런 이유로 외국인 전력 보강을 위해 KBO는 매년마다 외국인 선수를 새로 영입한다. 때론 화려한 경력이 있는 메이저급 선수가 발표되기도 하는데, 시즌 초반에 최고의 외국인 선수 영입이라고 언론에서 치켜세우고 기대를 한 몸에 받기도 하지만 정작 시즌이 되면 중도 퇴출 대상이 되기도 한다. 기대를 받고 입단하는 선수들 중에 특히 외국인 선수는 실제 뚜껑을 열어 봐야 안다.

일반적으로 일찍 포스트시즌에서 탈락한 팀들은 전열을 새로 정비하여 내년에 다시 도전해야 하는 숙제가 주어진다. 먼저 선수단의 누수 전력과 보강 전력을 잘 추스르고 내부 FA(Free Agent, 프리에이전트, 자유 계약 선수는 방출선수를 의미한다) 단속과 외부 FA 영입 여부, 새로운 외국인 선수 계약 등에 초점을 맞추어 내년 시즌을 준비한다. 타 구단과의 트레이드(trade) 등도 활발하게 진행하나 아무래도 타 구단과의 트레이드는 상대적인 손익계산이 너무 복잡하여 쉽사리 성사되지 않는 게 KBO의 현실이다. 하지만 그래도 하위 팀들은 부단한 노력으로 전력을 보강해야 한다. 모기업으로부터 예산을 지원받아 와서 과감한 투자를 해야만 하위권에서 탈피할 수가 있기 때문이다. 환경적인 측면으로 보자면 국내의 프로야구는 아마추어 선수로만 신입 선수를 채웠을 때 좋은 성적을 내기에는 역부족이라고 감히 말할 수 있다. 때문에 선수 수급을 위한 다양한 루트를 적극 활용하여 한 명의 전력이라도 모아서 적재적소에 활용할 수 있는 구단 운영 계획이 뒷받침되어야 한다. 그래서 좋은 성적을 매년 기록하여 야구 안팎으로 팀의 존재가치를 계속 알려야 한다. 야구는 이겨야 한다. 매일 지는 야구를 보고 싶어 하는 팬들은 아무도 없을 것이며 선수들 또한 이겨야 덜 지친다. 그래야 그 축적된 에너지로 지속적 성과를 내는 것이다.

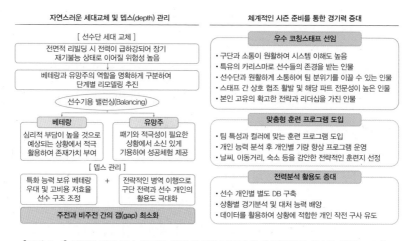

[그림 1-4] 상위권 전력 지속 유지를 위해 시스템 구축과 함께 직접적인 선수단 운영 프로세스 효율성 제고(출처: 소속 구단 전력강화 방안 중 발췌)

효과적 구단 운영의 제일 중요 포인트는 우선은 감독 선임과 그를 보좌하는 코칭스태프의 구성이다. 인사가 만사라고 선수단도 능력치가 월등한 사람이 포진되어야 한다. 일을 할 사람이 자리에 있어야지 감독 편한 사람을 자리에 앉히다 보면 정작 선수단을 위해서 해야 할 일들을 제대로 수행하지 못해 모두에게 민폐가 되기도 한다.

선수단 전력을 구성하는 부분은 기존의 전력을 최대한 살려서 극대화하는 게 우선이고 보강이 필요한 부분에는 최선이 아니면 차선이라도 메꾸어서 기량 향상을 도모해야 한다. 그다음 적절한 배치를 위한 고민과 연구 그리고 도전도 서슴지 않아야 한다. 지속 가능한 호성적 유지는 모두의 바람이자 목표이고 그것을 쟁취하는 것들은 결국 사람이다. 현장의 선수단이든 프런트든 사람이 제일 중요하다. 때문에 인선을 효과적으로 적시 배치하고 끊임없는 노력을 거듭하여 팀을 하나하나 만들어 가야 한다.

프로야구는 부침이 있어서 한국시리즈를 진출하고 우승을 거머쥐는 최고의 성과를 내더라도 방심이 있으면 곧바로 나락으로 떨어질 수 있다. 우승권에 머물던 팀 전력이 언제 그랬냐는 듯이 하위권으로 곤두박질하는 것을 곧잘 볼 수 있는데, 이것을 결정하는 수많은 이유 중에서 대표적인 요소는 리더의 선임(구단의 감독 선임), 외국인 선수 선발, 효과적인 FA와 트레이드, 주전급들의 활약이다. 잘못된 리더의 선임이나 외국인 선수 선발, 비효율적인 트레이드, 주전급의 줄부상 등이 동시다발로 발생하는 해에는 어김없이 시즌 성적이 무너진다. 반대로 이러한 요소들이 각각 구색이 잘 맞아 돌아가면 어렵지 않게 5강권 전력을 유지하며 호시탐탐 우승을 노릴 수 있게 된다.

이처럼 선수단의 구성과 함께 중요한 것은 프런트의 운영능력이다. 필자가 몸담아 왔던 SK와 SSG는 2000년 창단 이래로 2022 시즌 통합우승에 이르기까지 23년 동안 한국시리즈 우승을 5회 차지하였고 한국시리즈에만 9번을 진출하였다. 다난했던 지난 세월을 돌아보면 이러한 호성적의 밑바탕에는 프런트의 기민했던 움직임이 현장 선수단의 피땀 어린 노고와 맞물려 시너지(synergy)가 난 것이라 생각한다. 상명하복의 탑다운(top down)식 맹목적 지시가 아닌 보텀업(bottom up)이 충실히 이행되어 구성원들이 소리 내는 현장 중심의 살아 있는 의견들을 적극 개진하고 더불어 상부의 깨어 있는 오픈 마인드(open mind)가 조화롭게 맞아떨어지며 만들어 낸 성과라고 당당히 말할 수 있다. 뭉갠다는 표현은 대부분의 조직에서 부정적 의미로 받아들인다. 진취적이고 신속한 의사소통으로 의사결정이 빠르고 바로 실행에 들어가는 조직은 뭉개는 조직보다는 훨씬 빠르게 반응하고 한발 앞서 나아간다. 그래서 남다른 성적을 거둘 수 있는 것이고 오랜 기간 지속적으로 성적을 낸다는 것은 무엇인가 남달랐단 것을 실제적으로 증명하는 것이기도 하다.

SK와 SSG에 몸담으며 외부 FA를 잡은 기억은 손꼽힐 정도로 없는 편이다. 더구나 특급 FA는 데려온 기억이 한 명도 없을 정도로 SK와 SSG는 기존 전력이 잘 갖추어진 팀이었다. 다르게 표현하자면 긴 세월 동안 소속 구단에 몸담으셨던 구단의 대표이사와 단장들 그리고 수뇌부들이 프로야구 흐름의 맥들을 잘 짚었고 그러한 포인트들을 적극적으로 바로 실행하여 팀을 만들어 낸 결과물들이었다고 감히 자신 있게 이야기할 수 있다. 그만큼 효과적인 스카우트와 적절한 선수 육성을 바탕으로 적재적소에 선수 배치를 잘했단 이야기이다. 다른 말로는 선수를 잘 키워서 효율적인 구단 운영을 했다는 의미로 세간의 많은 이들이 이구동성으로 인정하는 내용이다. 그리고 덧붙여 구단 역사가 만들어지기까지 함께 했던 현장의 감독분들과 코칭스태프 분들의 각고의 부단한 노력에 감사드린다. 수많은 고민과 아픔들을 딛고 여기까지 자리 잡았는데 이분들의 노고 또한 소중한 밑거름이 되었다.

이처럼 어디에서도 통용되는 이야기이지만 프런트나 선수단이나 인적 경쟁력은 가벼이 볼 수 없는 중요한 기본이다. 구성원들의 개별 경쟁력을 우선하고 각자가 올바른 방향성을 가지고 실행하며 과정에 충실하면 성과는 따라왔다. 선수단이 피땀 흘리며 노력하는 것과 함께 하모니를 이룰 때 우리는 지속적인 성과를 실현했다.

세상에 그냥 되는 것은 없다. 결과는 그냥 나오는 법이 아니다.

현장 선수단과 프런트는 결코 떼려야 뗄 수 없는 불가분의 관계인만큼 서로 존중하고 감싸 안으며 가족 마인드로 임해야 한다. 노이즈(noise)와 갈등은 최소로 하고 칭찬과 배려는 최대로 하자! 어차피 함께 오래 머물지는 못한다. 머무는 동안이라도, 함께 하는 동안이라도 서로를 위해서 존중하고 배려하는 팀이 지속적인 성과를 내는 것이다.

오뚝이 정신을 가진 구단

한국시리즈가 진행되는 동안 각 팀들의 출전선수 오더(oder, 라인업)를 보노라면 팀마다의 특징이 나타난다. 특히 오뚝이 팀은 타 팀들과는 다르게 젊은 선수들이 눈에 띄고 평균 연봉과 평균 연령이 제일 낮은 수치를 보인다.

매년 정규시즌에 들어가기 전이면 야구 전문가들이 그 해의 팀 순위를 가상으로 예상하여 내놓는다. 대부분 FA 유출, 군 입대 등의 전력 약화 요소나 추가로 영입한 전력 중에서 특급의 유무에 따른 전력 강화 요소를 감안하여 팀 전력 상승과 하락을 논한다. 중심 선수들이 이탈하는 구단은 올해는 힘들 것이란 전망을 내놓으며 하위권 성적을 점치기도 하고, 특급 FA 선수의 영입으로 해당 팀을 상위권으로 분류하여 예상을 내놓기도 한다. 그런데 그런 예상을 뒤엎고 항상 상위권에서 끝까지 버티는 팀이 있다. 바로 오뚝이 구단의 특성이다.

적은 인원수로 운영하면서 철저한 실력 위주의 선수 기용, 헝그리 정신이 배가된 팀 문화 등 타 팀들이 납득하기 어려운 부분을 오뚝이 구단은 이루어 내고 있다고 본다. 이 부분에서 구단의 철학과 구단 운영의 기본 철칙을 알 수가 있다. 유망 선수들을 과감하게 1군 경기에 투입하고, 타 구단에서 방출한 선수들을 재영입하여 전력화하고 스타급 선수들로 잘 육성하여 해외에 포스팅 시스템(posting system)*으로 파는 전략들은 참 대단하다는 생각이다. 어려운 구단 사정에서도 꿋꿋하게 운영해 나가면서 야구성적은 성적대로 잘 나오니 말이다. 매년 상위 그룹에서 발군의 실력을 보이고 있는 이런 구단에 대해서 타 구단들이 연구하여 벤치마킹(benchmarking)해 볼 필요가 있지 않을까?

Baseball Tip

포스팅 시스템(posting system)
2001년 7월에 개정된 한·미 선수계약협정(Korea-United States player contract agreement)에 의해 도입된 비공개 경쟁입찰 시스템이다. 프리에이전트(FA) 선수 신분이 아닌 국내 구단 소속 선수가 미국 메이저리그에 진출할 경우, 메이저리그 30개 구단 중에서 최고액을 제시하는 구단이 독점 계약협상을 하게 된다. KBO에서는 프로선수가 프로 진출 뒤 7시즌이 지나면 포스팅 시스템 자격을 갖고, FA 선수가 되려면 9시즌(2022년 시즌 종료 후부터 8시즌)을 뛰어야 한다. KBO 야구 규약 제104조에서 "KBO에 현역선수로 최초 등록한 후 7 KBO 정규시즌(이하 '정규시즌') 이상을 활동한 선수에 대하여 총재의 사전 승인을 얻어 외국 프로구단에 해당 선수와의 선수계약을 양도할 수 있다."와 같이 명시하고 있다.

어쨌든 한국시리즈 안에서 각 팀의 혈전이 진행되고 있는 중에 출전하는 주전급들의 연령과 입단 연도를 유심히 보면 대략적으로 일반적인 구단은 30대 이상인 반면, 이런 구단은 약 26~27세로 상당히 젊은 층이 주축으로 자리 잡은 것을 알 수 있다. 여기서 알 수 있는 부분은 역시 선수는 1군에서 키우는 게 빠르다는 야구계의 목소리는 신빙성이 있고 정설이라는 점이다.

일반적인 구단의 경우 2군에서 육성되는 선수를 주축 선수로 투입하는 데 기간이 길 수밖에 없는 이유는 2군에 속해 있다 보면 언제 1군의 선배들과 경쟁해 이겨서 1군 경기에 투입될지 막연하게 느껴지기 때문이다. 자신의 포지션(position)에 100억 원대 이상의 FA 선수가 떡하니 버티고 있다면 힘이 빠질 법도 하고 하필이면 자신의 포지션에 외국인 선수를 영입해서 운영하고 있다면 이 또한 힘든 장벽이다. 그래도 자신의 꿈을 위해 시간과 공을 들여서 언젠가 그날을 위해서 날마다 밤늦도록 땀방울을 흘리며 매진하는 선수들이 버텨내는 것이다. 어떤 때엔 그런 모습들이 대견하기도 하고 마음이 짠하기도 하여 특별히 애정이 더 가는 선수들을 2군 코칭스태프들이 적극적으로 밀어주고 키우려 한다. 이런 부분들은 특히 프런트의 육성 목표와도 부합되는 내용으로 현장과 프런트가 합심해서 선수를 육성하려 하지만, 실질적으로 계획 대비 좋은 성과가 나는 데는 꽤 시간이 걸리는 게 현실이다.

여기에 복병으로 만나는 문제로 선수의 기량발전 속도 외에 병역 문제가 있다. 2군에서 프로에 적응하여 1군에 올라가기도 바쁘고 시간이 없는데 어김없이 영장은 날아온다. 군대 문제를 빨리 해결하고 속 편하게 야구에만 전념할 것인가? 조금만 지나면 1군 기회가 올 것 같은데 몇 년 더 하고 군대를 갈 것인가? 하며 어쩔 수 없이 고민의 시간을 갖게 된다. 한편으론 구단에서 미리 정책적 전략으로 군대를 빨리 보내는 선수들이 있는데, 이 부류에 들어가는 선수들은 구단의 보호하에 장기적인 육성 대상 선수에 속한다고 보면 된다. 어떤 선수들은 국군체육부대 야구단(상무팀)로 공략하기도 하고 어떤 선수들은 과거 수술 병력 등의 사유로 공익요원으로 군 문제가 해결되기도 한다. 어떤 방법이든 군 문제는 선수들에게 높은 장벽임에는 틀림이 없다. 그래도 대한민국의 국민으로서 병역의 기본의무는 당당하게 지켜야 하지 않겠는가? 가끔씩 기량이 출중한 대표급 선수로 성장하여 아시안 게임(Asian games, 아시아 경기 대회)이든 올림픽(Olympic games, 올림픽에서 야구 종목은 2020년 도쿄 올림픽에서는 정식 종목으로 채택되었으나, 2024년 시행 예정인 2024 파리 올림픽에서는 정식 종목에서 제외되었다)이든 국가대표가 되어 메달 획득이라는 국위선양으로 군 면제 혜택을 받는 경우도 종종 있는데 이는 선수에게 축복 같은 선물이다.

정리하자면 오뚝이 구단은 선수를 매우 효과적으로 육성하고 활용하는 데 일가견이 있는 구단이다. 젊은 선수로서는 이런 구단에 선택되어(선수가 구단 선택이 불가한 점을 감안해서) 자신의 커리어(career)를 만들어 가는 것이 더 유리할 수도 있다. 풍족하지 않은 구단 지원이지만 역설적이게도 이러한 환경 탓에 군 입대 전에 더 많은 실전 경험을 쌓을 수 있고 오뚝이 팀만이 가진 강한 정신력도 배울 수 있기 때문이다.

CHAPTER 03

프로야구의 정신과 가치

프로야구
그리고 정신의 태동

1982년 잉태된 프로야구가 현재 국민 스포츠로 인기를 한 몸에 받으며 당당히 최고 인기 스포츠로 자리매김하며 어언 40여 년의 세월이 흘렀다. 그간의 세월 동안 무수히 많은 별들이 빛을 발하다 스러지고, 또다시 새로운 별들이 나타나며 야구팬들과 국민들의 관심과 사랑 속에 오늘날 이 자리까지 탄탄하게 자리를 잡았다.

과거 초창기 때에는 많은 선배 선수들이 실업야구에서 활동하다 개척 정신으로 의기투합하여 프로야구라는 틀로 자리를 이동하였다. 많은 부분들이 자리 잡기 전이어서 선배 선수들은 강인한 정신력과 투쟁심으로 역사를 써 나갔고, 열악한 당시의 환경 속에서도 꿋꿋하게 리그 발전을 모색하며 정진했고 또 도전했다. 당시에는 실제적으로 프로야구의 모태가 실업야구였는데 실업선수들 대부분이 25세 즈음에 은퇴하여 은행이나 기타 모기업으로 들어가며 유니폼을 벗을 때라서 지금의 프로선수들이 40세가 넘어서도 선수 활동을 이어가는 것을 보면 새삼 격세지감을 느낀다.

 동기와 환경이 얼마나 중요한지 당시를 보면 알 수가 있다. 목표가 있고 꿈이 있다는 것은 온갖 역경과 고난을 이겨 낼 수 있는 자양분이다. 그 당시 대부분의 선배 선수들은 고교 졸업 후 실업팀에 입단하여 대략 4~5년의 선수 생활을 거치며 일부는 고교나 대학으로 지도자 수업을 떠났고 나머진 모기업에 남아서 사무직으로 변경하며 선수 생활을 끝내는 게 대다수였다. 그러다 프로야구가 잉태되어 별도 선수 공급원이 없었던 당시에는 각 실업팀의 선수들이 고향 팀에 소속하거나 스카우트를 통해 재편되어 총 6개 팀으로 운영되었다. 당시 프로야구 태동이 정치적 목적으로 탄생된 만큼 선수들은 크고 작은 혜택을 받으며 리그가 운영되었다. 계약금과 연봉만 하더라도 당시의 대기업 중견 간부들과도 견줄 수 있는 좋은 조건이었고, 세금 혜택으로 사회적으로 부유층에 속하는 대우를 받으며 선수 생활을 할 수 있었다. 금전적으로 개선된 환경 속에서 새로운 기회가 주어진 만큼 선수들의 훈련방식과 의식에도 점진적으로 프로화가 요구되었고, 그 과정 속에서 진통을 겪으며 이겨 나가야 했다. 하지만 지금처럼 몸 관리나 과학적인 트레이닝 시스템이 구축되지 않은 시기여서 실업야구 시절의 방식을 그대로 이어가기도 하고 해병대식 훈련 등을 접목하여 정신력 강화와 체력운동을 병행하며 시즌을 보내는 일이 많았었다. 주로 정신력을 높이는 극기훈련을 강조하던 시절이라서 영하권의 폭설이 내린 강원도의 깊은 산 계곡에서 얼음물에 들어가는 훈련들과 국토종주를 걸어서 완주하던 기억 등이 떠오른다. 과거 선배님들의 체력과 정신력은 지금 대한민국 프로야구 발전의 모태이자 원동력이라고 말할 수 있다.

그러다 오랜 세월이 지나 한국프로야구선수협회(故 최동원 선수의 정신을 이어받아, 한국 프로야구선수들을 대표하는 단체로서, 선수들을 대변하고 권익을 보호하며 복지증진을 목표로 2000년 설립)가 홍역을 치르며 탄생되어 선수들의 권익이 신장되었고, FA제도가 새롭게 생겨나며 선수들에게 부와 명예를 잡을 수 있는 기회가 실질적으로 눈앞에 펼쳐졌다. 그에 맞춰 선수들의 의식과 몸도 완전체로서 프로로 바뀌기 시작하였고 관련된 트레이닝 기법과 마인드 컨트롤(mind control)로 심리적인 코칭 부분도 선진 야구를 통해 인적·물적으로 적극 도입되며 해가 거듭될수록 계단식 업그레이드가 되기 시작하였다. 우선은 선수들의 신체 조건이 과거에 비해 더욱 강인해졌고 파워(power) 부분도 더욱 개선해 나갔다. 몸 관리를 위한 식단이 재편되고 음주문화에 가까이 있었던 선수들의 여가생활도 알차고 건실하게 바뀌었다. 무엇보다도 자신의 몸이 경쟁력이고 재산이란 것을 실제 프로 생활을 통해 체득해 나간 것이다. 운동선수 생활을 오래하는 것이 부를 창출하는 것이고 운동할 때 행복지수가 더 높다는 것을 점차적으로 깨달아 갔다. 야구의 기능과 파워는 점차적으로 향상되어 갔고, 야구 경기 수도 늘어나는 창단 팀만큼이나 늘어갔다(1982년 프로야구 창단 시 6팀 80경기로 시작하였으나, 2023년 현재 10팀 144경기로 치러진다). 모든 것이 산업화, 상업화되어 갔고 선수들의 몸값도 덩달아 치솟아 올랐다. 2014년 전체 KBO 소속 야구선수들의 평균 연봉이 처음으로 1억 원을 상회하고 2022년에 1억 5천만 원(2023년 평균 연봉은 약간 하락한 1억 4,648만 원이다)을 돌파하면서 야구선수가 중상류층으로 귀속될 만큼 프로야구의 위치를 실감한다.

　다만, 야구장의 인프라(infra)는 오랫동안 제자리걸음을 해왔으나 지자체마다 앞다퉈 선진야구장 건립에 대한 청사진을 내어 놓고 있어 머지않아 각 구단들이 새롭고 훌륭한 야구장에서 맘껏 안전하게 경기에 집중할 수 있으리라 본다.

열악했던 원정팀 라커룸 문제도 공간적인 제약 없이 얼마든지 해당 구단의 성의 있는 준비에 따라 안락한 편의시설이 되어 선수들에게 선물이 될 것이다.

순위	구단	평균 연봉
1위	SSG	1억 7,559만 원
2위	삼성	1억 6,341만 원
3위	두산	1억 6,215만 원
4위	KT	1억 5,700만 원
5위	LG	1억 4,616만 원
6위	NC	1억 4,185만 원
7위	롯데	1억 4,138만 원
8위	한화	1억 3,571만 원
9위	키움	1억 2,408만 원
10위	KIA	1억 1,747만 원
전체 평균		1억 4,648만 원

[표 1-1] 2023년 KBO 리그 구단별 평균 연봉(출처: KBO)

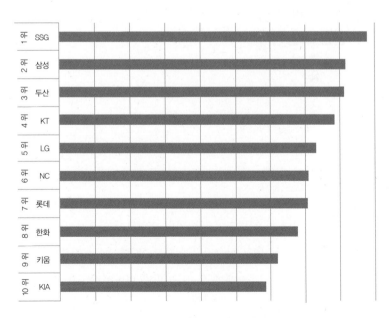

[그림 1-5] 2023 KBO 리그 구단별 평균 연봉(출처: KBO)

프로야구 도입 이후 길고 긴 시간이 흘렀지만 야구장은 여전히 사람들로 붐비고 있고 경기는 계속되고 있다. 선수들만 세월에 따라 선배들이 걸어온 길을 뒤따라가며 점차 잊힐 것이다. 야구는 그대로일 것이고 선수들만 바뀌는 것이다. 실제로 오늘날 프로야구가 국민 스포츠로서 많은 관심과 사랑을 받기까지 지나간 무수한 선배님들의 헌신이 없었다면 있을 수 없는 일로서 현재 야구인들은 그 고마움을 잊지 않고 항상 선배님들의 노고에 감사해야 한다.

태동기부터 과도기 그리고 정착기까지 열악한 야구 환경에서도 꿋꿋하게 그라운드를 누비며 프로야구의 정신을 만들고 야구팬들의 사랑을 이끌어 내신 선배님들께 감사 인사를 다시 한 번 드린다.

야구는 그리움이자 향수 같은 고향이다

미국 사람들은 야구가 일상에 들어가 있다.

메이저리그 경기를 보노라면 심심치 않게 연세 드신 노부부들이 자녀 부부와 손주들을 데리고 야구장에서 관람하는 모습들을 자주 본다.

연세 드신 분들한테 파울 타구가 날아가면 위험하지 않을까 싶지만 응원단 문화와 치어리더가 없는 미국 야구장은 의외로 야구를 보는 집중도가 높아서 파울 타구에 관중이 다치는 사례가 우리나라처럼 빈번하지는 않다. 어린아이나 여성들의 안면을 강타하는 파울 타구 사고는 경기를 하는 선수들 입장에서도 관중 입장에서도 모두의 걱정을 자아내는 부분이다. 동행한 어른들은 안전의식을 더욱 높여 약자들을 잘 보호하며 모처럼 방문한 야구장에서 더욱 좋은 추억을 가질 수 있는 시간으로 만들어 줄 책임이 있다. 또 여성 분들끼리 방문하였을 경우에도 더욱 주의를 기울여 집중해서 관람해야 한다. 관중석으로 날아오는 야구공은 만취 차량이나 마찬가지여서 순식간에 자신의 행복을 앗아갈 수 있다. 미국은 야구장 관람 문화가 발달해서인지 어릴 때부터 자연스럽게 즐기면서 집중하는 모습을 보면 응원과 박수, 치어리더의 율동을 따라서 흉내 내며 춤추는 국내보다는 야구 몰입도가 높은 게 사실이다. 실제로 관중들의 캐치볼 실력과 집중도가 높아서 관중석으로 날아가는 파울볼에 대한 위험도가 많이 분산되는 것을 본다.

미국이든 우리나라든 야구는 진한 향수를 유발하는 매개체이다.

야구가 일상인 미국 같은 경우는 아주 어릴 때부터 동네 야구장에서 야구를 처음 접하고 야구장에서 엄마 아빠의 손을 잡고서 야구 규칙을 배운다. 자연스럽게 가족 간의 대화와 스킨십이 이루어지고 세월이 흘러 성인이 되면 아빠 엄마 손을 잡고 따라 나섰던 그 야구장에서 자신의 딸, 아들에게 어린 시절 자신이 배웠듯 야구를 가르친다. 이처럼 야구는 자연스럽게 세대를 이어 주는 향수 어린 고향처럼 되는 것이다. 정말이지 다시 되돌아가고픈 아련한 향수를 야구장에서 느끼는 게 미국인들의 특성이다. 마이너리그 야구장을 방문하면 이 같은 일은 너무도 흔하게 목격된다. 일과를 마치고 야구장에서 하루를 마무리하는 가족들을 보게 되는데 온 동네에서 불을 밝힌 곳은 야구장과 인근 가게뿐이다.

실제로 미국의 마이너리그 연고 도시를 가 보면 아이러니할 수도 있지만 마땅히 밤에 갈 만한 장소가 없어 야구장에서 맘껏 즐기는 밤 문화가 잘 형성되어 있다. 밤 문화로서 야구장에서 유년기와 청소년기를 지낸 미국인들이 야구장을 찾아서 옛 추억을 떠올리는 것은 지극히 자연스런 일이다.

미국의 마이너리그 구장처럼 그런 향수를 느낄 수 있는 곳이 우리나라에서는 고교 경기가 펼쳐지는 야구장이라 할 수 있다. TV로 고교야구 경기 중계를 해줄 때가 종종 있다. 대부분 기존 방송편성 스케줄로 인하여 낮 경기 시간대에 주로 방송을 해주며 프로야구 경기 시간에 맞추느라 경기 종료 전에 중계방송을 끝내기도 한다. 보통 8강전이나 혹은 4강전부터 중계방송을 해주는데 지방 학교가 모처럼 4강 이상으로 진출하였을 경우에, 서울로 직접 경기 참관을 못하는 사람들에게는 TV 중계가 그리 반가울 수가 없다. 학교의 선후배들인 동문들과 학교 관계자들 그리고 지역의 야구 관계자들이 삼삼오오 모여서 경기를 시청하는데 선수들이 치는 공 하나하나에 집중하며 기쁨을 함께하기도 한다. 학교의 열혈 팬들과 동문들은 일찌감치 상경하여 자리를 잡고 직관을 한다. 그날은 동문들 간의 회포를 푸는 자리이기도 하고 모처럼 교가를 부르며 옛 시절 교복 입은 고등학생으로 돌아간다. 학교를 졸업한 지 30년이 넘었는데도 당시의 동기들과 잘 알고 지냈던 선배들은 금세 서로를 알아보고 반긴다. 반백의 머리에 숱도 듬성듬성한 배 나온 중년 아저씨가 되어 해후를 하였지만 그래도 마음은 다시 학창 시절로 돌아가 옛날이야기 꽃을 피우느라 시간 가는 줄 모르고 즐기는 모습들이 정답다. 고교야구 경기장은 이런 감정과 향수를 변함없이 선사하고 반가운 만남을 기억 저편에서 가져다준다. 교가를 부르노라면 가슴 뭉클한 무엇인가 솟아나는 뜨거움이 있다.

현대 사회 어디에서 이런 가슴 벅찬 기쁨을 느낄 수 있을까 싶다. 삭막하고 바쁜 일상에서 모처럼 찾아가는 마음의 안식처라고 생각된다.

필자의 경우 이런 향수에 더욱 젖는 이유는 과거 학창 시절에 모교가 결승전에 진출하여 3학년생들을 제외하고 전교생들이 전세 버스를 나누어 타고서 상경하여 동대문야구장에서 목청껏 소리 높여 응원하며 젊음을 불태웠던 아련한 기억이 있기 때문이다. 버스로 이동하던 내내 교가를 부르기도 하고 마치 수학여행 가는 분위기처럼 당시 유행하던 히트곡들을 부르기도 하면서 긴 시간을 아랑곳하지 않고 왕복하였던 그런 추억과 기억들이 동시에 소환되어 옛날로 돌아가는 것 때문에 더 고마울 수도 있다. 머리가 희끗희끗한 장년의 아저씨들이 나란히 어깨동무를 하고 교가를 열심히 불러대는 모습들은 고교야구대회만의 진풍경이 아닐 수 없다.

야구장에 선배들이 모여서 진한 감동을 주고받게 되면 누군가는 모교를 위해서 멋지고 좋은 제안을 하기도 한다. 모교 야구 발전에 기여하기 위해 우리도 무엇인가를 한 번 해보자 하고 의기투합하는 선배 동문들이 많이 늘기도 한다. 십시일반 동기생들 간에 매월마다 일정 금액을 모아서 '모교 야구 발전기금'으로 기부하면 선배는 보람찬 일을 하는 것이고 후배들 입장에서도 든든한 선배들 덕분에 좋은 환경에서 야구를 할 수 있게 되어 전체적으로 좋은 선례가 된다. 고교야구가 갖는 의미는 프로야구와 또 다른 인생의 감회와 마음을 아련하게 만드는 묘미가 있다.

국내 프로야구도 지난 2022년에 어느덧 40주년을 맞이하였다. 국내 프로야구팬에게도 아련한 향수가 여기저기 새겨질 만큼의 시간이 흘렀다. 초창기 때는 아버지의 고향 팀을 이유도 없이 무조건 따라서 응원했지만 자녀들은 자신들의 선호도에 따른 팀을 응원하고 집안 안방에서 열렬한 토론을 펼치기도 한다. 이래저래 야구로 인한 노스탤지어(nostalgia)는 진한 고향의 맛을 풍겨 내어 준다.

현직 프로야구 스카우트가 전하는 프로가 된다는 것

PART 2

누가 프로로 선택받나?

CHAPTER 01

프로로 가는 길

신인드래프트,
미국 진출 그리고 선수 유형

KBO 리그 신인드래프트 당일, 아침 일찍 눈이 떠졌다. 간밤에 무엇인가 꿈을 꾸긴 했는데 어슴푸레한 기억뿐 명확하게 떠오르는 기억은 없다. 어제는 오늘 있을 신인 지명에 대하여 어떤 선수들이 우리 팀에 오게 될지에 대한 설렘과 우리가 기대하며 준비한 선수들을 계획대로 잘 뽑기를 바라는 마음으로 이런저런 생각에 잠을 설치다 간신히 잠자리에 들었었다.

지난 20여 년 동안 해마다 중요한 연례행사처럼 다가왔던 지명일에 대한 기억들과 우리 팀과 인연을 맺고 프로선수 생활을 이어 갔던 수많은 선수들이 주마등처럼 스쳐 지나가며 한 명 한 명의 이름들이 떠올랐고 마음을 아프게 했던 선수들과 애잔한 사연들로 유니폼을 벗고 떠난 선수들도 꼬리를 물고 생각났기 때문이다. 그렇게 저마다의 사연들로 야구를 업(業)으로 하며 살아가는 선수들과 진즉에 야구와의 연을 다하고 다른 사회에서 새롭게 출발하여 잘 사는 선수들도 떠올랐다. 모두 다 야구할 때의 그 정신자세와 근성의 태도를 유지한다면 사회의 일원으로서 손색없이 당당하게 남은 삶을 잘 영위하며 살아가리라 믿는다.

서울에 위치한 신인드래프트 행사장으로 향하기 전 스카우트팀원들을 만났다. 다들 반가운 얼굴로 인사하며 간밤 좋은 꿈 꿨냐며 덕담을 나눈다. 지난 1년 동안 전국 방방곡곡을 누비며 영하 10℃의 혹한과 35℃ 이상의 혹서기에도 늘 함께 열심히 뛰어다녔던 동료들이다. 그 고생에 대한 보람과 결과를 보는 날이 오늘이라서 그런지 더욱 애틋하고 소중하다.

몇 년 전이었다. 오늘처럼 KBO 신인드래프트 행사장으로 향하던 차 안에서 갑작스런 날벼락 같은 소식을 듣고 2차 1라운드 지명 후보 선수를 부랴부랴 바꾸던 기억이 떠오른다. 당초 염두에 두고 1라운드로 지명계획을 세운 선수가 갑자기 미국행을 선언하였고, 선수의 아버지가 직접 KBO 사무국에 유선 연락을 하여 당신의 아들을 지명 대상에서 공식적으로 빼줄 것을 요청하였다. 이 일로 인하여 당시 전체 KBO 구단들이 아침 이른 시간부터 술렁거렸었다. 세월이 흘러서 지금은 이렇게 차분하게 그때 기억을 떠올릴 수 있었지만 당시에는 무척이나 곤혹스러웠던 순간이었다.

필자는 구단에 몸담고 일하면서 장기간 외국인 선수 스카우트로 활동한 바 있다. 특히 MLB와 관련된 마이너리그 현황에 대하여 체험하며 많은 경험을 하였다. 때문에 그 방면에서는 현지인 못지않게 현황 파악이 잘되어 있는 편이다. 솔직히 말하자면 필자는 우리나라 아마야구선수들의 미국행을 만류하는 부류 쪽에 속한다. 그 이유로 선수의 강한 멘털(menltal)과 체력이 뒷받침되지 않으면 살아남기 힘든 게 그쪽 마이너 생활이고, 남미와 미국 선수들에 비하여 한국 선수들의 장점이 분명 존재하지만 결국 수많은 선수들이 중도에 계약이 해지되어 잡(job)을 잃는 것을 많이 지켜봐 온 이유가 클 것 같다.

아마선수들이 프로 경험 없이 바로 미국에 진출했을 때의 문제점으로는 언어장벽으로 인한 극심한 불안감과 서구식 식사 문제 그리고 문화 차이에서 오는 현실적인 혼란 등이 대표적이다. 그리고 구단별 마이너 시스템은 매우 엄격하여 조금만 기량이 하향 곡선을 그리면 가차 없이 본인 락커(locker)에 노란 딱지가 붙는다. 노란 딱지는 방출을 의미한다.

미국 MLB가 운영하는 마이너리그에는 선수가 넘쳐난다. 우리나라는 선수 공급이 부족하여 있는 선수들을 열심히 육성하여 활용해야 하는 반면, 메이저리그는 그러하지 않다. 워낙 비슷한 기량을 가진 선수들이 많기 때문에 여차하면 정리하여 내보내는 것이다. 마이너의 코치들이 선수 한 명을 육성하기 위해 쏟는 열정과 시간들은 거의 없다고 봐야 하고 특히 자유 계약으로 몸값이 크지 않은 아시아계 선수들에 대한 각별한 관심은 기대하기 어렵다.

구단 정책상 상위 라운드급으로 키우는 선수 외에는 스스로 일어서는 출중한 선수들만 관리하기에도 시간이 모자라다. 그만큼 선수 인원이 셀 수 없을 만큼 많다는 뜻으로 디테일한 관리와 밀착 코칭은 사실상 힘든 실정이고 그냥 방목된다고 보면 된다. 그래서 필자는 우리나라의 아마선수가 해외 진출을 선언하고 나가는 것을 극구 반대하는 사람 중의 한 사람이 되었다. 선수가 아까워서이다. 과거의 사례를 비추어 보더라도 성공 확률이 너무 낮다는 것을 확인할 수 있기에 차라리 국내에서 몸과 마음을 더 단련하고 본인의 기량을 더 높인 후 제값을 받고 당당하게 미국에 포스팅되는 그림이 마땅하다고 판단한다. 그것이 국내야구 위상도 올라가고 KBO 리그도 더욱 발전시키고 선수 본인에게도 바람직하다.

2000년대 초반 국내 아마야구계에는 해외 진출 붐이 일었다. 당시에는 제법 굵직한 대어급 선수들이 앞다퉈 해외 진출을 하는 바람에 국내 구단들과 스카우트들은 매년 곤욕을 치러 구단이 속한 연고 지역 내 우수선수의 해외 진출을 막기 위하여 부단한 노력을 하곤 했지만 번번이 좌절해야 했다. 완고한 선수의 꿈과 희망 그리고 미국 구단의 금전공세에 당해낼 재간이 없었다. 고작해야 부모님께 읍소하는 정도였기에 마음을 굳힌 선수를 돌려세우기에는 모든 게 역부족이기도 했다. 마지막까지 줄다리기를 펼치다 결국에는 선수의 미국행을 막지 못하고 고배를 삼킬 때가 더 많았다. 그로 인해 당시 스카우트들은 문책 아닌 문책을 당했고 국내 팬들은 재능 있는 신진급들의 신선한 활약을 바로 보지 못하고 먼 훗날로 미룬 채 아쉬움을 남기기도 했다. 하지만 그렇게 포부도 당당하게 해외로 진출하였던 선수들은 나름의 고충과 문제들로 난관에 부닥치며 애초에 꿈꿔 왔던 화려한 메이저리그로의 승격이 뜻대로 되지 않았고 번번이 메이저 승격 문턱에서 좌절하는 아픔을 곱씹곤 했다. 당시만 하더라도 동양인이 갖는 문화적 이질감, 동등한 조건에서의 경쟁이지만 힘의 차이 등이 높은 벽으로 다가와 선수들을 옥죄며 힘들게 했다. 결국 적응하지 못하는 선수들이 점차 늘어나 국내야구계에서도 해외파 선수에 대한 구제방안 등이 구체적으로 논의되면서 해외파에 대한 특례조항을 면제하여 KBO 리그에 진출할 수 있는 길을 열어 주는 대승적인 판단을 내렸었다. 그에 따라 2007년에 KBO는 해외파 선수의 국내 복귀를 위하여 임시로 특별한 이벤트를 준비했다. 바로 2007년

4월 2일에 개최된 '해외진출선수 특별지명회의'가 그것이다. 각 구단별로 해외파 선수를 지명하여 국내야구에 복귀할 수 있는 계기를 마련해 주었는데 당시에 지명방식은 특이한 방식을 채택하여 해외파 선수가 해외 진출 시에 연고 1차 지명권을 행사한 구단은 그 해당 선수를 바로 데리고 갈 수 있었고 나머지 구단들은 그 이외의 선수들에 대하여 순번을 정한 후 지명하는 방식으로 KBO 미디어홀에서 진행되었다.

당시 필자는 전체 1번의 순서를 받을 수 있는 행운의 볼을 제일 마지막 순번에 추첨상자에서 극적으로 꺼냈었다. 그때의 기분은 로또 당첨만큼이나 짜릿한 기억으로 지금도 남아 있다. 그래서 기분 좋게 당시 최고의 외야 자원으로서 메이저리거가 되기 바로 직전의 추신수 선수를 지명하는 수확을 거두었다. 후일담이지만 특별지명 이후 추신수 선수 영입을 위해 당시 소속 구단의 고위층과 함께 미국에서 면담을 가졌었다. 그때 그 자리에서 추신수 선수의 메이저 도전에 대한 확고부동한 의지와 흔들림 없고 확신에 찬 목표의식을 직접 보고 듣고 난 후 메이저리거로서의 성공을 짐작건대 예단할 수 있었다. 그래서 어쩔 수 없이 추신수 선수 영입계획을 철회하며 먼 후일을 기약하고 헤어진 적이 있다. 그리고 먼 시일이 지나 추신수 선수는 미국에서 돌아와 2021년 SK 와이번스에 입단했고, 2022년 SSG 랜더스에서 생애 첫 우승의 기쁨을 맛보았다.

전하고자 했던 이야기가 다른 방향으로 흘렀지만 필자는 지금도 국내 아마야구 유망 선수들의 해외 진출을 반대한다. 그간의 사례들로 보더라도 미국 진출 후 성공보다는 실패 사례가 훨씬 많은 것에 대하여 정말로 심도 있게 고민해야 한다. 단순하게 어린 선수의 오랜 꿈이었다는 그 이유 하나만으로 불을 보듯이 뻔한 결과를 외면하고 강행하는 것은 부모로서는 피치 못할 사정이지만 한편으론 보다 더 면밀한 검토와 선례 참고가 필요하다. 그런 후 결단을 해야 한다. 그런 것도 없이 그냥 막무가내로 진출을 결정하는 것은 무책임하다 본다. 그래서 열일을 제쳐 두고서라도 말리고 싶다. 당대의 최고 선수들이었던 그들도 결국에는 높은 벽을 넘지 못하고 국내로 복귀하였다. 몸과 마음에 생채기를 안고 말이다. 복귀했던 선수 중에는 KBO에서 선수 생활을 성공적으로 마친 이들도 있었지만 부상 등의 몸 상태로 한창 전성기를 미국 본토에서 지낸 탓에 일찍 그만둔 선수들이 의외로 많았다.

최근 몇 년 사이에도 미국 진출을 하는 사례들은 빈번하다. 또 그 선수들이 대부분 같은 이유와 사유들로 몇 년 뒤 귀국하게 되는 일들이 되풀이되고 있다. 과거 대비하여 최근에는 해외 복귀 선수들도 KBO 공식 트라이아웃(try out)을 거치면서 공평하게 10개 구단에 선을 보인 후 KBO 신인드래프트에 나오게 된다. 귀국 후 군 문제를 일찍 해결하면 홀가분하게 드래프트에 참가하는데 과거 미국 진출 이전에 국내 활동 시 A급 선수로 분류되었던 전력이 있는 선수들은 앞 순위에서 지명을 받기도 한다.

이런 일들을 옆에서 지켜보노라면 현명한 선택과 결정이 얼마나 중요한지를 새삼 느끼게 된다. 이러한 과거의 사례들을 우리는 그냥 흘려보내면 안 되고 반면교사 삼아서 판단과 선택에 있어 보다 현명한 행동을 할 필요가 있다. 왜냐면 운동은 한창 때가 있고 시간은 쉼 없이 흘러가기 때문이다. 사람의 인체는 그 기능이 최고조에 달한 후 이내 에이징 커브(aging curve)가 오면서 꺾이기 마련이다. 결론은 그냥 류현진, 김광현, 김하성 선수처럼 국내에서 최고의 선수로 성공하고 당당하게 포스팅하여 부와 명예를 받으면서 진출해도 늦지 않다고 강력하게 전해 주고 싶다. 진심으로 선수와 마찬가지로 부모님께도 말씀드리는 부분이다.

오늘 신인드래프트는 늘 그러했듯이 KBO 주관의 대대적인 행사로 치러진다. 과거에 비해서 행사 볼륨이 많이 커졌다는 것을 내가 나이가 드는 것만큼 새삼 느끼고 있다. 야구 산업이 발달한 만큼이나 다양한 스포츠신문, 각종 인터넷 매체, 스포츠 방송사의 증가 등 언론과 스포츠 중계 미디어의 경쟁도 더 심화된 까닭이기도 하다.

지명 행사장에는 각 스포츠 채널의 중계카메라가 발 디딜 틈 없이 자리를 선점해 서로가 좋은 화면을 보여 주기 위해 앵글(angle)을 맞추느라 부산한 느낌이다. 언제나처럼 지명 행사장에 입장할 때의 느낌은 사뭇 긴장되고 정갈한 마음이 든다. 이 자리에 참석한 많은 팬들과 학부모들, 전국 각지에서 숨죽이며 지명 광경을 지켜볼 선수들의 안도와 탄식, 아쉬움이 교차되며 뒤섞이는 현장을 피부로 체감하기 때문이다. 그러다 보니 새롭게 맞이할 새 식구들과의 반가운 조우도 기대가 되지만 한편으론 못내 안타까운 마음이 들기도 한다. 그것은 아마도 이 자리에 축복받지 못하고 쓰라린 마음을 안고 다시 일어서야 할 선수들과 그 가족들이 더 많다는 것을 알기 때문일 것이다. 해마다 나오는 지명 대상 선수 1,500명 중에 110명만 웃고 나머진 표현 못할 허망함을 안고 가야 하는 길을 알기에 그렇기도 하다. 그렇게 복합적인 감정으로 지정된 자리에 앉아서 옷매무새를 바로잡고 곧이어 펼쳐질 역사의 한 장면을 위해 호흡을 가다듬는다.

지명 행사장에는 뜨거운 조명 아래 전년도 각 구단별 성적에 맞춰 테이블이 마련되어 있다. 보통은 대형 호텔 컨벤션홀을 이용하는데 기자단과 10개 구단 관계자와 초청 선수들 그리고 학부모 가족들과 아마야구팬들까지 모두 좌석을 마련하여 배치하다 보면 그렇게 큰 홀도 좁게 느껴질 만큼 공간적인 여유가 없다. 그래서 더욱 그 열기가 뜨겁다.

각 구단들은 미리 준비한 전략대로 1라운드를 호명하며 11라운드까지 아마추어 선수들을 각자 구단의 상황에 맞게 지명해 나간다. 그렇다고 지명되는 아마추어 선수가 당장 바로 선수단의 1군 전력에 도움이 되는 확률은 높지 않다. 그야말로 중장기적인 관점에서 선수를 비축하는 데 의미가 더 있다고 볼 수 있다. 하지만 예상보다 훨씬 더 빨리 성장하는 선수가 있어 조기에 1군 전력에 성공하는 케이스(case)도 심심치 않게 있다. 이런 조기 성공 선수들은 과거 중학교 때나, 고교 저학년 때까지 야구를 매우 잘했던 선수들인데 갑자기 슬럼프에 빠지거나 혹은 뜻하지 않은 부상으로 장기간 훈련을 못해서 제 기량을 발휘 못한 케이스들이 대부분을 차지한다. 이러한 선수들은 프로 지명을 받고 심리적으로 안정감을 가지면서 프로의 체계적인 훈련과 동기부여 등으로 기량이 급격하게 향상되고 체격과 근력도 함께 좋아져 자신감이 붙는다. 어릴 때 좋은 기본을 갖추고 야구 자체를 잘했던 선수였기에 선수가 가진 문제점들이 어느 순간 해소되면서 기량 향상이 동시에 이루어진다. 이런 경우는 선수와 구단 모두에게 더할 나위 없이 좋은 선물인 셈이다.

고3병과 대4병이라는 용어가 야구에는 있다. 모두 심리적인 부분이다. 헤어나려 애쓰면 애쓸수록 깊은 늪에 빠져 허우적대는 모양새가 된다. 이런 선수들은 대체로 몇 가지 요인들에 의해 슬럼프에 빠져든다.

첫째는 선수의 성향이 너무 예민해서 심리적 불안에 너무 깊게 빠져드는 유형이다. 다시 말해, 자신의 훈련과 흘린 땀에 대한 믿음을 갖고 꿋꿋하게 가야 하는데 하루가 멀다 하고 자세를 전면 수정하거나 훈련 스타일을 바꾸고 조급해하는 유형이다.

둘째는 코칭스태프와의 불화로 심리적인 방황에 있는 선수이다. 야구에 전념해야 하는데 좀처럼 집중할 수 없고 야구장에서 유니폼을 입고 서 있는 그 자체로 힘들어하는 유형이다. 이런 선수들은 전학을 가거나 야구를 단념해야 하나 말아야 하나의 기로에서 전혀 도움 안 되는 고민에 빠진 선수들이다. 당연히 야구가 잘 될 리가 없다.

셋째는 학폭 관련 연루 선수로 장차 발생하게 될 우려에 대하여 밤잠 설치며 고민하는 선수들이다. 마찬가지로 이런 선수들도 한 시즌을 망치며 본인의 기량을 펼치지 못하고 평가 절하되어 지명에서 낙마하거나 후순위에 겨우 지명받게 된다. 지명되는 선수는 그나마 운이 있다고 볼 수 있고 그렇지 못한 선수들도 많은 게 현실이다.

마지막으로 넷째 유형은 과신과 방심에 쌓인 선수이다. 본인의 기량을 너무 맹신하고 자만하여 과정을 등한시하고 훈련을 게을리한 선수들이다. 땀은 거짓말을 하지 않는다는 야구의 속설이 있는데 이에 반하는 행동과 훈련으로 서서히 자신의 기량을 녹슬게 하는 선수들이다. 그리고 이와는 반대로 너무 열심히 해서 과부하가 생기는 케이스도 있다.

좌우지간 고3병이나 대4병은 특효약이 없어 스스로가 치유해 가야 한다. 마치 어린아이가 길에서 넘어진 뒤 스스로 땅을 짚고 일어서듯이 스스로 이겨 나가야 되고 야구로 넘어졌으면 야구로 짚고 일어서야 한다.

이런 선수들이 자신의 상처를 치유하고 프로의 기회를 잡으면 무서울 게 없을 정도로 기량 향상이 이루어진다. 따라서 프로 스카우트들은 선수의 이력을 어릴 때부터 잘 살펴야 하고 선수의 히스토리(history)를 잘 기억하여 갑작스럽게 슬럼프에 빠진 선수들에 대하여 주의 깊게 관심을 가져야 한다.

야구를 잘하는 선수의 DNA는 머지않아서 회복되어 곧 야구를 잘하는 선수로 거듭난다. 프로에서 이름만 들어도 모두가 다 아는 선수들이 과거에 고3병과 대4병으로 고생한 선수들이 꽤 있다.

프로에 가기 위한 길고 긴 여정

일반적으로 야구선수가 되는 계기는 우연한 기회에 많이 이루어진다. 가령 다니는 초등학교에 야구부가 있는 경우라든지, 친구가 이미 야구부에 있어서 캐치볼(catch ball)*을 하다 재미를 느껴 야구선수가 되기도 하고, 어릴 적 아버지와 동네 놀이터에서 공 주고받기를 한 경험이 야구선수의 꿈을 키우는 계기가 되기도 한다. 야구 광팬인 부모님의 영향으로 매일 TV 중계를 보면서 야구선수 흉내를 내며 선수의 꿈을 키우기도 하고 부모님의 결정에 따라 전문선수로 육성을 위해 야구부가 있는 학교로 전학을 하여 야구선수가 되기도 한다.

Baseball Tip

캐치볼(catch ball)
'캐치볼'이란 공을 주고받는 놀이 혹은 훈련이라는 뜻으로 사용한다. 다만 이 표현은 일본식 영어 오류 표현 중 하나로 우리나라에서도 잘못된 일본식 용어를 그대로 사용하고 있다. 영어로는 'playing catch'라고 한다. 다만 캐치볼이라는 용어를 더 일상적으로 사용하고 있으므로 본문에서도 그대로 사용하였다.

하지만 초등학교를 거치고 중학교와 고교에 진학하기까지의 과정에서 많은 사건과 사고들을 겪으면서 야구를 계속해야 하는지 중도에 그만두어야 하는지에 대한 심각한 고민을 대부분의 선수들은 경험하게 된다. 하다 보니 적성에 안 맞는다든지, 아니면 실력이 늘지 않는다든지, 나이에 안 맞게 일찍 심각한 부상을 당했다든지 등등 여러 가지 사연들이 선수들의 성장과정에서 비일비재하게 일어나는데 그런 이유로 순조롭게 대학이나 프로까지 진출하는 선수는 그리 많지 않다. 모두 우여곡절과 풍파를 겪으며 진학을 이어간다.

선수들이 갖는 보통의 큰 고민들로는 신체의 성장속도, 기량 정체, 학교 감독이나 코칭스태프의 선수 기용 문제, 지도자로서 윤리·도덕이 갖추어지지 않은 부도덕한 지도자와의 만남 등이 있다. 이 모든 문제들이 선수의 성장과 직결되어 있다. 이런 문제들은 기본기를 갖추고 전인교육을 받고 학교생활과 사회생활에 필요한 모범적인 규범을 이미 익힌 선수라면 올바른 지도자와의 만남으로 대부분 해결된다. 이렇듯이 좋은 지도자와의 만남은 선수의 기량 향상과 떼려야 뗄 수 없는 불가분의 관계가 된다.

필자는 스카우트로서 현장을 누비며 선수를 관찰할 적에 신체 조건이나 하고자 하는 열성적인 태도가 너무 좋은데도 불구하고 기본기를 어릴 적에 잘못 습득하여 좋지 않은 무리한 자세를 가진 선수들을 많이 보아 왔다. 이런 선수들은 운동이 거듭될수록 부상을 입거나 기량과 기술적인 부분에서 발전가능성이 낮아지게 마련이다. 이런 선수들을 보면 안타까운 마음이 들면서도 잘못 가르친 지도자나 잘못 배운 선수나 누구의 잘잘못을 떠나서 일선 지도자들의 책임감과 노력이 선수들의 장래에 직접적으로 미치는 영향이 막대하다는 것을 느낀다.

선수의 장래성은 사실 어릴 적 지도자의 기본기 훈련에 전적으로 달려 있다고 해도 과언이 아니다. 지도자는 스스로에게 질문을 던지면서 선수들의 장래를 책임지는 자세로 자각하고 끊임없는 야구 공부와 노력을 게을리하면 안 된다고 생각한다.

감독의 야구 철학이 담긴 지도 · 운영은 한참 자라나는 학생 선수들에게 막대한 선의의 영향을 미친다. 신세대 선수, 더구나 밀레니엄 세대를 지나 Z세대의 선수들을 외부 환경의 유혹에서 견디게 하면서 올바르게 야구만 하게 하는 것이 결코 쉬운 일은 아닐 것이라 생각하지만 그래도 지도자의 끊임없는 진실한 교육과 사랑은 반드시 선수의 성장과정을 밝고 희망차게 만들 것이라 확신한다.

KBO에는 클린베이스볼(clean baseball)이라고 하여 선수들이 공명정대하게 선수 생활할 것을 천명하고 이를 감독하고 계몽하는 KBO 기구인 클린베이스볼센터가 설치되어 있다. 실제로 프로야구계에는 각종 사건사고들이 발생하는

데 이런 일들이 벌어지고 있다는 것은 매우 참담하고 반성해야 될 일들이다. 이러한 불미스러운 일로 선수 생활을 일찍 접는 선수들과 프로야구 전체를 욕되게 하는 일들이 끊임없이 발생하는 것은 모든 야구 종사자들이 각성하고 바로 잡아야 할 첫 번째 숙제이다.

아마추어 야구에서도 이러한 사고들이 나기 시작하는데 야구 꿈나무들의 일탈행위들이 근절될 수 있도록 가정과 학교의 지도자들이 보다 더 애정 어린 관심을 갖고 올바른 정신자세를 심어 주어야 할 것이다. 무슨 일이든 기초가 중요하다.

선수 생활의 위기는 선후배 관계에서 오기도 한다. 요즘은 학교폭력이 예전에 비해선 많이 개선되었지만 알게 모르게 선배의 괴롭힘이나 경쟁 포지션의 후배에게 보이지 않게 정신적 강압을 주는 행위는 지금도 있다고 본다. 하물며 프로 세계에서도 유사한 행위들로 경쟁 포지션 선후배 간 보이지 않는 전쟁은 계속되고 있으니 말이다. 모든 게 사람 사는 일이다 보니 야구장 밖에서 벌어지는 경쟁과 갈등, 오해 등도 보이지 않는 곳에서 흔하게 발생하고 있다. 이를 슬기롭게 이겨 내는 선수가 있는 반면 스트레스를 받아서 정작 해내야 할 선수 생활을 제대로 못하고 끝내는 선수들도 있다. 그래서 주변에 선한 영향력을 주는 선배나 코치들이 있어야 하며 이들의 조언과 위로, 배려는 선수의 성장과 위기 해결에 큰 도움이 된다.

언제부터인가 프로의 주전급 선수들이 신인 지명에 관심을 보이기 시작했다. 순수하게 후배들이 들어온다는 개념보다는 어느 정도의 기량을 가진 선수이며 앞으로 몇 년 후에 1군급으로 성장할 정도의 선수인지와 자신을 위협할 수준은 되는지 등에 대하여 관심을 갖는 측면이 크다. 이후 신인급들이 다 함께 참여하는 전지훈련이나 합동훈련 등이 열리면 나름 면밀하게 관찰하여 몇 년 정도의 기간이 지나야 1군급으로 성장할지에 대한 예측을 한다. 대체로 이 예측의 정확도는 의외로 정확하다. 현장의 살아 있는 감이라고 할 수 있다.

첫해 신인이 아무리 좋은 기량을 가지고 있다고 하여도 프로 경력의 1년은 무시 못 할 기량과 힘의 차이를 보여 준다. 대다수의 신인들이 선배들과 치르는 합동전지훈련에서 힘과 기량 차이를 느끼며 1차로 좌절한다. 체력에서도 지치지 않는 선배들을 보면서 서서히 자신감을 잃어간다. 프로에 지명되었을 때와 입단했을 때의 자신감은 어디로 가고 없고 마냥 움츠러드는 자신을 보면서 높은 벽을 실감한다. 그때부터 프로의 냉혹한 세상이 시작되는 것이다.

사실 프로에 입문할 때엔 신인 지명 시의 상위 라운드 몇 번, 몇 번이란 순위가 수식어처럼 따라붙는다. 이는 KBO 신인드래프트에서 공정하고 공평하게 전년도 성적의 역순에 따라 순차적으로 지명되다 보니 본의 아니게 선수의 기량과 몸값을 매기는 기본 잣대가 되었다.

그래서 구단들도 저마다 지명 라운드와 순번에 따라서 선수의 가치를 매기고 그에 상응하는 입단 시 몸값을 정하기도 한다. 사실 기량은 백지장 하나 차이지만 호명된 라운드와 순번에 따라서 몸값이 몇천만 원씩 차이가 나면 실제적으로 그동안 갖은 고생으로 뒷바라지해 온 학부모님 입장에서는 선뜻 이해되지 않는 부분이 많을 것이다.

단지 호명만 늦게 되었을 뿐 우리 아들이 팀 성적이나 개인 성적이 결코 뒤지지 않는데 이런 대우를 받자니 억울하기 짝이 없다고 주변 사람들에게 하소연하기도 한다. 하지만 구단의 스카우트 시스템은 사실 선수의 성적을 중요시하지 않는다. 단지 미래의 그림을 보며 선수의 가치를 매긴다. 지금보다 미래 가치를 더 중요하게 본다는 것이다.

이 선수가 올해 타율이 3할을 넘었다가 아니고 얼마나 정확한 타구를 날리고 좋은 그림의 준비 자세와 타구의 힘과 타구의 질이 좋은가를 보는 것이다. 그리고 선수가 얼마나 훈련과 경기에 집중하며 목표의식을 갖고 선수 생활을 하는지 등에 더 무게를 두고 관찰한다. 그래서 구단은 성적보다 선수의 자세와 태도 그리고 미래에 투자한다.

상위 순번에 지명된 선수들은 그러한 미래가치가 높은 선수들이라고 구단이 판단한 것이다. 그래서 더 많은 투자금을 투자하여 선수와 입단 계약을 체결한다. 지금 열거하는 내용들은 사실 구단의 일이다. 야구단은 특이하게도 두 가지로 양분된 조직이다.

하나는 선수단의 훈련과 경기를 원만하게 진행하기 위해 즉, 페넌트레이스를 좋은 성적으로 마감하기 위해 감독 계약부터 코치 계약, 선수 구성 그리고 군대 문제 해결과 전지훈련지 물색과 섭외 등 내부적인 살림살이 일들을 수행하는 프런트 조직이 있고, 반면에 선수단을 통솔하여 전지훈련을 소화하고 144경기의 시즌을 우승이라는 목표 아래 매 경기 일희일비하는 현장 코칭스태프 조직이 있다.

양 조직은 엄연히 얘기하면 상호 존중하며 따로 또 같이 우승이라는 목표를 향해 전념하는 조직들이다. 단지 현장 코칭스태프는 구단과의 계약 관계에 있다 보니 보이지 않는 심리적인 부분들이 있기도 하다.

여기서 중요한 것은 지명된 신인 선수들이 입단을 하고, 훈련을 시작하고 나면 앞전에 계약을 위한 라운드별 순번은 사실상 큰 의미가 없어진다는 것이다. 모두 똑같이 동등한 신인 선수가 되어 자신이 정해 놓은 목표치를 향해서 긴 여행을 출발하는 것이다. 공평한 출발선에서 지명 순번은 없고 모두 동일하다고 말해 주고 싶다.

코치들이 너는 몇 번이니 신경을 덜 쓰고 앞 순번이니 더 신경 쓰고 하는 일은 단호히 없다고 자신한다. 다만, 열심히 하는 선수와 야구를 잘하려고 몸부림치는 선수만 코치 앞에 있다. 코치들도 코치이기 이전에 사람이다 보니 열심히 하고 자신에게 신뢰를 주는 선수를 선호하기 마련이다. 그래서 얘기해 주고 싶다. 지명의 순번은 단지 구단에 들어오는 순서일 뿐이라고, 우리네 코치들은 그런 것은 상관없고 오직 유니폼을 더럽히며 아낌없이 땀방울을 쏟아 내는 선수를 더 아끼고 사랑한다고 말이다.

신인 계약 시 부모님과의 계약 협상은 과거에 비해 많이 수월해졌다. 과거에는 대학교 진학이 우선시되는 시절이어서 대학교와의 실랑이가 제법 벌어지기도 하였고 대학교 진학을 염두에 두고 계약 협상의 주도권을 선점하려 하였던 선수들도 있었다.

당연히 앞 순번의 선수를 대학교에 뺏기면 구단의 선수 수급에 지장이 발생하고 스카우트들의 책임도 무거운 시절이 있었다. 지금은 그런 일들이 거의 없지만 당시에는 대학교에서 선수 스카우트 시 계약금 명목으로 금전을 지급하며 선수를 스카우트하기도 하여 프로구단과 제대로 된 선수 스카우트 경쟁을 하던 시절이 있기도 하였다.

지금은 선수가 우선적으로 무조건 프로를 원하는 시대이다 보니 양질의 기량을 가진 선수가 프로 지명을 받고도 대학을 선택하는 확률은 거의 전무하다고 볼 수 있다. 그래서 부모님들과 협상 시 자식의 소망을 들어주고자 조금 손해 보는 듯한 계약금 제시에도 마지못해 계약을 하는 부모님들이 대부분이다. 실제로 프로에 지명되지 못해 전전긍긍하는 동기 부모님들을 떠올리면 배부른 불만 같기도 하여 보통은 한두 번의 면담에서 계약서에 도장을 찍어 주는 추세이다.

사람 마음이 간사하여 지명이 되면 순번이 불만이고 지명이 되지 못하면 11라운드라도 걸렸으면 원이 없겠다는 생각이 든다. 이도 저도 안 될 때엔 육성선수라도 언감생심으로 생각하기도 한다. 야구를 잘해서 스포트라이트(spotlight)를 받으며 당당하게 프로에 들어갔어야 하는데 그러지 못해 우리 부모님까지 쓸쓸하게 고개 숙이게 해서 너무도 죄송한 선수들이 많을 것이다. 하지만 그래도 다음의 기회가 있고 희망이 있기에 절대로 포기하면 안 된다. 아직은 젊으니까 과감하게 용기를 갖고 재도전해야 한다. 대학 진학이든 어디든지 말이다.

프로 스카우트는
어떤 부분을 관찰할까?

스카우트는 훈련과 경기를 병행해서 관찰 업무를 수행하는데 주로 훈련을 관찰하기 위해선 학교에서의 단체훈련 관찰에 비중을 두고 대회에 참가하여 경기를 펼칠 때 실전경기에 대한 선수의 경기력을 세심하게 관찰한다.

매 대회마다 선수의 일거수일투족을 상세히 누적 관찰하여 최종적으로 등급을 정한다. 이후 이렇게 정해진 등급은 최종적으로 선수의 지명 라운드에 직접 관여되고 우선적으로 지명하는 데 기본 자료로 활용된다. 일반적으로 지역을 막론하고 어느 학교나 각 학년마다 주전으로 경기를 뛰는 선수들이 있다. 특히 저학년부터 경기에 출장하는 유망주들이 있는데 스카우트들은 우선 이들을 먼저 타깃(target)으로 삼아 집중적으로 관찰을 하고 이후 최근에 기량이 급성장한 선수들을 주목하여 유심히 살핀다.

그러면 스카우트들은 각 학교마다 나름 유망주라고 칭해지는 선수들을 어떻게 분류를 할까? 다음과 같이 키포인트(key-point) 위주로 열거해 본다.

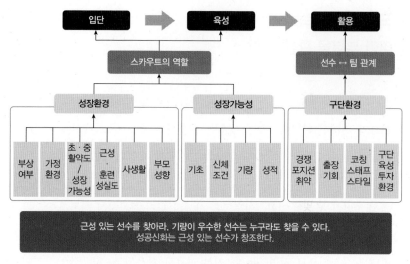

[그림 2-1] 프로구단 입단 후 고려사항(출처: 필자 작성)

1. 기본기 완성도

야구는 잘 던지고 치고 달리고 잘 받아야 하는 운동이다. 이 부분을 특출하게 잘하기 위해선 기본기에서 벗어난 자세로는 이룰 수 없는 부분이 있다. 이 기본기는 각자 신체의 특징을 차치하고 가장 편하게 몸의 중심에서 나오는 파워를 활용할 수 있으며 신체 각 부위의 가동 범위를 벗어나지 않는 물리적인 범위 안에서 나오는 부드러움이다.

부상 방지를 위한 가장 중요한 사항으로서 기본기를 제일 중요하게 두고 관찰한다.

공격, 수비, 주루와 야구 센스 등에서 기본기가 완성되어 있지 않은 선수들은 학창 시절에는 단지 힘으로 버틸 수는 있지만 대다수가 오래가지 못하고 큰 부상으로 낙마하게 된다. 그래서 스카우트들은 선수들의 기본적인 투구 자세나 타격 자세, 수비능력 등에서 본인들의 신체에 맞게 특화된 기량을 가지고 있는지, 신체와 기량에 맞지 않는 과도하고 무리한 자세를 가졌는지를 살핀다. 가령 키가 크지 않고 왜소한 타자가 홈런 스윙으로 일관된 어퍼스윙(upper swing, 낮은 공을 골프 치듯 위로 쳐 올리는 타격 자세)을 한다거나 볼을 맞추지도 못하는 상황에서 오버스윙(over swing)으로 일관하며 연신 헛스윙을 한다면 스카우트는 자신의 시선을 다른 선수에게 돌릴 것이다. 그래서 자신에게 맞는 스윙 스타일과 자신의 능력에 맞는 스타일을 계발하고 정착시키는 것도 지도자의 몫이고 책임이기도 하다. 또한 이 부분은 선수의 장래에 매우 중요한 선택이고 결정이 될 것이다.

대부분 자신의 포지션과 신체능력과 자질에 따라서 본인의 유형을 계발하는 데 이러한 부분은 자신의 고집만으로 하지 말고 점차적으로 본인의 기량 발전과 신체 향상 등을 지속적으로 비교하여 그 시기에 맞게 약간의 변화를 꾀할 필요가 있다. 왜냐면 끊임없이 자기계발을 함과 동시에 본인에게 맞는 색깔의 옷을 입혀서 자기 어필을 해야 스카우트의 관심이 자신에게서 떠나지 않기 때문이다.

예를 들어 보자. 내가 지금 현재 신체 상황이 신장 170cm에 주력은 양호한데 도루 시도는 잘하지 않는 2루수이다. 이런 선수에게 감독으로서 혹은 코치로서 어떤 유형으로 도전해 보라고 할 것인가?

우선은 빠른 발을 적극 활용하라고 주문할 것이다. 키 작은 내야수로서 자신을 어필할 수 있는 길은 안정적인 수비능력과 빠른 발을 가진 도루능력이 될 것이며 상대 선발투수를 괴롭히는 적극적인 컨택(contact)형 타자일 것이다.

공격에선 집요하게 투수를 괴롭히다가 볼넷을 골라 나가고 주루상의 주자로서는 상대 내야를 괴롭히며 수시로 도루를 시도하는 그런 타자로의 변신을 과감하게 해야 한다. 스윙의 궤도도 그렇게 바꾸어 나가야 하며 타격 타이밍도 그렇게 바꾸어야 한다. 그래야 본인이 살아남는다. 여기서 되짚어 볼 사항은 현재 자신의 장단점은 무엇인지를 제대로 정확하게 파악을 해야 하고 그 장단점 안에서 내가 버텨 내고 이겨 낼 수 있는, 즉 경쟁력 있는 모델(model)들을 계발해야 한다는 것이다. 프로에서 살아남기 위해서는 경쟁력 있는 모델을 스스로가 계발하고 또 계발해야 한다. 이러한 변신과 계발은 현재 자신의 포지션이 외야수이든 포수이든 투수이든 모두에게 적용된다. 자신에게 맞는 경쟁력 있는 모델을 만들기 위해 스스로 노력하는 점도 중요하지만 주변의 많은 지도자들도 선수의 장래를 위하여 아낌없이 헌신적으로 도움을 주어야 한다. 부모 같은 심정으로 말이다.

프로야구에는 포지션별로 특정 짓는 유형들이 있다. 즉 센터라인(center line)이라 칭하기도 하는데 외야의 중견수, 내야의 유격수와 2루수는 수비라인으로 공격보다는 수비력 위주의 선수를 기용한다. 중견수는 주로 발 빠른 리드오프(lead off)형으로 선구안이 좋고 상대 투수를 괴롭히며 투구수를 많게 하고 수비에서는 강한 어깨와 폭넓은 수비를 가진 선수 위주로 편성한다.

내야에는 유격수와 2루수가 그런 유형의 임무를 맡아서 경기에 임하는데 공격력까지 가미된다면 금상첨화가 아닐 수 없다. 이렇게 수비라인은 센터라인으로 이루어지고 공격라인인 파워포지션은 주로 외야의 양 날개인 좌익수와 우익수 그리고 1루수와 3루수로 이루어지는데 주축 핵심 타자들로서 강한 파워를 겸비해 해결사 역할을 맡는다. 출루율이 높고 도루능력과 수비력까지 겸비한 리드오프 선수와 타점생산 능력이 뛰어난 클러치(clutch) 선수들이 적절하게 어우러지고 투수력을 갖춘 선수까지 얻으면 매년 우승권에 도전할 수 있는 전력을 갖추었다고 볼 수 있다.

선수는 프로 진출의 첫 번째 관문인 프로 스카우트의 눈도장을 받기 위한 본인들의 노력이 혹시 엉뚱한 곳을 향하고 있지나 않은지 냉정하고 이성적으로 자신의 기량을 되돌아봐야 한다. 너무 멀리 이상한 곳으로 가지 말아야 한다. 조금 방향이 틀려졌다면 바로 수정하여 빨리 제자리로 돌아와야 한다. 학창 시절은 긴 것 같아 보이지만 막상 지나고 보면 그렇게 빨리 지나갈 수가 없기 때문이다. 아마추어 어린 선수들이 본인의 기량을 냉정하게 평가하고 보완하고 개선하기에는 어렵고 힘들기 때문에 해당 학교의 지도자들이 선수를 도와줘야 할 것이다.

2. 두 번째는 집중력과 태도이다

기본기가 잘 되어 있다고 판단되는 선수는 일단은 스카우트의 눈길을 사로잡는다. 보이지 않게 안 보는 척하며 선수의 행동거지를 살핀다. 너무 적나라하게 선수를 관찰하면 선수가 의식하고 행동하기 때문에 평소 하던 행동이 아닌 의도적인 행동이 나올 수 있다. 이는 정확한 평가가 이루어지는 데 방해가 될 수 있어서 자연스럽게 행동거지를 관찰한다.

대부분의 야구선수들은 본인들은 잘 모르지만 자신만의 행동언어가 있다.

에러(error, 실책)를 저질렀을 때, 지도자에게 혼나고 난 뒤, 찬스(chance)에서 결정타를 못 날려 팀이 패했을 때, 선수들이 열광하며 모두가 혼연일체가 되어 있을 때 등등 여러 장면들에서 자신의 속마음과 태도 등이 무심코 나온다. 스카우트들은 그러한 부분들 즉, 야구장에서의 기량 외적인 부분들의 행동언어 속에서 선수의 평상시 생각과 의식들을 찾고 이를 통해 선수의 발전가능성 유무와 장래성 있는 유형들을 찾는다.

전혀 관심 없는 척하며 부지런히 눈동자를 굴리는 스카우트들은 때로는 투수와 타자가 수싸움을 펼치며 공방전을 벌이는 홈 플레이트(home plate)가 아닌 그라운드의 수비수 누군가를 유심히 주시하며 보고자 하는 선수의 행동거지 하나하나를 살핀다. 투수가 던지는 볼 1구 1구에 얼마나 집중을 하며 스타트 자세를 취하는지 등을 관찰하며 체크한다. 또한 단체행동에 위배되는 마인드를 보유했는지 팀은 패배하였으나 본인 성적만 좋다고 희희낙락하며 이기적인 모습을 보이는지 등을 면밀히 살핀다.

어차피 야구는 단체 종목이고 한 사람이 잘해서는 이길 수 없는 경기이기 때문이다. 이처럼 플레이 외 행동에서도 스카우트의 눈에 들어야 한다. 이것이 학생, 아마추어 선수들이 간과해서는 안 되는 점이다. 스카우트의 눈에 기본 기량이 준비되어 있고 집중력과 태도가 우수하게 보이면 그 선수는 1차 후보군에 들어가서 향후 추가로 평가받을 수 있는 대상 후보군에 입성하게 된다. 이후 2차와 3차를 거쳐 최종 후보군에 들어가면 이제 몇 라운드에 지명되느냐의 순위 문제만 남게 된다.

선수의 태도에 집중력이 보이지 않고 산만한 모습을 보이는 것은 마이너스 대상이다. 이러한 선수의 태도는 팀 분위기 저해 요인이 될 수 있다. 좀 과하게 말하면 지도자와의 갈등과 선수단과의 분란 등을 초래할 수도 있다. 집중력 부재는 대부분 팀의 성적과 결부되는데 작전 실패라든지 본헤드 플레이(bonehead play)*와 같은 미숙한 플레이로 인한 찬스 무산은 패배 원인으로 이어질 수 있고 경기 외적으로 선수의 기량 정체나 퇴보에도 직격탄이 되어 팀 발전에 저해가 되는 것이다. 경기력과는 상관없이 태도는 실제로 감독이나 코치들과의 관계에서 오해와 갈등을 야기하여 전학이나 야구 포기 등의 예측하지 못한 전력 손실로 흘러가기도 한다.

Baseball Tip

> **본헤드 플레이(bonehead play)**
> 팀의 패배로 이어질 수 있는 경기 중의 실수 혹은 안 좋은 선택이라는 뜻이다. 경기 중 선수가 어리석은 판단을 하여 팀에 해를 끼치는 실수나 행동을 했을 때를 가리킨다. 본헤드(bonehead)는 '어리석은 사람, 얼간이, 빠른 판단을 하지 못한 사람' 등을 가리킨다.

이러한 유형의 선수들은 지도자들이 더욱 신경을 써서 사전에 바로잡아 일깨워 주어야 팀에게도 선수 본인에게도 도움이 된다. 참으로 지도자는 여기저기 할 일이 많다. 야구선수이기 이전에 한 인격체로서의 인생이 걸린 부분이라 생각하고 지도자는 부단한 노력과 관심을 기울여야 한다.

3. 세 번째는 캐치볼

야구는 첫째도 캐치볼이고 둘째도 캐치볼이다. 이유 불문하고 무조건 캐치볼부터 완성해야 한다.

스카우트들은 선수를 관찰할 때 우선적으로 캐치볼 상태를 체크하는데 강한 어깨를 가졌는지에 대한 판단은 롱팩(long pack)이라고 하는 멀리 던지기 능력을 본다. 라인 드라이브(line drive)는 아니더라도 100m를 훌쩍 넘기는 어깨를 보유한 선수는 자신 있게 자신의 송구능력을 뽐내야 하며 일부러라도 스카우트가 보는 앞에서 마치 시위를 하듯이 자기 어필을 해야 한다.

볼을 잘 던지는 강한 어깨 소유자는 프로로 갈 수 있는 관문을 쉽게 넘어 갈 수 있다.

선수들은 캐치볼에 대한 시간과 공을 들여서 자신 있게 던질 수 있는 능력을 키워야 한다. 그래야 그것이 어렵지 않게 프로의 길로 안내할 것이다.

볼을 능수능란하게 강하게 던지기 위해선 많은 시간을 들여서 캐치볼훈련부터 성실하게 해야 한다. 볼의 회전도 중요하며 볼의 구질도 좋아야 한다. 회전이 좋지 못하여 휘어져 나가는 볼들은 악송구가 될 확률이 높고 또한 받는 수비수나 포수 입장에서 포구가 까다로워지기 때문이다.

야구선수들은 주로 배팅(batting)훈련에만 시간과 공을 많이 들이는 게 다반사이다. 너나 할 것 없이 무조건 배트만 들고 배팅훈련만 하려고 한다. 하지만 수비능력과 송구능력이 수반되지 않는 선수는 소위 말하는 반쪽 선수로서 선수 생명이 그리 오래가기 힘들고 프로에 입문하는 벽도 높아진다.

본인의 송구 모션(motion)을 잘 분석하여 무엇이 문제인지를 빨리 파악하여 대처해야 한다. 잘못된 자세로 무리하게 훈련을 하면 자칫 부상을 입을 수 있기 때문이다.

우리 신체의 모든 부위는 가동 범위가 있고 이를 벗어난 힘이 가해질 경우 부상이란 복병을 만나게 된다. 그래서 자신의 신체 특성을 빨리 파악하고 자신의 몸에 맞는 부드러운 자세를 만들어 가는 게 중요하며 이는 부상 방지와 함께 기량 향상에도 도움이 된다. 신체의 꼬임에 의해 힘이 응축되고 회전과 스피드가 이어지며 파워가 폭발하는 과학적인 원리를 이해해야 하고 지도자들도 물리적인 힘의 원리를 잘 설명해 줘야 선수들이 받아들이는 이해도가 훨씬 높아질 것이다.

최소한 과학적으로 내가 어떻게 볼을 던지고 있고 이론적으로 볼은 나의 몸에서 어떤 원리로 회전의 도움을 받아서 멀리 날아가게 되는지 등을 기본적으로 알고 훈련을 해야 한다. 아무것도 모른 채 그냥 하는 훈련은 긴 미로에서 혼자 헤매는 것과 같다.

4. 네 번째는 간절함과 절실함

'태도와 자세가 좋다.'란 표현과 사뭇 다른 뉘앙스의 간절함과 절실함은 선수 관찰에 있어 중요한 부분이다. 간절함이란 표현을 어떻게 다른 단어로 표현할 수 있을까?

갈망이라고 표현하는 게 맞을까? 절망 속에서 간신히 잡은 야구에 대한 목마름이랄까? 아니면 처절한 몸부림 정도로 이야기해야 되는지 적절한 단어를 고르기가 쉽지 않다.

야구를 하는 선수들 중에서 이러한 간절함으로 야구를 하는 선수들이 있다. 이러한 모습을 보이는 선수들도 스카우트 대상으로 선상에 오른다. 물론 기본적인 기량이 뒷받침되어야 함은 기본이다. 이런 선수들은 매사에 대충하는 법이 없이 모든 플레이에 혼이 실린 듯 절실하게 한다. 존재 자체만으로도 팀을 정화시키는 시너지 효과가 있다.

보통 이런 유형의 선수들은 고교생보다는 대학생 쪽에 더 많이 분포하는데 아무래도 대학 학창 시절을 보내면서 미래에 대한 고민과 불투명한 장래에 대한 불안감으로 인해 플레이가 진지하고 간절해지는 게 아닌가 생각된다.

프로구단으로 이야기하자면 생각 없이 야구하다가 군대를 갔다 온 경우 야구에 대한 절실함을 깨닫게 되는데 야구를 할 수 있는 군대(상무)보다는 일반병으로 군대에 다녀온 선수들이 야구 경력 단절에 대한 불안감이 더해지며 보다 많이 사고의 긍정적 변화가 오는 것을 보아 왔다.

다른 유형으로는 타 구단에서 정리되고 난 후 어렵고 힘든 시간을 거쳐 새롭게 둥지를 튼 선수들이 그러한 유형이 될 가능성이 높다. 발등에 불이 떨어진 것처럼 앞이 캄캄해지고 무엇을 해야 할지 막막해 발을 동동 굴린 경험이 있는 선수가 새 팀을 찾으면 이전의 대충하던 모습은 간데없고 간절한 선수로 십중 팔구는 바뀌어 있다.

주변의 조언에 귀 기울여 미리 자신을 담금질하는 선수가 있는 반면에 굳이 쓴 경험을 해봐야 깨닫는 선수들이 있다. 늦었더라도 깨달을 수만 있다면 좋은 경험이 되어 남은 선수 생활과 인생에 도움이 될 수 있다. 하지만 조언도 경험도 백약이 무효하여 아무런 생각이 없는 선수들도 더러 있다. 그래서 다시 재기에 성공하는 선수들이 있는 반면에 어렵게 새 팀에 들어왔는데도 변함없이 예전 모습 그대로인 선수들은 오래 버티지 못하고 또 팀을 떠나게 된다. 여기서 주목할 부분은 똑같은 어려운 환경이 주어지더라도 본인이 느끼느냐 아니냐의 차이가 다른 결과를 낸다는 사실을 우리는 되짚을 필요가 있다.

그러면 과연 절실한 플레이는 무엇이고, 간절한 플레이는 어떤 플레이인가?

한마디로 요약할 수 있는 단어가 있을까?

초집중력. 볼 하나하나 모든 플레이에 대한 정성이랄까? 대충하는 플레이가 없이 모든 부분에서 최선을 다하는 모습을 두고 간절하다 표현하지 않을까? 어쨌든 그런 플레이를 하는 선수가 눈에 들어오고 스카우트들의 시선이 머문다. 그런 플레이를 하는 선수들은 어느 구단이라도 선택을 한다.

또 다른 케이스로는 독립리그를 거쳐서 오는 선수들인데 간절함이 그 선수를 움직이게 하고 어려움을 견디게 하는 원동력이 되었을 것이다. 그러한 선수들은 기량은 다소 미흡하더라도 선수단에 미치는 선한 영향력이 꽤 크다고 본다. 그런데 안타깝게도 그러한 살아 있는 모델들을 대부분의 2군 선수들은 그냥 쉽사리 스쳐 지나 버린다. 안타까운 일이다. 독립리그 선수라 해도 간절함과 절실함에 대해서는 2군 선수들도 충분히 본받아야 한다. 그래서 스카우트들은 간절함과 절실한 플레이를 하는 선수들을 찾는다. 근성이 있고 절실한 선수들을 찾아서 선수단에 심어야 한다. 그런 선수들이 선수단의 중심이 되어서 모범이 되면 모든 선수들이 동화되어 선순환되고 구단의 문화와 팀의 전통으로 자리 잡아 나아가서 명문 구단으로 자리매김하게 된다.

지금까지 4개의 관찰 포인트들을 짚어 보았다. 하나같이 중요하지 않은 부분들이 없을 정도로 핵심 관찰 포인트들이다. 스카우트들은 말없이 조용히 이러한 요소들을 관찰하고 있다.

스카우트의 과학화는 현재진행형

세상은 빠르게 변화하고 진화한다. 그리고 그에 맞게 적응하는 것이 당연시된다.

세상을 바뀌게 하는 것은 전쟁이나 나라의 지도자가 아니고 문명의 발명품이라고 했다. 말이 마차를 끌던 시대에서 증기기관차가 생겨나고 자동차가 나왔다. 비행기도 그러한 과정을 거쳐서 온 대륙을 하루 안에 하나로 연결했다. 발명가들의 노력과 성과가 나오지 않았다면 세상은 또 다르게 변화했을 것이다.

프로야구에도 매년 변화의 물결이 일어나고 있다. 대표적인 게 데이터의 접목이다. 과거에 이것은 주로 투수의 카운트별 볼 배합과 타자가 잘 치는 코스의 핫 존(hot zone)을 데이터화하는 수준 정도의 기기들을 사용하여, 투수가 던지는 볼의 하나하나를 전부 다 현장에서 입력시키는 방법들이었다. 도입된 시기는 대략 2000년대 초반 정도로 기억하고 있는데 그 이전에는 경기가 진행되는 동안 전력분석원이 수기로 직접 실시간으로 작성하였다. 그래서 구장의 포수 뒤편 관중 중앙석은 양 팀의 전력분석팀과 타 구단의 원정분석원들이 저마다의 기기를 갖추고서 데이터를 입력하는 부산한 장소이기도 하였고 지금도 그러하다.

실제 경기 중에는 투수가 던지는 코스별 구종에 대하여 더그아웃의 타자들에게 프린트 용지를 출력하여 게시해서 보여 준다. 선수들은 매 이닝 변화되는 볼 배합을 인지하고 타석에 들어가기도 하였고, 팀의 투수들에게는 상대 팀의 타자 정보가 수시로 전달되기도 하였다.

데이터기기 도입의 초창기 때는 대부분 일본 프로야구에서 사용하는 업체의 프로그램과 노트북을 사용하였고, 당시로서도 적지 않은 금액을 지불하였다. 매년 유지관리비를 별도로 지급하기도 하였는데, 프로그램 도용이나 유출 방지에 대한 서면확약서도 작성하여 위배되는 일이 생기면 변상도 해주는 조건들이었다. 이 같은 데이터는 순수한 데이터에서 전력분석원들의 노력과 연구에 의해 알찬 고급 정보로 변환되어 팀 승리에 많은 도움을 주는 매개체로 자리 잡아 왔다.

이후 세상의 변화 속에서 점차 '트랙맨(Trackman)'이라는 첨단기기가 미국으로부터 전파되기 시작하였고, 이전에 사용해 왔던 일본의 데이터 프로그램은 점점 설 자리를 잃어 갔다. 반면 트랙맨은 국내 프로야구에서도 호크아이를 사용하는 KIA 한 구단을 제외하고 모든 구단이 사용하기에 이르렀다[호크아이는 미국에서 트랙맨과 함께 신 트렌드로 자리 잡아가고 있다. 트랙맨은 군사용 레이더를 스포츠에 접목하자는 아이디어로 시작되었기 때문에 레이더 기반으로 데이터를 축출한다. 반면 호크아이는 광학 카메라로 직접 선수들과 공의 움직임을 포착해 영상 위주로 데이터를 뽑아서 선수단에 제공하는 차이가 있다]. 하지만 이 트랙맨조차도 언젠가는 호크아이와 같은 다른 첨단기기로 트렌드가 바뀔 것이다. 도입 및 성장과 지속 그리고 퇴출의 기간이 급속도로 짧은 미국 데이터 산업계의 특징이다. 기존의 트랙맨 시스템에서 더 진화하느냐 정체되느냐에 따라 업계의 존속과 흥망이 달려 있을 것이다.

필자가 여기에 데이터기기 도입과 트랙맨의 등장을 얘기하는 이유는 스카우트 분야에도 점차적으로 데이터를 기반으로 한 기본정보들을 활용하기 시작했다는 점을 알리기 위해서다. 스카우트의 경력과 경륜으로 기존에 스피드건(speed gun)과 스톱워치(stop-watch)를 가지고 판단했던 유형과 무형의 자산에 데이터가 첨부된 것이라 생각하면 된다. 다만, 이것들도 결국은 사람이 관리 운영하여 그 데이터들에서 의미 있는 임팩트(impact)를 녹여 내는 것이지 숫자가 우선이 되면 안 될 것이다.

전국 아마야구장에서 유일하게 트랙맨이 설치되어 있는 곳이 서울의 목동야구장이다. 이곳은 고교 전국대회가 가장 많이 개최되는 장소이기에 그 의미가 매우 크다. 과거 동대문야구장이 담당했던 아마야구 메카(mecca) 역할을 목동야구장이 대신하고 있는 셈이다.

트랙맨에서 얻을 수 있는 몇 가지 데이터가 있다.

가장 큰 데이터는 투수가 던지는 볼의 회전수이다. 그동안 타자의 반응과 기본 스피드 등에서 스카우트의 육안으로 판단해 왔던 볼끝의 위력을 과학적으로 데이터화하여 수치화한 것이 회전수이다. 직구의 회전수가 2,300rpm을 넘길 경우 아마추어 선수로서 수준급인 셈이다. 프로야구에서도 2,500rpm에서 2,600rpm 정도를 넘기는 선수를 쉽게 보진 못하고 주로 짧게 던지는 셋업 투수들과 마무리급에서 나타난다. 그리고 또 다른 정보로는 변화구의 각도와 꺾이는 범위이다. 동일한 변화구 스피드에서 꺾이는 각도와 범위가 넓다는 것은 변화구가 예리하다는 것을 말해 준다. 다만 수치상으로는 좋은 볼인데 난타를 당하는 경우가 있다. 투수의 투구폼이나 팔 회전이 늦어서 타자 눈에 잘 들어오는 유형이라든지 과학적인 기기에서도 밝혀내지 못하는 부분들이 있다.

릴리스 포인트(release point)가 일정한지와 높이도 수치로 나타난다. 릴리스 포인트가 여기저기 분포되어 불안정한 선수는 대부분 기본 제구력이 없는 선수들이다. 다만, 릴리스 포인트의 높낮이를 두고 좋다, 나쁘다 평가하는 것에는 분명한 한계가 있고 트랙맨에서 보여 주는 릴리스 포인트의 높낮이 수치만 가지고서 선수의 장래성을 평가하기엔 모순이 많다. 단지 릴리스 포인트가 높기만 하고 스트라이드(stride)가 짧은 선수들은 하체와 코어(core)의 활용을 못 하는 선수로서 상체 위주의 피칭을 하는 선수라고 볼 수가 있다. 투수 신장의 크기에 상관없이 어떤 유형의 투구폼으로 던지는 스타일인지를 먼저 보는 것도 참고해야 한다.

트랙맨에서의 데이터와 상관없이 매년 10승 이상의 좋은 성적을 올렸던 선수들이 있는 것은 이처럼 릴리스 포인트 상하가 전부가 아니란 것을 보여 준다.

야구 놀음이라고들 얘기하는데 야구는 속고 속이는 경기이다. 수치에서 나오는 것 이상의 무언가 다른 게 있다. 직구 구속이 고작 130km/h대인 좌완 오버 핸드(over hand) 투수가 10승 이상을 하는 것도 이런 점을 잘 말해 준다.

투수									투수									야수							
순	성명	투	학교	투구수	직구구속	직구회전수	익스텐션	순	성명	투	학교	투구수	직구구속	직구회전수	익스텐션	순	성명	투	학교	포지션	타구수	강타%	정타%
1	문동주	R/O	진흥고	151	147.8	2245	1.94	15	박동수	R/S	고려대	–	–	–	–	1	이재현	R/R	서울고	유격	7	42.9%	42.9%
2	윤태현	R/S	인천고	216	138.3	2274	1.92	16	이상우	R/O	유신고	173	138.8	1988	2.09	2	김도영	R/R	동성고	유격	5	40.0%	0.0%
3	이민석	R/O	개성고	–	–	–	–	17	김찬민	R/S	전주고	122	136.1	2112	1.78	3	박성재	R/R	용마고	포수	10	40.0%	30.0%
4	주승우	R/O	성균관	–	–	–	–	18	허준희	R/O	장신대	–	–	–	–	4	김영웅	R/L	율금고	유격	3	33.3%	33.3%
5	조원태	L/O	선린고	218	139.1	2223	1.91	19	김도현	R/U	백송고	45	140.7	2141	1.85	5	허인서	R/R	효천고	포수	4	0.0%	50.0%
6	박영현	R/O	유신고	197	143.4	2352	1.97	20	박상후	L/O	경북고	4	139.0	2287	1.63	6	권광민	L/L	트라이	외야	–	–	–
7	이병현	L/O	서울고	25	140.4	2327	1.82	21	하혜성	R/O	덕수고	–	–	–	–	7	박찬혁	R/R	북일고	외야	2	100.0%	0.0%
8	박준영	R/O	세광고	188	142.2	2171	1.87	22	이원재	L/O	경남고	141	138.5	2252	1.96	8	윤동희	R/R	야탑고	유격	1	0.0%	0.0%
9	최지민	L/O	강릉고	303	137.7	2113	2.32	23	강매성	R/O	공주고	105	137.9	2284	1.92	9	김성우	R/R	배재고	포수	4	50.0%	50.0%
10	전승현	R/O	경북고	56	141.2	2160	1.98	24	김서준	R/O	항공고	206	139.7	2319	1.75	10	김세민	R/R	강릉고	유격	18	22.2%	22.2%
11	신현민	R/O	동성고	72	140.3	1961	1.79	25	송장인	R/O	야탑고	45	141.3	2294	1.75	11	이주현	R/R	성남고	포수	10	20.0%	20.0%
12	김주완	L/O	경남고	127	142.2	2539	1.86	26	최용하	R/S	디자인	61	140.2	2082	1.66	12	안현민	R/R	마산고	포수	10	60.0%	40.0%
13	김동준	L/O	군산상	–	–	–	–	27	강병우	L/O	배명고	87	136.2	1829	1.76	13	유민	R/R	배명고	외야	5	60.0%	20.0%
14	이준혁	R/O	율곡고	247	138.9	2162	1.89																

[표 2-1] 상위 라운드 지명 대상 목동야구장 데이터(출처: 트랙맨 데이터 가공)

트랙맨을 통해 타자들에게서 얻을 수 있는 데이터는 타구 속도와 탄도이다. 강도가 센 타구는 안타가 될 확률이 높다. 언제든지 배트 중심에 맞혀서 강한 타구를 생산하는 타자는 분명 매력 있는 선수임에는 틀림이 없다. 하지만 컨택형인 교타자인 경우는 별도로 감안해서 체크해야 한다. 강한 타구가 자주 나오지 않더라도 좋은 타격 재능을 가진 선수는 있기 때문이다. 수치에 치우치다 보면 중요한 것을 놓칠 수도 있다.

한때 프로야구에서 홈런 궤도로 발사각을 높이는 스윙이 유행한 적이 있다. 일반적으로 프로선수의 경우 발사각이 25~30도 정도면 홈런성 타구가 나온다. 그렇다고 25~30도의 발사각을 보인다고 모두 홈런이 되는 것은 아니다. 추진하는 힘이 떨어지면 좋은 발사각을 일정 거리까지만 유지하고 결국은 외야 플라이(뜬공)인 것이다.

이보다 훨씬 작은 20도 아래의 발사각에서 홈런이 나오는 경우도 종종 있다. 타구의 스피드가 출중하면 라인 드라이브성으로 홈런이 되기도 한다. 다른 한편으로는 발사각이 30도가 넘는 경우에도 고공으로 홈런이 되기도 하는데 이는 비거리는 짧아도 홈런을 치기에 충분한 힘을 갖추었기 때문이다. 물론 힘이 없는 선수가 30도를 넘는 발사각을 보이면 그건 영락없이 평범한 외야 플라이가 된다. 이것은 우주로 발사된 로켓체가 1·2·3단의 추진체를 달고 날아가다 첫 번째 3단 추진체에 이상이 생겨 추진동력이 꺼져 버리면 바로 추락하는 것과 동일한 원리다. 여기서 말하는 추진동력은 야구에서는 파워이다.

때때로 아마야구선수들이 발사각을 올리는 스윙을 많이 하는 것을 본다. 실로 우려스러운 마음으로 지켜보고 있다. 정확성을 먼저 키워야 할 선수들에게 발사각 스윙을 먼저 익히게 한다는 것은 나 스스로 이해가 되지 않는 부분이다.

이처럼 데이터기기의 발전에 따라 스카우트도 점차 과학화하고 있다. 시시각각 변화하는 현대 사회에서 데이터 기반의 과학적인 접근은 분명히 필요하다. 필름카메라 세상에서 살아 오다 디지털카메라로 바뀌는 변혁의 시점을 겪어오며 피부로 느끼면서 살아 왔던 세대로서 데이터는 편리하고 정확하며, 사람들의 시간과 공간을 해결해 주고 여유를 준다.

야구에서는 기록과 측정이 데이터이다. 기록은 이미 행해진 것을 결과물로 정리한 것이니 오류가 날 확률이 적은 장점이 있다. 그러나 측정은 기기의 노후나 오류에 의해서 값이 바뀔 수가 있다. 지금 유일하게 설치되어 있는 목동 야구장의 트랙맨 수치는 해마다 오차 범위가 넓게 나타나고 있다. 노후에 의한 것인지, 유지 관리 잘못에 의한 것인지는 잘 모르겠으나 신뢰도가 점점 떨어지고 있다. 잘못된 측정값을 기준으로 선수 선발에 비중을 높인다면 그 부담도 오롯이 구단 몫일 것이다.

스카우트에서 과학적 데이터와 아날로그의 절묘한 접목이 필요한 이유이고, 그것이 스카우트 성공 확률을 높이는 지름길이 아닌가 싶다.

CHAPTER 02

선택받기 위한 생존법

졸업반으로서
주의할 점

항상 시즌이 끝나고 늦은 가을이 되면 멀게만 느껴졌던 졸업반이 어느새 성큼 다가온다. 프로의 선택을 받느냐 선택받지 못하느냐의 갈림길에 접어드는 것이다.

인생의 전환점을 맞이할 기로에 서서, 그동안 살아오면서 경험해 보지 않았던 고민의 시간이 시작된다.

저학년 때는 실감하지 못했던 긴장감과 걱정이 동시에 자신을 억누르기도 하지만 예비 졸업반까지 올라온 선수들은 노력과 실력들이 많이 성장한 선수들이 대부분이어서 잘 이겨 나간다. 선수들은 이때쯤 되면 야구를 시작한 지도 어언 10년이 다 되어 프로 야구선수를 꿈꾸며 인생을 건다. 모두에게 행운이 골고루 돌아가길 바라지만 세상은 또 그렇게 녹록하지 않은 게 사실이다.

　그해 가을야구를 보면서 예비 졸업반 학생들은 동기부여를 받고 미래에 대한 꿈을 새삼 일깨 우며 나름의 다짐과 새로운 의욕으로 힘차게 발을 내딛지만, 어떤 경우엔 자신의 포지션을 위협할 정도의 전학생이 와 곤란한 상황이 발생한다. 이런 경우는 감독이 그런 계산까지 하고 전학을 승낙한 것이니 선수는 그저 앞만 보고 열심히 자신의 기량을 높이는 데 집중해야 한다. 또 자신을 인정해 주고 칭찬을 아끼지 않으며 유난히 중용하던 감독이 본인의 의지와는 상관없이 학교를 떠나는 경우가 일어나는데 이런 경우도 기존 선수들에게는 다소 불운한 일이 아닐 수 없다. 왜냐면 중학교에서 고등학교로 진학을 결정할 때는 감독의 인품, 경기 기용 방식과 선수 육성 방법, 학교 야구부 분위기 등 여러 가지를 고려하여 지원하는데 그중 제일 중요한 게 감독의 야구 스타일과 인품이기 때문이다. 그런 연유로 감독의 사표는 학생 선수들에게는 꽤나 큰 충격으로 다가올 수밖에 없다. 더구나 감독을 따라서 기존의 코치들도 함께 교체되는 경우가 있는데, 이는 정말 엎친 데 덮친 격으로 선수들에게 불운한 일이다. 그동안 의지해 왔던 코칭스태프 전체가 확 바뀌는 것은 특히 졸업반으로 올라가는 예비 졸업생에게는 큰 충격이 아닐 수 없다. 그럼에도 불구하고 시간이 지나면 새로운 감독이 오시고 그분을 따라서 새 코치도 오신다. 야구를 지도하는 방식과 철학이 훌륭하다면 그나마 다행이겠지만, 만약 상반된 분들이 오신다면 선수는 혼란과 혼선을 동시에 겪는다. 급기야 학부모는 자신의 자식 장래를·위하여 전학을 결정하기도 한다. 과거에는 이러한 일들이 드물었으나 중고교 야구계에는 흔하게 볼 수 있는 일이 되었다.

결국은 선수가 이겨 내야 하고 적응해 나가야 한다. 팀이 잘못되기를 원하는 감독·코치가 이 세상에 어디에 있겠는가? 모두가 사명감과 책임감을 가지고 열심히 하려 하는데, 다만 코칭 기술이라든지 소통능력 등에서 문제가 발생할 뿐이다. 이때 선수가 마냥 자신에게 맞지 않다고 부정만 하면 안 된다. 그런 선수는 결국 다른 학교를 가더라도 마찬가지다. 납득할만한 이유가 아닌 이유로 전학을 자주 다니면 이 또한 선수에게 득이 되지 않는다. 왜냐면, 대한민국 아마야구계는 생각보다 훨씬 좁아서 소문과 소문은 돌고 돌아 눈덩이처럼 커지는데 대개 안 좋은 방향으로 부풀려지기 때문이다. 이런 소문들은 특A급으로 성장한 선수라면 영향이 미미하겠지만, 그렇지 않은 선수일 경우 보이지 않는 주홍글씨가 이마에 새겨져 함께하기 까다로운 선수라는 낙인이 되어 버린다. 얼마나 억울한 일인가? 앞만 보고 열심히 해도 프로의 선택을 받을까 말까 한데, 미운털 박힌 주홍글씨를 달고서 감독과 코치의 적극적인 추천이 아니라 부정적인 인식 속에서 프로 지명과 대학 진학을 바라는 것은 힘든 일이다. 그래서 필자는 전학을 자주 다니는 선수들을 가급적 선호하지 않았고 전학을 한 경우에는 그 이유를 유심히 들여다보기도 하였다. 필자가 선택한 선수가 전학을 자주 다녔다는 이유로 프로 지명 대상에서 제외되는 것을 원하지 않았고, 그런 이유로 선수가 입을 손해의 최소화를 원했기 때문이다.

대부분 해당 연도 시즌이 끝나면 가을부터는 2학년 위주로 팀의 전력이 재편된다. 고등학교 3학년들은 대부분 프로나 대학으로의 선택을 마치고 각자의 길을 정하여 학교를 떠난다.

정들었던 선배들과의 이별은 분명 슬픈 일이지만, 당장 자신들의 장래가 코앞이니 이별의 아쉬움을 뒤로 한 채 당당하고 훌륭한 선수로 거듭나기 위한 준비를 분주하게 하여야 한다.

늦은 가을과 겨울을 잘 보낸 선수는 그다음 해 봄부터 기량이 만개하여 그라운드를 보란 듯이 자신만만하게 누빌 것이다.

선택받는 선수가 되기 위한 나만의 특장점을 만들어라

누구도 흉내 낼 수 없는 나만이 갖고 있는 경쟁력을 만들어라! 그래서 프로 스카우트의 시선을 독점하라! 그래야 선택을 받을 수 있다.

프로 스카우트는 본인이 선호하는 유형의 당신을 발견하는 순간 옳거니 하며 여러분의 일거수일투족을 관찰할 것이다. 프로 스카우트에게 눈도장을 찍는 것은 무엇보다 중요하다.

프로 스카우트는 자기 합리화를 하는 습성이 있어서 첫눈에 반하는 선수가 중간에 슬럼프를 겪더라도 자신의 감을 믿고 기다리는 편이다. 그래서 한 번 눈도장 찍은 선수는 계속 마음에 들어 하는 경향이 있다. 확증편향적이랄까? 아니면 고집이랄까? 선수의 슬럼프 기간이 한 시즌 내내 이어지지 않는 한 자신의 눈을 믿고 선택을 밀어붙이는 것이다.

선수는 과연 무엇을 어떻게 해야 스카우트의 시선과 마음을 사로잡을 수 있을까?

먼저 현재 자신의 기량은 어떤 상태인지, 유형은 어떠한 선수인지를 파악하는 것이 우선일 것이다. 자신의 체형과 기본 자질 그리고 제일 자신 있는 부분은 무엇인지도 생각하고 면밀히 살펴 자신에게 맞는 야구 스타일을 만들어야 한다.

요즘에는 디지털 세상에서 메이저리그든 일본 프로야구든 얼마든지 마음만 먹으면 쉽게 볼 수 있어 관심 있는 유형의 선수를 지속적으로 관찰할 수 있다. 이때 중요한 것은 자신이 선호하는 선수의 멋진 수비 장면이나 배팅 모습이 아니라 무엇보다도 내게 필요한 것과 나에게 맞는 유형의 선수 스타일을 찾아야 한다는 것이다.

미국이나 일본도 선수의 신체 특징은 각양각색이다. 작고 뚱뚱하지만 스타의 반열에 오를 만큼 기량이 있는 선수들이 있고 또 신체적으로 탁월하지만 그렇지 못한 선수들도 있다. 그러한 기량 차이가 어디서 오는지 잘 관찰해야 한다. 물론, 선수 개인의 피나는 노력이 지금의 모습을 만들어 왔겠지만, 더 중요한 것은 자신에게 맞는 스타일을 찾느냐, 그렇지 못 하느냐 일 것이다. 다시 말하지만 여러 유형의 선수들을 관찰하여 자신을 만들어 가야 하는 것이 핵심이다. 이때 주변에 도움을 받을 수 있다면 많이 받아라, 물질적인 것이든 정신적인 것이든, 본인을 위해 주는 사람들이 많으면 그 또한 다다익선일 것이다.

보통 스카우트들은 스카웃할 때 파이브 툴(five tool, 5tool) 능력을 평가한다. MLB에서 정의한 파이브 툴은 타격능력(hitting), 장타력(hitting for power), 주력(running), 수비력(fielding), 송구능력(throwing)이 있다. 이러한 파이브 툴 선수로는 메이저리그의 켄 그리피 주니어(Ken Griffey Jr.), 데이비드 오티즈(David Americo Ortiz Arias), 알렉스 로드리게스(Alex Rodriguez) 등을 예로 들 수 있을 것이다. 이처럼 종합적으로 매우 우수한 선수로 능력을 갖춘다면 금상첨화겠지만, 자신에게 맞는 스타일을 찾아 이 부분에서 어느 하나라도 타 선수들과 견주어 월등하다면 프로 진출 가능성은 높아진다. 이제 스카우트의 눈에 띌 수 있는 그 가능성에 대한 얘기를 해보자.

1. 배팅 이야기

예를 들어, 배트 스피드(bat speed)가 뛰어난 선수가 있다고 하자. 그 선수는 분명 신체 조건과 상관없이 좋은 타구의 질을 보여 줄 확률이 높다. 손목 힘이 좋아서 배트 헤드(bat head)를 잘 이용하여 심심찮게 장타를 터트리기도 한다. 그런데 이런 선수가 삼진율마저 낮다면? 그래서 의외로 볼넷을 잘 골라 나가는 선수이면 더욱 스카우트의 관심을 끌만하고 공격 부분에선 충분히 장래성이 있다고 판단할 수 있다.

공격적인 부분에서 배트 스피드가 좋은 선수는 사실 남다른 노력을 하는 선수로서 혼자서 개인훈련을 많이 하는 선수라고 볼 수 있다. 배트 스피드 향상은 누구나 성실히 하면 오랜 시간을 투자하지 않아도 할 수 있는 대목이다. 배트 스피드가 남다른 선수들은 볼을 더 오래 볼 수 있는 타이밍과 자신감이 있기 때문에 매 타석마다 좋은 타구를 날릴 확률이 높아진다. 배트 스피드에 더해 타격코치와 긴밀한 소통과 협의로 투수 유형을 파악하고 그에 맞게 타이밍 잡는 법을 익혀 간다면 공격 부분에선 오래지 않아 톱 랭킹 안에 드는 좋은 타자로 발돋움할 것이라 믿는다.

여기서 잠깐 생각해 볼 문제! 배트 스피드가 좋으면 좋은 타자일까? 여러분은 노력형 타자인가? 아니면 선천적으로 타고난 타자인가?

야구를 어릴 때부터 해오면서 남 못지않게 열심히 연습을 해왔으나 그에 준한 성과가 나지 않아 속상하고 자신감을 잃은 적은 없는가?

주변에 배팅 실력이 월등하여 저 친구는 왜 저렇게 잘 치는가? 하며 부러워한 선수들은 없었는가? 왜일까? 어떤 것을 잘해서 쉽고 정확하게 잘 치는 것일까? 한 번쯤 이런 생각들을 해봤으리라 본다. 필자도 똑같은 고민을 하면서 선수 생활을 했었다. 유니폼을 벗을 때까지 이어 온 고민이 아니겠는가?

그러던 차에 우연치 않게 그 비밀을 찾은 계기가 있었다. 과거 학창 시절에 야구가 하기 싫어서 한동안 야구를 안 하고 멀리 갔다가(일명 도망이라고도 한다) 온 친구가 있었다. 선수층이 얇은 팀이다 보니 3개월 공백이 있는 친구를 바로 경기에 투입하게 되었는데 그 친구가 4타수 3안타를 가볍게 치는 것이 아닌가. 반면 밤새 죽으라고 스윙과 배팅 연습을 한 친구는 4타수 무안타를 쳤다. 그것도 삼진을 두 개나 먹으면서.

한참을 고민했다. 과연 무엇 때문일까? 손바닥이 물러 터지도록 스윙훈련한 친구는 무안타이고, 3개월 동안이나 야구에 손을 놓았던 친구는 좋은 성적을 내고.

노력한 자들이 보상받아야 하는 것이 세상 이치인데 왜 그렇지 않은 것일까? 고민을 거듭할수록 비밀의 문은 차츰 열리기 시작했다.

그 비밀에 대해 말해 보고자 한다.

여러분은 예측형 타자인가? 아니면 그냥 들어오는 공을 보고 치는 타자인가?

보통 예측 배팅은 확률적으로 투수를 이겨야 하고 확신이 있어야 하기에 스윙이 커진다. 일발 장타 스윙이기도 하며 타구에 힘이 실리는 시원한 타구를 보여 준다. 완벽한 스윙을 보여 주기에 스카우트들이 선호하는 좋은 그림의 타격 자세와 타이밍을 보여 준다.

하지만, 예측한 볼이 아니고 다른 구종이 왔을 때엔 여지없이 힘없고 어설픈 스윙이 나오고, 볼과 배트의 거리가 한참 차이가 많은 이상한 스윙이 나온다. 그래서 예측 배팅은 타자가 판단해서 확률적으로 90% 이상일 때 과감하게 들어 가야 하는 것이다. 때문에 예비 타석에서의 준비가 무엇보다도 중요하고 또한 더그아웃에서 상대 투수의 투구 구종을 면밀히 살펴야 한다. 그날 잘 던지는 볼의 구종, 스트라이크 확률이 높은 구종 그리고 그날 잘 들어오지 않는 변화구는 무엇인지 파악한 데이터를 기반으로, 감독 이하 코칭스태프가 특정 구종을 노려서 치란 주문이 있으면 자기 확신을 갖고 타격을 해야 타석에서 이기는 타격을 할 수 있다.

스트라이크가 되지 않는 구종의 볼을 투수가 계속 던질 확률은 지극히 낮다. 더구나 아마야구에서 코너워크[conner work, 로케이션(location), 스트라이크 존 안의 안쪽 · 바깥쪽 · 위쪽 · 아래쪽 등 자신이 원하는 곳으로 투구할 수 있는 투수의 투구 능력을 말한다]를 절묘하게 활용하는 투수가 과연 몇 명이나 되겠는가? 그래서 더그아웃에서의 분석과 예비 타석에서 선수의 마음 준비가 더욱 중요하다. 물론 타이밍을 체크하면서 말이다.

예측 배팅과 달리 투수가 던진 공의 스트라이크 유무를 판단하고 볼을 치기 위해 동작을 시작하는 선수는 타격에 대한 기본을 이미 포기하고 들어가는 것이다. 볼인지 스트라이크인지 확인한 후 볼을 친다는 것은 타이밍이 한참이나 늦다는 의미이다.

좀 과장되게 얘기하자면, 투수가 던지는 손에서 볼이 미끄러져 나오는 찰나 볼을 칠 예비 동작이 완벽히 준비되어 볼만 보이면 바로 배트가 나갈 수 있는 선수가 위너(winner)가 된다는 것이다.

그런 감각을 깨우친 선수는 평생을 쉽게 안타를 치고, 또 남들보다 많이 칠 수 있다. 비밀은 아주 쉬운 곳에 가까이 있다. 그 감각을 깨우쳐야 한다. 그것이 배팅의 기본이자 정석이다.

2. 투수의 습관을 훔쳐라

앞에서도 잠깐 언급한 바 있지만, 여기서 보다 세밀하게 다루어 선수들에게 도움을 주고자 한다. 투수의 습관을 훔친다는 표현을 빌었는데, 일본어 유래이긴 하지만 프로야구에선 쿠세(습관)라고 한다. 일본어 잔재로 점차 고쳐나가야 할 부분이지만 현재 야구계에서 쓰고 있는 만큼 여기서는 쿠세(습관)로 표기하겠다.

쿠세는 투수의 습관이다. 직구를 던질 때, 변화구를 던질 때, 투수 고유의 행동이 나타나는데, 몸에 한 번 밴 습관은 쉽사리 고치기 힘들다. 더구나 긴장감이 팽팽한 경기에서는 타자하고 상대하기 바쁜 관계로 무의식적으로 자신의 습관이 나타나게끔 된다.

타자라면 투수의 쿠세 시작을 어디부터로 봐야 할까? 쿠세는 투수와 포수가 사인(sign)을 교환하고 구종을 정한 이후의 모든 마운드 위에서의 행동으로 보아야 한다. 즉 사인 교환 이후 투수의 동작 하나하나에 쿠세가 배어 있단 이야기이다. 누군가는 항변을 할 것이다. '타석에서 투수까지 거리가 있는데 어떻게 그걸 볼 수가 있느냐?'라고.

투수가 사인 후 곧바로 투구 동작에 들어가는데 그 짧은 시간에 어떻게 보느냐? 그것만 보다가 정작 타격 타이밍을 놓치는 것은 아닌가? 하고 많은 질문을 던질 수가 있다. 또는 나는 쿠세를 알고 치니까 오히려 힘이 들어가서 역작용이 나서 아예 보지 않고 그냥 타이밍대로 치기로 했다는 선수도 있다.

정리하자면 이러하다. 투수는 거의 100%로 직구를 던질 때와 변화구를 던질 때의 준비 동작이 다르다.

보통 일반적으로 투수들은 마운드에서 포수와 사인을 교환할 시 항상 볼의 실밥은 직구로 잡고서 포심(four-seam fastball) 상태의 손 모양으로 만들어 글러브 속에 둔다. 포수의 사인이 직구 그대로일 경우에는 큰 변화 없이 투구 동작으로 이어지지만, 만약 변화구 사인으로 바뀔 경우에는 글러브 속의 직구 포심 실밥을 변화구 실밥으로 바꾸어 투구해야 한다. 이때 자기도 모르게 굳어진 본인의 습관이 나오는 것이다. 그걸 캐치하는 타자는 쉽게 투수의 변화구나 직구를 공략할 수 있다. 이러한 능력을 어린 나이에 습득한다면, 가히 폭발적인 타격을 보일 가능성이 크고 장타력을 비롯하여 타구의 속도도 매우 높아져서 안타 확률이 급속도로 올라갈 것이다.

위와 같이 투수의 쿠세는 비단 손 모양뿐만 아니라 다양한 형태로 나타나기도 하는데 다음과 같은 것이 있다.

대표적인 것을 열거한다면 먼저 와인드업이든 세트포지션이든 글러브의 위치 변화가 있다. 직구 던질 때의 위치와 변화구 던질 때의 위치가 다르다.

다음으로는 글러브와 몸과의 간격으로 글러브의 위치 변화가 있다. 그리고 하체의 움직임, 시선의 끄덕임, 투구의 시간차(직구 변화구 차이) 등이 있다. 예를 들자면 어떤 선수는 글러브를 낀 채 외부로 나온 검지의 까딱임에서 쿠세가 나오기도 한다. 또 어떤 선수는 시선 처리에 쿠세가 있는데 변화구 때는 유난히 시선을 땅으로 순간 돌렸다 던지는 선수도 있다. 또 어떤 선수는 딜리버리(delivery)되는 투구 동작의 글러브 움직임에서 높낮이와 몸과의 벌어짐에 따라서 노출되기도 한다. 또 어떤 선수의 경우에는 글러브 안에 깊게 들어가 있는 던지는 손목의 꺾이는 각도와 글러브 안의 손의 깊이에 따라서도 타석에서 충분히 쿠세를 감지할 수 있다.

이처럼 선수들은 각양각색, 십인십색의 쿠세를 가지고 경기를 진행하는데 이것을 상대 타자들이 미리 알고 있다면 과연 어떤 결과가 나올까? 상대 투수의 쿠세를 잡아내고 우리 팀 투수들의 쿠세를 방어하는 것, 작은 것 같지만 경기의 일부로서 승패를 가를 수 있는 요소가 된다.

이러한 쿠세는 투수의 투구에서만이 아니라 다양한 부문에서도 나오는데, 투수의 1루 및 2루 견제나 홈 투구 동작 등에서도 조금만 관심을 가지고 찾아내다 보면 쉽게 찾을 수 있다. 중요한 1점 차 경기에서 2루 도루와 3루 도루 성공은 경기의 흐름을 확 바꿀 수 있고 승리를 불러올 수도 있기 때문에 이런 부문에서도 쿠세를 간파하는 능력이 요구된다.

포수도 마찬가지이다. 사인을 내는 쿠세를 간파당하면 안 된다. 또한 3루 작전 코치도 자신의 사인 쿠세를 점검하고 또 점검해야 한다. 언제든지 상대는 호시탐탐 이쪽의 빈자리를 넘보고 있다는 것을 명심하면서 말이다. 1루 코치는 팀의 승리를 위해 상대 팀의 쿠세를 파악하며 움직여야 한다. 그냥 타자의 장갑만 전해 받는 역할만 해서는 안 될 것이다.

그래서 각자의 위치에서 최선을 다해서 훔쳐 내고 이용해야 최종적으로 웃게 된다. 이 부분을 염두에 두고 선수들은 연습경기 때부터 상대 투수들의 경기 모습을 지켜보면서 훈련해 쿠세를 찾아내는 능력을 길러야 한다. 무엇이든지 그냥은 얻어지지 않는다. 노력한 자만이 쟁취하는 것이다. 뺏기고 지켜 내지 못하면 지는 것이다.

투수들도 마찬가지다. 연습 피칭 때부터 아니 집에서 섀도 모션(shadow motion)을 할 때부터 글러브에 공을 잡고서 포수와의 사인 교환 후 쿠세를 방지하기 위한 노력을 해야 한다. 혹시나 내가 가진 습관이 어떤 것이 있는지, 어떤 부분에서 노출이 되는지를 본인이 먼저 알아야 하고 훈련 때 연습을 해야 된다. 경기 때 그러한 부분까지 신경 쓰면서 시합을 하기는 너무 여유가 없지 않은가?

아마야구의 지도자들도 자칫하면 그냥 모르고 넘어갈 수도 있는 문제이다 보니 한 번씩은 투수들 개개인의 쿠세를 살펴서 유난히 쉽게 노출되는 투수들에 관심을 갖고 주의를 주고 함께 개선해 나가야 한다. 이 문제는 비단 해당 투수의 문제일 뿐만 아니라 학교 야구부 전체의 성적이 걸린 문제이고 감독과 코치의 지도력에도 큰 영향을 미칠 수 있는 중요한 부분이 될 수 있기 때문이다.

3. 수비 기본기의 충실도

내야와 외야의 개별 포지션은 다르지만 수비 부문에서 프로 스카우트가 체크하는 부분들은 크게 다르지 않다. 먼저 포구를 위한 준비 자세를 살피고 타구를 처리할 때 얼마나 바운드를 잘 읽는지를 본다. 그리고 첫 스타트(start)와 리드미컬(rhythmical)한 대시(dash), 과감한 송구동작까지의 연결이 매끄러운지 등을 살핀다.

송구능력이 출중하다면 금세 스카우트의 시선을 잡는 것은 당연하다. 거기에 깔끔한 스로잉(throwing) 동작을 보이고 송구의 질이 투박하지 않고 부드러운 구질이면 내야수로서는 좋은 점수를 획득한다.

보통은 팔 회전을 많이 보는데 팔 회전과 손목 스냅(snap)의 유연성과 볼을 놓는 포인트가 일정한지도 유심히 본다. 그래서 내야수들은 볼의 회전이 중요하다. 송구 시 고르게 일정한 회전을 주어 던지면 악송구가 될 확률이 현저히 줄어들어 안정적인 내야수로 볼 수 있다.

좌익수, 중견수, 우익수인 외야수도 마찬가지로 스카우트가 체크하는 부분들은 먼저 투수가 타자를 상대로 공을 던지는 순간의 스타트 준비 자세이다. 이를 태만하게 하는 선수들은 집중력도 부족할 뿐더러 외야수로서 수비능력도 현저히 떨어진다. 잡을 수 있는 평범한 타구를 텍사스 안타*로 허용하여 투수의 투구수 증가와 외야에 대한 불신을 야기하기도 한다. 그리고 이러한 유형의 외야수들은 수비에 자신감이 없기 때문에 더욱 깊게 수비 위치를 잡는다. 물론 장타자가 나오면 수비 위치를 깊게 자리 잡는 것도 필요하고 수비코치의 사인에 맞춰 깊은 수비가 필요할 때도 있다. 그런데 하위 타순의 단거리 컨택형 타자에게도 늘 깊은 외야 수비는 곤란하다.

Baseball Tip

텍사스 안타(texas hit)
빗맞은 타구가 내야수와 외야수 중간 잡기 어려운 곳에 떨어져 운 좋은 안타가 된 것을 이르는 말로 바가지 안타라고도 한다. 1889년 텍사스리그(Texas League)의 휴스턴(Houston) 팀에서 인터내셔널리그(International League)의 톨레도(Toledo) 팀으로 소속 팀을 옮긴 아트 선데이(Art Sunday) 선수가 연속해서 빗맞은 안타를 치자 톨레도 지역신문에서 "또 하나의 텍사스리그 안타(Texas league hit)가 터졌다."라는 제목을 달아 기사화하면서 유래되었다.

한번 생각해 보자. 투수가 일반적인 플라이성 타구로 판단한 타구를 펜스 가까이 혹은 멀리 수비 위치를 잘못 설정해서 외야 플라이가 안타로 둔갑한다면 힘이 빠질 것이다. 그리고 이러한 현상들이 자주 일어난다면 투수에게 어떤 영향이 미칠까?

작고 작은 것들이 모여서 팀 전력을 형성하는 게 야구다. 그래서 야구는 멘털 경기라고 하지 않는가? 팽팽한 승부가 한순간에 기우는 게 야구다. 이런 작은 디테일에서 야구는 승부가 난다. 모두가 유념해야 할 부분이다.

다시 외야수로 돌아가서 외야수들은 첫 스타트부터 타구 소리와 타구가 순간적으로 맞고 떠오르는 각도를 직감적으로 계산하여 볼이 낙하할 예상 자리로 전력 질주한다. 보통 수비를 잘하는 선수들은 타구를 판단하고 볼의 낙하지

점까지 중간에 보지 않고 한 번에 달려갈 수 있는 기술과 능력이 있는데, 맞는 순간 거리와 낙하지점까지 계산되는 것이다. 그날 그날의 바람의 영향을 받을 때도 있지만 그 판단은 거의 정확하다.

잘 맞은 타구를 여유 있게 낚아채는 선수는 특급 외야수이고 한 번 정도만 중간에 보고 판단하는 선수는 그래도 A급 외야수로 분류한다. 그리고 깊은 외야 타구에 대비하여 중계할 내야수에게 미리 던질 준비 자세를 취하여 포구 후 던지는 외야수도 좋은 점수를 받는다. 그만큼 스타트와 볼을 따라가는 주력과 판단력 등이 양호하단 것을 보여 주는 대목이라 굳이 다른 것을 보지 않아도 그런 선수는 이미 좋은 외야수라는 호평을 받고 외야 후보 리스트에 올라간다.

외야수는 안타가 되어 떨어지는 모든 타구를 가급적으로 원 바운드 내에서 잡아야 한다. 신속하게 내야에 전달하는 외야가 되어야 하며, 원 히트 투 런 (one hit two run, 2루 주자가 홈으로 대시할 수 있는 타구) 시 과감하게 대시하고 빠른 연결동작과 짧은 팔 스윙은 외야수로서 송구능력을 체크하는 중요 부분이다.

주자와 상관없이 중계를 거치지 않고 쓸데없이 홈까지 바로 던지는 것은 그 외야수가 '생각하는 야구'를 얼마나 안 하는지를 보는 바로미터이기도 하다. 이런 플레이는 루상의 주자들이 쉽게 한 베이스씩 더 진루하게 만드는 행동들이고, 팀이 약하다는 것을 여실히 보여 주는 대목들 중 하나이다.

4. 주루 플레이 능력을 갖춰라

빠른 주력을 갖춘 선수는 일단은 프로 스카우트에게 선택받을 카드를 한 장 미리 쥐고 가는 것과 같다. 게다가 센스까지 갖추고 도루능력까지 있는 선수는 확률이 더 올라간다.

주루 플레이와 도루능력은 별개이면서도 동일한 내용을 포함하고 있다. 먼저 1루에 진루 시 주자는 상대 투수와 포수를 괴롭힐 수 있어야 한다. 리드의 폭을 보면 주자의 레벨을 어느 정도 가늠할 수가 있다. 상대 내야를 압박할 정도의 주력은 아니더라도 견제를 이끌어 내어 성가시게 하는 일도 주자의 일이다.

1루에서의 리드는 반 발의 차이가 크다. 자칫 많이 나가다 보면 견제사로 비명횡사할 수 있다. 귀루하면서 슬라이딩을 했는데 슬라이딩 수준이 아니고 그냥 엎어지는 수준을 보이거나, 엎어지자마자 베이스에 손이 닿을 정도의 리드를 보여 주는 선수들은 팀 전체의 야구 레벨과 주루 플레이 수준을 보여 주는 것이다.

평상시 연습이 없었던지, 아니면 코칭스태프의 관심이 없었던지, 어떠한 원인과 이유가 있겠지만 야구의 깊이가 얕다는 증거이다. 반 발의 차이는 크다. 반 발의 차이로 야구의 승패가 갈린다 해도 과언이 아니다. 그래서 주자들은 반 발을 더 나가야 하고 이후 다음 플레이에 충실해야 한다. 스카우트들은 그런 것을 살핀다. 투수의 바운드 투구에 바로 반응하고 못하고의 차이는 반 발 더 나가느냐의 작은 차이에서 나온다. 그런 것을 하는 선수를 스카우트들은 유심히 살피고 찾으려고 애쓴다.

프로야구 경기를 보다 보면 1루 주자가 리드를 한 이후 갑자기 눈동자가 비정상적으로 포수 쪽으로 움직이는 것을 본 적이 있을 것이다. 여유 있는 위치까지 리드하고 눌러 쓴 모자 아래서 부지런히 움직이는 눈은 갑자기 날아올 수 있는 투수 견제를 대비하고 포수의 사인도 어떤 사인이 직구이고 어떤 게 변화구인지 사전에 알아챌 수 있어야 한다. 아마야구의 포수들이 사인을 복잡하게 낼 정도로 야구를 어렵게 하진 못한다. 아주 단순한 사인으로 투수와 주고받는다. 이 점을 노리고 낚아채야 하는 것도 주자가 갖추어야 할 능력이다. 스카우트는 지도자의 관심과 열성적인 지도로 이미 이러한 야구 센스를 장착한 선수들과 생각 없이 리드만 하는 선수들을 구별한다.

　사실 과감한 리드와 스타트, 대시, 슬라이딩 타이밍 등의 능력은 도루에 있어 일반적인 부분이라 할 수 있다. 정작 더 중요한 것은 포수의 변화구 사인을 미리 낚아채 변화구 타이밍에 스타트하는 능력이다. 투수의 홈 투구와 견제 습관을 간파하여 한발 여유 있게 스타트를 하는 것도 중요한데 이러한 미세한 선수의 역량이 승패를 가르는 요소가 된다.

　주루 플레이에 있어 하나의 가정을 해보자.

　'타자의 타격으로 외야 깊은 곳으로 타구가 날아간다. 그런데 볼을 따라가는 외야수의 움직임과 타구의 궤적을 보니 홈런성 타구는 아닌 것 같고, 친 타자가 평소에 홈런을 칠 정도의 장타력을 갖춘 선수도 아니다. 그러면 이 타구는 2루타 아니면 외야에 잡히는 타구인데 외야수가 등을 보이지 않고 포구 자세를 잡기 시작한다. 리터치(retouch, 주자가 원래 있던 베이스로 돌아와 다시 터치하는 것)하여

2루를 훔치는 게 나을 것 같다. 외야의 어깨가 아까 캐치볼을 하던 상태를 보니 썩 좋아 보이지도 않았다. 오케이 2루로 리터치를 결정한다.

1루 주자는 이 모든 것을 짧은 시간에 순간적으로 결정해야 한다. 그런 훈련이 되어 있어야 한다. 이런 야구를 할 줄 알아야 감독이 생각하는 대로의 이기는 야구와 재미있는 야구가 가능해진다.

이번에는 1루와 2루 주자가 있을 때 빗맞은 타구가 외야와 내야의 중간에 떨어진다고 가정을 해보자.

어느 선수는 타구가 완전히 안타가 되는 것을 확인하고 뛰는 선수가 있는 반면 어느 선수는 맞는 순간 텍사스 안타를 확신하고 한 베이스 더 가는 베이스러닝(base running)을 보여 준다. 이런 선수의 판단력은 평소 주루훈련 시 타구의 궤적과 외야수의 위치를 잘 파악하는 훈련을 통해 얻은 야구 센스에서 나온다.

이 또한 프로 입문에 플러스 요인이 된다. 비슷한 공격과 수비 기량을 갖춘 선수라면 이런 디테일한 센스 부분에서 희비가 엇갈릴 수 있다는 것을 명심해야 한다.

이처럼 선수들은 주루훈련 시에 타구의 궤적이나 강도 등을 면밀히 살피고 몸으로 체감하며 훈련해야 한다. 아무 생각 없이 시간만 보내는 훈련은 야구 센스를 증가시키는 데 도움이 되지 못한다. 유념해야 한다.

5. 1만 시간으로 얻은 번트 마스터

아마도 1만 시간의 법칙이라고 들어 봤을 것이다. 1만 시간, 결코 적지 않은 시간이다. 이 1만 시간의 법칙은 한 가지 일에 빠져들어서 1만 시간 동안 집중적으로 파고든다면 일반인들도 전문가가 될 수 있다는 이야기이다. 무엇이든지 일정 시간 공을 들이고 노력을 아끼지 않으면 전문가가 될 수 있다는 말이다.

하지만 아쉽게도 야구는 1만 시간을 공들여 해도 쉽게 최고의 자리를 내어 주지 않는다. 야속하게도 말이다. 이유는 혼자 하는 종목이 아니기 때문이다. 더군다나 죽어라고 달려드는 상대가 있고 상대를 제압해야지만 승리할 수가 있다. 또한 팀은 승리해도 개인은 희생되는 게 야구의 특성이라 팀은 비록 이 겼지만 자신의 성적은 좋지 않게 남을 때도 있다. 특이한 케이스이며 아이러니 한 게 야구이다.

그런 면에서 번트는 자신을 희생해 팀을 살리는 야구의 전형적인 플레이다. 야구든 축구든 그날의 최우수 선수의 인터뷰를 보면 대체로 자신의 성적보다 팀의 승리가 우선이라는 대답을 하곤 한다. 진심이든 아니든 맞는 말이다. 선수의 성적이 아무리 좋아도 팀이 패배하면 더 좋은 기회는 오지 않고 더 좋은 성적을 만들 기회도 줄어들 뿐이기 때문이다. 그래서 스카우트는 자기 희생의 플레이로서 외야 플라이나 번트를 언제든 할 수 있는 선수를 눈여겨본다.

어떤 상황 어떤 투수의 볼이라도 절묘하게 라인선상을 타고 흐르는 번트를 댈 수 있는 번트 능력자, 더구나 발까지 빨라서 내야 안타를 만들어 낸다면 금상첨화이다. 번트는 어쩔 수 없이 내야수들이 전진수비를 할 수밖에 없는 상황을 만드는 데 이것을 이용해 내야로 그라운드 볼(ground ball. 땅볼 또는 땅볼이 되는 타구)만 쳐도 안타를 만들어 낼 수도 있다. 이런 선수가 빠른 발을 이용한 도루 능력까지 갖추었다면? 글자 그대로 매번 2루타를 칠 수 있는 능력자가 되는 것이다.

그것도 상대 투수와 포수를 괴롭히고 내야수들을 신경 쓰게 만드는 골치 아픈 존재로서 말이다. 굳이 매 타석마다 장타를 펑펑 치지 않더라도 충분히 상대 선발투수를 괴롭히고 투구수를 많게 하여 조기강판시키는 데 일조하고, 주자가 되면 끈질기게 다음 베이스를 훔치는 그런 존재도 재미있고 경쟁력 있는 자신만의 콘텐츠가 되는 것이다.

자, 이쯤되면 1만 시간 공을 들여 번트 전문가로서 능력을 키워 보고 싶지 않은가? 스카우트의 눈에 띄게끔 말이다. 선수가 정말 1만 시간을 투자하여 번트훈련을 한다면 솔직히 번트 마스터가 되지 않을까?

6. 경쟁력에 더해 필요한 건? 태도!

앞서 열거한 내용들 속에서 자신이 가장 잘 할 수 있는 것을 개발해 나가야 한다. 그런 선수들이 충분히 경쟁력을 갖추고 프로에 갈 수 있음을 재차 강조한다.

자신만의 특별한 경쟁력이 있는 무기를 갖추어야 한다. 내가 가진 최대의 장점이 무엇인지? 내가 좋아하는 것이 아니라 내가 제일 잘하는 것이 무엇인지? 그것에 맞는 나의 스타일은 무엇인지 인지하고 미리 준비하는 사람이 소망하는 것을 쟁취하지 않을까?

프로를 꿈꾸는 선수에게는 보다 깊은 고민과 깨우침이 필요하다. 아무 생각 없는 훈련과 경기는 제자리걸음만 양산할 뿐 아무런 도움이 되지 않는다. 깨어 있는 목표의식과 명확한 방향성 그리고 실행이 여러분을 소망하는 그곳으로 안내할 것이다.

프로 스카우트들은 그런 선수를 찾기 위해 불나방처럼 여러분 주변에 모여들어 말없이 지켜볼 것이다. 눈망울만 조용히 굴리면서 체크지에 메모를 함과 동시에 강렬한 여러분의 인상을 머릿속에 깨알같이 각인시키고 회로를 돌릴 것이다.

여러분들에게 한 가지 팁을 주자면 타율에 너무 신경 안 써도 됨을 알려드린다. 프로 스카우트는 타율보다도 여러분들의 자세와 태도, 경기에 임하는 집중력 그리고 근성을 체크하고 있으니까 말이다. 간혹 아마야구에서 타율이 5할이 넘었는데도 프로 지명에 실패되는 케이스가 종종 있다. 이 같은 일은 프로 스카우트들이 다른 시각으로 판단하기 때문이다.

예를 들자면 지금 아마야구는 팀 간의 실력 차가 있는 팀들이 혼합되어 경기를 치르는데 A · B · C급의 투수들 중에서 C급의 투수 볼을 4타수 4안타를 쳐서 타율이 급상승한 케이스라든지, 그림이 좋지 않은 타구인데도 불구하고 상대 수비수의 실책이 안타로 기록되어 4타수 3안타가 되는 등, 이러한 변수들을 모두 체크하고 보기 때문에 아무리 5할 타자라도 프로에 지명이 되지 않는 일들이 벌어지기도 한다.

하지만 좋은 타구를 날리고도 정면 타구가 되어 라인 드라이브로 아웃되는 타격, 상대 투수의 레벨이 높음에도 변화구 타이밍에 맞춘 적절한 타격, 불리한 카운트에서도 근성 있는 타격 그리고 팀이 지고 있는 상황에서의 역전타를 날리는 타격 등은 스카우트에게는 가점사항이니 타율이 너무 낮다고 실망할 필요가 없다. 다만 경기장에서 집중하는 모습과 근성 있는 플레이에 훨씬 많은 가산점이 주어진다는 것을 명심하기 바란다.

7. 투수들의 우선 포인트는 스피드가 아닌 제구력

오래 전에 입단한 선수 이야기다. 좌완에다가 왜소한 체격이고 다소 과장되게 이야기한다면 가냘프다고 표현해야 될 정도로 신체 조건도 보통 수준의 선수였다. 그 선수는 유연성이 있고 이상적인 팔 회전과 상·하체 균형이 좋아 투구폼이 상당히 안정적이고 부드러웠다. 성격도 무난하고 동료들과의 관계도 좋은 편에 속해, 결격 사유라고는 찾아보기 힘든 선수였다. 다만 굳이 약점을 찾는다면 작은 체구로 인해 아직 파워가 없는 정도이고 투수로서 던질 수 있는 최대 구속이 130km/h대 중반 정도로 몸에 힘이 붙지 않는 정도였다. 기본적으로 언제든지 스트라이크를 던질 수 있는 제구력을 갖고 있어서 안정감은 매우 양호한 선수였다. 요즘에는 고교생들도 150km/h를 훌쩍훌쩍 넘기는 선수들이 많은데 그 당시에는 제법 구속이 빠른 공을 던질 수 있는 투수들은 140km/h 초반대 스피드가 주를 이루었고 140km/h대 중후반의 스피드를 구사하는 투수들은 희소가치가 있을 정도로 귀했었다.

방금 얘기한 왜소한 신체 조건, 부족한 파워를 갖고 있는 그 좌완 투수는 어엿하고도 당당하게 성장하여 프로야구 역사에 한 획을 그을 수 있는 훌륭한 투수가 되어 있다. 바로 정우람 선수의 이야기다. 부드러운 투구폼과 이상적인 팔 스윙으로 어깨와 팔의 부담과 스트레스를 최소화하고, 릴리스 포인트의 임팩트만으로도 좋은 볼끝을 보여 주고, 예리한 제구력으로 무장하여 리그 타자들을 무리 없이 제압하곤 했다. 결국은 150km/h대 볼을 던지지 않고 140km/h대 초반 볼로도 리그를 장악하고 타자들을 무력화시켰다. 시사하는 바가 큰 선수이다.

필자가 강조하고 싶은 이야기는 바로 제구력이다.

세월이 흘러서 요즘은 선수들의 신체 발육도 월등하게 좋아졌고 고교생이지만 파워 부분도 과거에 비하여 많은 발전이 있다고 볼 수 있다. 체격과 힘이 좋아진 만큼 평균적인 구속도 높아 투수로서 갖추어야 할 좋은 항목들을 두루 갖춘 선수들의 수도 많이 늘었다.

어떠한 훈련 방법의 유행으로 한시적으로 스피드가 올라간 것인지, 선수의 기량과 신체 파워가 늘면서 스피드가 상승한 것인지, 정확한 원인은 알 수 없다. 다만, 구속의 상승에도 불구하고 많은 투수들의 한결같은 문제점은 제구력이었다.

학생 선수들을 보자면 속칭 볼만 빠르고 볼넷을 남발하는 선수들이 꽤 많아진 느낌을 자주 받곤 하는데 경기운영능력과 위기관리능력, 대담성, 제구력과 변화구 구사능력, 위닝 샷의 완성도 등 투수로서 기본적으로 갖추어야 할 항목이 많음에도 스피드 향상에만 신경 쓰는 흐름이 못내 아쉽다. 위에서 말했듯 140km/h대의 스피드라도 제구력만 뒷받침된다면 얼마든지 훌륭한 선수로 거듭날 수 있다.

몸쪽 구사능력은 현재 프로에서 활약 중인 모든 투수들에게 요구되는 첫 번째 숙제이다. 자유자재로 인코스(in course), 아웃코스(out course)를 공략할 수 있는 제구력을 갖춘 투수는 프로에서 오래도록 살아남을 수 있는 든든한 무기를 갖춘 셈이다. 나머지 볼 배합과 구종은 포수와의 호흡과 연구 등을 통해서 점차 개발된다.

프로 스카우트들이 투수들의 구속을 안 본다는 말은 하지 않겠다. 하지만 첫 번째로 살피는 항목은 기본 제구력이고 커맨드(command)능력이다.

가장 기본적인 것이 우선되어야 한다. 구속은 향후 얼마든지 여러분들의 몸 관리와 체력과 근력 훈련을 통해 상승한다. 우선 갖추어야 할 제일 중요한 것에 초점을 맞추어서 훈련해야 할 것이다.

열성적 훈련과
부상의 신호를 구별하라

부상 방지를 위한 적정훈련과 기량 향상을 위한 훈련 증가 사이에 적정 지점은 어디쯤일까?

부상으로 가기 직전의 통증인지 아니면 열심히 하고 있는 증표로서의 근육 뭉침인지를 정확하게 판단하는 게 그리 쉽지 않다. 이런 판단의 어려움 탓에 부상을 당하고 난 뒤에도 통증신호를 무시하고 훈련을 강행하는 것이 오히려 화근이 되기도 한다. 좀 더 빠른 판단으로 미세한 통증이 발생했을 때 훈련을 중단하면 큰 부상을 미연에 방지하고, 약간의 휴식과 치료로 금방 원상 복귀가 가능할 텐데 그런 것들을 구분해 내기는 프로에서도 쉽지 않고 아마야구에선 더 어려운 것이 현실이다.

프로선수 정도 되면 이미 자신만의 루틴(routine)으로 시즌에 들어가기 전 체력과 근력을 양껏 끌어올린 뒤 시즌에 맞추어 조절하며 긴 시즌을 버틸 근력을 저장 내지는 유지하는 데 집중한다. 그래서 부상의 정도와 심각성, 필요한 치료와 수술 시기 등도 구단의 트레이너 및 병원 주치의와 함께 의논하는데 대부분의 선수는 수차례 병원 진료나 검사(MRI, 자기공명촬영)를 통하여 자신의 몸 상태를 정확하게 파악하고 있다. 그러나 아마야구에서는 그러한 준비와 부상 정도의 관찰 등이 쉽지 않다. 또한 큰 대회를 앞두고선 대회 참가에 대한 욕심과 장래 진로 문제 때문에 제대로 말을 하지 못하고 숨기면서 대회에 무리하게 참가하는 경향들이 많다. 그래서 병을 더 키우고 결국 수술대에 오르기도 한다.

열심히 하는 것과 아픈 것을 참고하는 것은 분명 차이가 있다. 그것도 신체 부위마다 달라 참고 할 수 있는 것이 있고 무조건 참으면 안 되는 것들이 있는 것이다.

야구선수에게 특히 야수(타자와 수비수 포함)들에게 대표적인 것은 종아리와 햄스트링(hamstring, 허벅지 뒤쪽 부분의 근육) 부상은 타격 후 전력질주를 하거나 수비에서 타구를 쫓아가다가 입을수 있는 대표적인 부상들이다. 반면에 특히 타자들은 헛스윙을 과도하게 하거나 또는 옆구리의 근육에 피로 누적으로 옆구리에 부상을 입는다. 이런 부상은 참고 하면 할수록 더 큰 부상으로 이어져 회복 기간이 더 늘어날 뿐이다. 투수에게 대표적인 것은 어깨 부상이나 팔꿈치 부상이다. 대부분 인대 손상을 말하는 것으로 어깨나 팔꿈치는 야구라는 경기 특성상 그리고 인체 구조상 누구라도 피해갈 수 없는 부상 부위이다. 선수 생활이 길어질수록 어김없이 찾아오지만 어린 나이에 찾아오기도 하는데 과도하고 무리한 사용에 있거나 좋지 않은 메카닉을 보유했을 경우에 많다. 특히 어깨 통증이 발생했을 때는 참지 말고 바로 이야기하여 전문의와 상의해야 한다. 내일이 시합이고 내가 반드시 던져야 하는 피치 못할 상황이더라도 어쩔 수 없다. 팀과 본인에게는 미안한 이야기이지만 충분한 치료와 휴식이 필요하다는 신호이니 더 멀리 가기 위해 이 시점에서 중단하고 정밀 진찰을 받아야 한다. 이를 어기고 무리하면 아끼고 좋아하는 야구를 못하게 될 중대한 부상으로 이어질 수 있다.

그렇다고 부상을 두려워해서 몸을 사리면서 운동을 하라는 말은 아니다.

일반적인 배팅훈련과 수비훈련에서는 크게 부상당할 일이 많이 없다. 가끔씩 불규칙 바운드로 코와 치아에 손상이 있기는 하지만 그런 부상은 금방 돌아올 수 있는 부상이고, 흔히 말하는 야구에서 나오는 큰 부상들은 경기에서 다이빙캐치(diving catch) 과정이나 도루 시 상대 수비수와 충돌, 홈 플레이트 앞에서 벌어지는 태그 플레이(tag play)에서 사고로 인해 발생되지만, 훈련 과정에서 생기는 부상은 극히 미미하다. 다만, 투수들의 경우 궤도에서 벗어난 잘못된 자세의 동작들이 연속 반복적으로 훈련되어 불행하게도 어깨나 팔 그리고 허리에 심각한 부상을 초래하기도 한다. 문제는 그런 예민한 신호를 알아차리는 것이 극히 어렵다는 것이다.

그래서 기량 향상을 위한 충실한 훈련과 부상 방지를 위한 적당한 훈련 사이에는 항상 헷갈리는 모순이 있다.

학생 선수 시기에는 한창 열심히 하여 기술적인 부분에서 자기 것을 만들어 그것에 대한 완성도를 높이고 진정한 나만의 기술로 발전시켜야 하는데 부상 염려로 적당히 해야 된다는 것은 왠지 모르게 석연찮다. 선수들은 통증이 가벼운 근육 뭉침인지 부상의 예비 신호인지를 잘 구분하지 못해 병을 키우는 면이 있어 부상 방지만 타령하다 보면 실력을 키우는 것이 점점 멀어진다. 그래서 감독과 코치들은 선수들이 판단하지 못하는 혹은 일부러 회피하는 그러한 상황별 통증과 부상의 심각성 등을 바로바로 알아차려서 더 큰 부상으로 가는 것을 미연에 방지할 수 있도록 신속한 조치를 취해야 한다. 현장의 의사가 되기도 하고, 기초 응급조치를 할 수 있는 트레이너로도 변신하는 만능 엔터테이너가 되어야 한다는 것이다. 중요한 것은 선수가 우선이고 선수 보호가 최선이다.

때때로 투수의 폭투로 인한 부상이 발생하는 경우가 있는데 투수가 던진 볼이 타자의 머리나 몸에 맞으면 가히 위협적이다.

위험한가? 위험하지 않은가? 위험성 여부는 맞는 부위에 따라 달라지며, 뼈를 이루는 부위와 관절부위, 팔꿈치와 손목, 손가락 뼈이다.

타격 시 적극적인 몸쪽 대응을 위해 손이 나가다가 데드볼(dead ball, 최근에는 '몸에 맞는 공'으로 표현하며 미국에서는 'Hit by Pitch'라고 한다)을 마중 나가며 맞을 시에는 데미지가 더 커서, 바로 병원에 가서 엑스선 검사를 받아 골절 여부를 확인해야 한다.

제일 위험한 것은 머리 부위이고, 그다음은 눈이다. 머리는 뇌진탕 위험이 높고 눈은 실명 위험이 있기 때문이다. 다른 부위는 글자 그대로 골절이고 시간이 지나면 회복되기 때문에 위험요소에서는 배제한다. 하지만 이런 부상도 가급적이면 안 당하는 게 좋다. 시합에 매진하다 보면 불가피할 때가 대부분이지만 그래도 심각한 부상은 생각만 해도 끔찍하다.

심각한 부상을 입힐 수 있는 일종의 보복 플레이는 삼가야 한다. 동업자 정신에 위배되는 플레이로 던지는 선수는 사과만 하면 되겠지만, 맞아서 큰 부상을 입은 선수는 자칫 선수 생명이 위험할 수도 있고, 시즌을 부상으로 모두 날릴 수도 있다.

학생 야구에서도 이런 일이 발생하면 부상이 크든 작든 무조건 엑스선 검사를 받아 볼 것을 권장한다. 별것 아니라고 방치하는 것보다는 먼저 알아서 조치하는 게 훨씬 현명하다. 그것 가지고 뭘 엄살이냐고 할 수도 있지만 정확한 부상 정도를 모르는 상태에서는 2차, 3차 부상으로 이어지며 위험에 노출된다. 그리고 현장에서 벌어지는 작은 충돌이나 타박에도 유심히 반응을 잘 살펴서 즉시에 응급조치든 가벼운 휴식이든 상황에 알맞은 조치가 반드시 필요하다. 이처럼 부상 관리는 기량 향상과 함께 프로에 가기 위한 중요한 부분이다.

야구에서 필요한 수학적 능력 키우기

플레이를 하는 선수들은 잘 모르지만 야구장에선 선수들이 플레이하는 내내 숫자가 부지런히 선수와 함께 그라운드를 누빈다. 먼저 투수가 던지는 공에 맞춰 나오는 숫자는 여러분들이 모두 다 알고 있는 스피드이다. 그리고 스피드 이면의 숫자를 스카우트들은 체크한다. 바로 인터벌(interval)이다. 포수에게서 전해 받은 볼을 투수가 투구를 시작하려 다리를 드는 순간까지를 인터벌이라 한다. '인터벌 템포(interval tempo)가 얼마나 빠르냐? 느리냐?'는 중요한 숫자이다. 이 부분이 중요한 이유는 야수들의 집중력을 살리느냐 그렇지 못하느냐의 잣대이기 때문이다. 템포가 느린 투수는 야수들을 힘들게 한다. 수비수가 집중해서 호흡을 가다듬으며 수비 자세에 돌입하려 하면 투수가 발을 빼서 다시 셋업을 하는 유형들이다. 그런 것이 매 이닝 벌어지면 당연히 수비수의 집중력과 반사능력은 무뎌지게 된다. 그런 투수가 던지는 날은 시합 자체도 왠지 모르게 루즈해진다. 특히나 폭염의 여름날이라면 더욱 야수들을 지치게 한다. 수비를 길게 하고 들어오면 공격도 잘 되지 않는다. 이미 지쳤기 때문이다. 그런데다가 제구력까지 부족하여 볼넷을 남발하는 투수라면 수비에 나가 있는 수비수들은 모두 단체로 벌을 받고 있는 모양새가 된다.

최근 이와 같은 추세에 발맞춰 MLB에서는 2023년부터 먼저 피치 클락(pitch clock)이란 제도를 도입하였다. 빠르게 경기를 진행하여 자칫 지루하게 늘어지는 야구의 재미를 반감시키는 요소들을 차단하고자 하는 취지에서 미국에서 먼저 도입되었다. 추후 KBO에도 제도화될 것이 명백하다. 따라서 우리의 아마야구 선수들도 그런 세계적인 추세에 맞추어서 미리 적응을 해놓을 필요가 있다. 미국의 피치 클락룰은 무주자 시 15초, 유주자 시 20초 내에 투수가 투구를 해야 한다. 현재 국내 프로야구도 12초 룰이 있다. 무주자 시에만 국한되어 운영해 오고 있고, 유주자 시에는 아직 룰을 적용하지 않은 상태이다.

연속적인 1루 견제구 개수와 작전 사인을 보는 시간과 타자의 타석에서의 잡다한 시간을 줄이는 방법 등, 좀체 줄어들지 않는 국내 프로야구의 경기 시간을 단축시키기 위한 방안 등을 마련하기 위해 분주히 움직이고 있어서 조만간에 가시적인 밑그림이 공개될 것이다.

이런 경기 시간 단축의 세계적인 추세에 편성하여 대만의 고교야구는 벌써부터 7회까지만 정규이닝으로 운영하고 있고 일본의 고시엔 고교야구도 매 경기 2시간 안에 끝내는 룰이 정해져 있다. 반면 우리나라의 고교야구는 9회까지 정규이닝으로 운영되고 있다.

공정한 판정과 신뢰 회복을 위하여 야심 차게 도입된 AI로봇심판제가 너무 정확하게 판정한 결과로 볼넷이 남발하는 수준 이하의 경기가 속출하고 사람이 판정하는 심판제에선 불신이 난무하는 우리네 아마야구의 실상, 어느 쪽이 정답인지 잘 알면서도 참 아이러니하고 씁쓸하다.

아마추어 야구에서는 아직까지 투구 제한 시간은 없다. 단지 주심이 투구를 재촉하는 수준이다. 아마추어 때부터 인터벌에 신경 써라! 인터벌이 좋은 투수가 되어야 팀에게도 본인에게도 유익하다.

투수에게서 나오는 다음 숫자는 주자가 있을 때 세트 동작에서의 투구 시간이다. 일반적으로 퀵 모션(quick motion)이라 칭하는데 대부분 1.30초대에 들어와야 하고 변화구 때에는 다소 시간이 더 나온다. 이를 각별히 신경 써야 하는 이유는 상대 팀이 도루를 못하게 하는 압박 수단이기 때문이다.

퀵 모션을 좋게 하기 위해서 슬라이드 스텝(slide step, 투구 시 딜리버리 동작을 빠르게 하는 것을 뜻한다)을 연마하여 던지는 투수들도 있고, 다양한 시간차를 보이며 던지기도 한다. 슬라이드 스텝을 익힌 투수들은 1.10초대에 세트 동작을 완성하기도 한다. 다만, 슬라이드 스텝으로 인하여 구속의 저하와 완벽한 제구가 되지 않아 장타를 허용할 때도 있지만, 자주 사용하지 않고 기습적으로 행할 때에는 오히려 타자에게 타이밍을 주지 않는 장점도 있다.

투수는 주자가 있을 때 1.30초대 안에서 더 낮추려는 노력을 지속적으로 해야 한다. 퀵 모션을 1.20초대로 끊으면서 제구와 구위를 완벽하게 구현할 수 있다면 수준급 투수로의 성장으로 가는 길이다. 매우 빠른 퀵이 있다는 것을 상대에게 보여 주고 난 뒤에는 상대가 도루 시도를 이미 포기했을 수도 있기 때문에 가끔씩은 1.50초대의 세트 시간이 나오더라도 여유를 가질 수 있다.

투수가 보여 주는 숫자가 위와 같다면 포수는 어떤 숫자를 보여 줄까? 1루 주자가 도루 스타트를 끊었을 때 투수의 퀵 모션이 1.30초 내에 들어오는 것을 가정하면 그다음은 포수의 책임이고 몫이다.

포수는 평상시에 2루 도루 저지를 위한 많은 송구훈련을 하는데 강한 어깨도 어깨지만 하체의 순발력, 포구와 동시에 송구파워를 얻을 수 있는 스텝이 매우 중요하다. 포수의 2루 도루 저지 시 필요한 숫자는 최소가 2.00초이다. 거기에 정확하게 2루 베이스 위에 위치할 수 있는 송구능력이 있어야 한다. 볼의 회전도 일정하고 힘이 있어야 한다. 마지막 회전이 풀리거나 슬라이스되어도 포구와 태그를 동시에 해야 하는 내야수에게는 부담이 될 수 있다.

특급 포수는 항상 일정한 구질과 양호한 연결 동작을 보여 주며 도루 저지를 월등하게 높인다. 대개 1.80~2.00초 내에 들어가면 수준급으로 분류된다. 이를 완성하기 위해서 피나는 노력이 더해져야 함은 자명하다.

숫자 놀음을 한 번 해보겠다. 투수의 퀵 모션이 1.30초라 치자. 포수가 2루까지 1.90초에 던졌다고 하면 투수의 퀵에서 시작하여 2루에 볼이 도착하는 시간은 3.20초이다. 즉, 다른 말로 이야기하자면 도루를 성공하기 위해선 최소한 주자가 3.10초 안에는 2루 베이스에 손이 닿아야 한단 소리다.

그러면 과연 일반적으로 주자가 2루 베이스까지 도루를 할 때 소요되는 시간은 얼마나 될까? 리드 후 스타트를 하고 질주 후 슬라이딩 타이밍까지 객관적으로 시간을 따진다면 보통 빨라도 3.30초대로 대부분 2루 도루 실패로 끝나야 시간상 정석이다. 그러나 야구는 그리 쉽게 과학적이고 논리적으로만 설명되지 않는 부분이 있다. 왜냐면 사람이 하는 운동이기 때문이다. 투수가 던진 공이 바운드가 되는 경우, 반대로 높게 던져 포수가 송구하기 어려운 경우, 주자가 투수의 변화구를 포수 사인을 통하여 미리 간파하고 뛰는 경우, 내야수의 포구 실패, 태그하다가 볼이 글러브에서 빠지는 등 수많은 경우의 수가 있다. 또 분명 투수는 빠른 퀵 모션으로 훌륭하게 던졌지만 1루 주자의 영민함으로 미리 스타트를 끊으면 세이프를 줄 수밖에 없는 게 야구이다.

도루 저지에 있어 투수와 포수가 보여야 하는 숫자는 가장 기본이 되는 것으로 그것을 충족한다 해도 위와 같은 여러 경우의 이유로 도루 저지에 꼭 성공하리라는 보장은 없다. 이 점은 분명한 사실이다.

투수와 포수 다음으로는 타자가 보여 주는 숫자가 있다. 타석에서 타격 후 1루 베이스까지의 주력을 체크하는 시간이 그 숫자이다. 좌타자가 백번 유리한 입장이고 타격 스타일에 따라서 천차만별로 나타난다.

스카우트들은 항상 타자의 타격 후 1루 베이스 러닝에 대하여 습관적으로 체크를 한다. 그러다 누군가가 번득이며 3.80~3.90초대를 기록하면 그 선수를 예의 주시하면서 추적 관찰을 시작한다. 이후부터는 이 선수는 집중관찰 대상이 되어 이 부분들을 절대 놓치지 않고 연신 스톱워치를 눌러 댄다.

타격 스타일에 따라 많은 유형이 있다고 언급했지만 3.80초~3.90초대 기록은 풀스윙(full swing)을 하는 스타일에서는 나오기 힘든 숫자이고, 대개 컨택형 타자로서 몸이 나가면서 타격하는 유형들에서 많이 등장한다. 특히 좌타자이면서 몸이 나가는 컨택형 타자일수록 내야안타 확률이 높은데 빠른 발을 이용하면 3.60~3.70초대를 기록하기도 한다. 좌타자는 두 발 정도를 우타자보다 더 먼저 갈 수 있는 이점이 있기 때문에 유리한 면이 많다.

이런 체크 과정을 거치면서 기본 리스트에 들어온 선수들에 대해 스카우트들은 세밀하게 관찰하기 위하여 학교를 방문하여 다시 한 번 자신들의 궁금증과 확신을 재확인하고자 지도자에게 요청하여 타임체크를 한다. 시합이 아닌 훈련 시간에 실시하게 되니 선수들에게도 충분한 워밍업(warming-up) 시간을 주고 예열을 가한 후 준비가 되면 스타트를 하게 한다. 먼저 홈 타석에서 모두가 우타석에 서게 하여 빈 스윙을 한 뒤 첫발을 스타트할 때 타임워치를 재는데 빠른 선수들은 3.30~3.50초대를 기록한다. 시합과 훈련의 차이를 감안하여 스카우트는 자신의 머릿속에 정리해 놓는다.

대략 이 정도로 포지션별 선수들이 보여 줄 수 있는 의미 있는 숫자들에 대하여 알아봤다. 투수든, 포수든, 타자든, 숫자를 줄이면서 정확성까지 갖춘다면 더할 나위 없이 좋을 것이다.

앞서 수비에서 발생하는 숫자에 대한 언급을 하였는데 수학에는 숫자만이 아니라 집합, 도형과 각도 등도 중요한 요소이듯 야구에서도 이러한 요소를 볼 수 있다.

수비에서는, 특히 외야수에서는 교집합이란 단어의 의미가 중요하다.

야구장에는 외야에 좌익수와 중견수, 우익수가 있고 좌우측으로는 파울라인이 있다.

수비수들은 감독이나 코치의 지시에 의해 수비 위치를 좌우 혹은 앞뒤로 서너 발 정도 움직여 자리를 잡는다. 물론 이 위치는 고정이 아니고 타석에 선 타자에 맞춰 약간의 변화는 매번 발생한다. 이때 자신의 타구 판단력을 고려하고 포구를 위해 즉시 뛰어가는 거리와 시간을 평소에 재어 본다면 얼추 나의 수비 범위가 원을 그리면서 그려질 것이다. 이처럼 스스로 판단했을 때 좌우, 앞뒤 반경 몇 미터까지는 어떠한 타구가 날아오더라도 잡을 수 있는 범위가 있다. 이것이 소위 말하는 내가 커버하는 수비 범위 즉 수비 동그라미이다.

누구는 원이 큰 그림이 나오고 누구는 좀 작은 원, 아니면 타원의 그림도 나올 것이다. 다른 원이 나오는 이유는 좌우측 어디라도 스타트가 약한 곳이 있기 마련이고, 혹은 뒤로 가는 스타트가 잘 안 되는 선수도 있기 때문이다.

외야수들이 이와 같이 원을 그렸을 때 원과 원 사이의 공백이 적을수록 수비력이 좋은 팀이 된다. 반면에 원과 원 사이가 너무 많이 벌어져서 공백이 많을 경우와 원과 원 사이가 겹쳐서 교집합이 생긴다면 수비에서 마이너스가 된다. 또한 나의 수비 원이 파울라인을 넘어서까지 치우쳐 수비 위치를 잡는 경우도 더러 있다. 얼마나 낭비인가? 평소에 자기 자신의 수비 범위를 잘 파악하고 그에 맞는 효율적인 위치 선정도 야구를 센스 있게 하기 위한 필수요소이다.

수비 위치를 전적으로 지도자에게 맡겨서 수동적으로 잡지 말고 평소에 지도자와 이러한 내용의 대화를 적극적으로 자주 나누다 보면 수비 위치 선정에 대한 선수의 판단에 지도자도 믿음을 가질 것이다.

일반적으로 아마야구 특히 고교야구 쪽에서 밀어 쳐서 넘길 정도의 기술이 발달된 선수는 그리 많지 않다. 또래 선수들의 기본적인 힘과 기술에 대하여 사전 이해가 있으면 수비 위치를 잡는 데 그리 어려움은 없을 것으로 본다. 쓸데없는 깊은 수비와 움직임 없는 고정된 수비 위치는 그 팀의 야구 레벨을 보여 준다.

야구에서의 수학은 각도 싸움에서도 나온다. 외야수가 잘 맞은 타구를 따라가서 나이스 캐치로 낚아챌 적에는 타구 방향에 대한 판단과 스타트, 이 두 가지가 신속 정확하게 동시에 일어난다. 여기서 수학의 각도 싸움이 시작된다.

직감적으로 타구의 궤적과 타구의 스피드를 몸으로 느끼며 볼을 추적할 때 머릿속에서는 가로질러서 찔러갈지 아니면 돌아갈지를 온몸의 센서를 발동하면서 다리의 각도를 점차 바꾸며 달려간다. 어쩌면 발바닥과 발가락이 각도를 바꾼다고 해도 과언은 아니다.

외야수들도 사실은 수학을 잘하는 것이다. 볼을 따라가는 짧은 시간에 빼고 더하고를 계산해 내야 하기 때문이다. 물론 내야수에게도 이 같은 수학은 동일하게 존재한다. 앞 바운드가 불규칙하게 되었을 때 치고 들어 가야 되는지를 똑같이 순간적으로 판단하는 수학을 해야 한다.

외야수는 시합 전 한 번쯤은 타자들이 프리 배팅(free batting, 타석이나 배팅 게이지에서 치기 좋은 볼을 던져 타자가 마음대로 스윙을 할 수 있게 하는 자유 타격 연습 방법)하는 타구를 쫓아서 타임워치로 시간을 재어 봐야 된다. 맞고 난 뒤 몇 초 만에 외야 지역에 떨어지는지, 홈런 타구는 몇 초의 시간을 소요하며 포물선을 그리며 넘어가는지, 펜스까지 도달하는 타구는 또 몇 초나 걸리는지, 내 위치에서 펜스까지 내가 스타트하여 도달하는 시간과 타구가 걸리는 시간과 얼마나 차이가 나는지를 평소부터 알려고 노력한다면 야구의 재미는 더해질 것이다. 프리 배팅 때 날아가는 타구와 실제 시합에서의 타구 속도는 약간의 차이가 날 수도 있다는 것을 감안하고 그날의 바람 세기 등을 확인해야 한다.

최적의 수비 위치를 잡기 위해선 타자가 풀스윙형인지, 컨택형인지를 빠르게 체크하고 볼 카운트별 스윙을 다르게 하는 선수인지, 직구에 파울 타구가 밀리는지, 스윙 스타일이 당기는 유형인지, 더불어 우리 투수는 어떤 유형인데 주로 어떤 타구들이 많이 나오는지도 습관적으로 봐 놔야 한다. 예를 들어 우리 투수 누구누구는 투심 볼(two-seam fastball)과 싱커(singker ball)를 많이 구사해 땅볼 비율이 높은 유형이라 장타가 잘 나오지 않고 배트에 먹혀서 짧은 텍사스 안타가 될 타구들이 많다면 당연 수비 위치는 그에 맞추어 능동적으로 바꾸어야 한다.

내야수도 마찬가지이다. 타자의 스윙 스타일이 주로 당겨 치는 타자일 경우, 타구는 주로 3유간(3루수와 유격수 사이)을 흐른다. 이때도 당연히 2루 베이스보다는 3유간 쪽으로 한두 발 정도 치우쳐 수비해야 안타를 허용할 확률을 줄일 수 있다. 이러한 작은 것들이 모여서 팀의 힘이 되고 승리의 원천이 된다.

베이스 러닝에도 각도의 싸움이 있다. 베이스와 베이스 간을 직각으로 뛸 수만 있다면야 얼마나 좋으련만 선수의 주루 속도와 원심력에 의해서 큰 각도가 생길 수밖에 없다.

얼마나 작은 각도로 뛰어서 빠르게 한 베이스를 더 가느냐의 싸움, 여러분들은 간발의 차이로 홈 혹은 3루나 2루에서 태그아웃(tag out)당한 적이 많을 것이다. 그때도 사실은 각도 싸움에서 여러분들이 밀렸기 때문이다. 볼보다 주자가 빠를 수는 없지만 그래도 각도에서 이기면 확률은 높아진다. 각도 싸움은 간발의 차에서 결정적인 세이프를 불러와 팀을 승리로 안내할 것이다.

이처럼 야구에서는 보이지 않는 수학이 작용하므로 선수들도 좋은 수학자가 되어야 한다.

소음과 신호를 구분하라

요즘은 하루 동안에도 무수히 많은 정보가 쏟아져 나오고 휴대폰만 들면 과거에 비해 야구 관련 정보를 손쉽게 얻을 수 있는 세상이 되었다. 꽤 유명했던 전 프로야구선수들이 자신의 경험과 노하우를 동영상을 통하여 후배들에게 맘껏 전달하고 있는 세상을 보노라면 정보의 홍수 시대인 것은 분명한 듯하다.

예전에는 이런 야구 정보를 얻는 게 제한되던 세상이다 보니 미국이든 일본이든 친지나 지인에게 부탁해 야구 관련 서적을 구입하였고, 영어와 일어를 번

역해 줄 사람들을 물색하며 비용을 지불하고, 그 원고를 갖고 책으로 만들고자 인쇄소로 달려가던 시절이 있었다. 하지만 그 당시는 번역을 하는 사람들이 야구 비전문가이다 보니 야구 용어와 그 개념을 잘 몰라서 야구 서적에 맞는 전문적인 번역이 나오기 쉽지 않았다. 그런 시절을 돌이켜 보면 요즘은 얼마나 편리한 세상이 되었는지 새삼 놀라울 뿐이다.

요즘에는 서적보다는 웹-서핑과 유튜브 등의 영상매체를 활용하여 자신과 유형이 맞는 선수들을 찾아 폼을 비교해 보기도 하고, 플레이 스타일을 연구하는 등 분주하게 지내는 선수들이 즐비하다. 이러한 손쉬운 접근성 때문인지 아마추어선수는 물론 프로선수들까지도 자신의 변신을 수시로 도모하고 실패를 반복하며 자신의 것으로 만들어 가고자 하는 시대가 되었다. 혼자만의 도전이기도 하고 때론 담당 코치와 충분한 대화를 나눈 후 과감하게 변화를 추진하기도 하며, 시즌 중에 자신이 부족했던 단점에서 탈피하려 부단한 노력을 한다.

과감한 변신을 도모하고 변화를 추구하고자 하는 도전 정신은 높이 살만하다.

소음과 신호란 말을 들어본 적이 있을 것이다. 무수히 많은 소음들 속에서 무엇인가의 신호를 찾아낸다는 뜻으로 그것을 잘 구분하란 뜻이 담겨 있다. 무수히 많은 정보들이 내게 아무런 도움이 되지 못하는 시끄러운 노이즈에 불과할 수도 있지만, 그 속에서 내게 유익한 신호를 찾아낸다면 실로 기회를 잡을 줄 아는 지혜로운 촉을 가진 사람이 되는 것이다. 도움이 되는 정보를 잡는 것은 소음 속에서 진정한 소리를 찾아내는 것으로 그런 감각을 가진 사람들은 무엇을 해도 남다른 리더가 될 수 있다.

우린 과거 라디오 청취 시대에 살았었다. 주파수가 맞지 않으면 엄청난 소음으로 귀가 따가울 정도의 노이즈가 발생했다. 그러다가 주파수가 맞으면 올바른 신호가 잡히면서 우리가 원하는 맑은 소리의 성우와 가수들의 목소리를 전해 들었다. 그렇다. 주파수를 맞춰야 잘 들린다. 이 또한 세상살이와 연관된다. 그것을 알아야 여러분에게도 신호가 잡힐 것이다. 내가 보내는 주파수가 상대가 보내는 주파수와 맞을 때와 맞지 않을 때, 우리가 선택할 것은 무엇일까?

필자가 소음 이야기를 꺼내든 연유는 이러하다. 요즘 고교, 대학을 총망라하여 단체훈련을 할 시간이 없어서 선수들의 기량 유지와 향상을 도모하는 것이 너무도 어렵다고 하소연을 많이 하는 지도자들을 마주한다. 정규 수업을 다 하고 나오면 오후 늦은 시간이어서 웨이트훈련부터 러닝훈련을 종료하기도 빠듯한 시간이라 단체로 팀훈련을 한다는 것은 엄두도 못 낸다고 한다. 마침 학교 시설이 양호하여 야간 조명 시설이라도 되어 있으면 야간에도 훈련을 시킬 수 있지만 이도 저도 되지 않아서 그냥 개인적으로 훈련하러 다니라고 방치한다고 한다. 대회를 앞두고 학교 측의 양해를 받았을 때나 단체훈련과 정상적인 훈련을 할 수 있지만 그 시간도 연습경기 스케줄을 잡고 나면 촉박한 시간 탓에 훈련은 간단하게 하고 연습경기를 하면서 실전 감각을 익힐 수밖에 없다고 한다. 때문에 선수들은 비용을 들이면서 개별 레슨장으로 향하는데 여기서 문제가 발생하는 일도 적지 않다고 하니 걱정이 앞선다. 의식 있고 지도자 마인드가 제대로 된 레슨 코치들은 선수에 맞는 맞춤형 지도 교습을 하지만, 그렇지 않은 곳이 많아서 선수의 체형과 야구 스타일에 맞지 않게 모두가 홈런 스윙인 발사각을 높이는 스윙만 일삼고 있어 고교 감독들도 난감해한다고 한다. 한편으로 밀폐된 공간에서 키 작은 선수조차도 홈런 스윙으로 큰 스윙을 하면 착시효과와 효과음이 배가 되는 착음이 들려서 강한 타구로 오인하는 문제도 발생한다.

투수들도 마찬가지이다. 실내에서 볼이 미트에 꽂히는 소리는 과히 150km/h 대의 구속으로 둔갑하고, 마치 자신이 최고의 투수라고 오인하기에 충분한 환경이 된다. 착시현상과 착음의 효과는 선수의 자신감을 충만하게 할 수도 있지만 반면에 그라운드 현장에서는 실망감만 낳을 수도 있다. 실내에서 무작정 스피드만 올리는 훈련을 하면 스피드를 올릴 수는 있다. 또한 실제 스피드보다 5~6km/h 올리는 것은 스피드건의 앵글을 정상 수치보다 훨씬 많이 올리거나 실내 환경의 포수 자리 바로 뒷전에서 체크 시 얼마든지 가능하다. 하지만 그게 전부가 아니라는 것을 모를 리가 없는데 안타깝게도 잘못된 훈련 방식과 환경으로 제구가 되지 않는 공 던지기가 남발하고 결국에 제대로 된 투수는 온데 간 데가 없고 무늬만 투수인 선수가 남게 된다.

레슨장이라도 지도자는 지도자다. 선수의 장래에 좋은 영향을 끼치겠다는 책임감 있는 지도가 반드시 필요하다. 그래서 선수 편에 서서 가족의 마인드로 선수 지도에 전념해 주기 바란다. 소음만 가득한 실내 장소가 아닌 실질적으로 좋은 신호를 줄 수 있는 레슨장이 되길 바라고, 또한 학교의 야구 환경도 제발 좀 정상으로 되돌아가길 학수고대한다.

소속 구단이 과거 왕조 시절을 구축하여 지난 몇 년간 한국 프로야구에서 군림한 적이 있었다. 2007년부터 2012년까지 무려 6년간을 연속으로 한국시리즈에 진출하였고, 그 기간 동안 3번의 우승을 이루어 냈다. 선수들은 야구를 알고 하였고, 흐름을 읽을 줄 알았으며, 동료들을 믿고 과감히 도전했다. 벤치도 선수들의 기량만큼 기민하게 움직였고, 말 그대로 일사분란하게 움직이는 혼연일체된 모습을 보인 역대 최고의 팀이었다. 그러다 보니 지는 것이 낯설 정도로 이기는 야구에 익숙했다. 야수들은 공격과 수비에서 무진장한 타격훈련과 펑고훈련으로 각자의 전력을 강화했다. 시간을 쪼개어 할 수 있는 훈련은 모두 빈틈없이 치렀고, 점심 먹는 시간조차도 아끼며 훈련에 매진했다.

선수들은 훈련이 끝나는 시간이 되면 녹초가 되기 일쑤였고, 심지어 양말을 벗기도 힘들어 유니폼과 흙투성이 양말을 그대로 신고 자다가 일어나서 새벽에 다시 훈련하러 나오기도 하였다. 야간 티배팅 훈련으로 거의 공을 700~800개를 쳐 냈고, 일상 훈련에서도 500개 이상을 쳐 냈다. 선수들의 손바닥은 곰발바닥이란 별명이 붙을 정도였고, 붕대와 반창고는 남아나질 않았다. 마치 복싱선수들의 장갑처럼 부풀어오른 장갑을 끼고 연신 배트를 돌렸었다. 야구장 바닥에 하얗게 깔린 볼들을 주워 담는 직원들도 힘들기는 매한가지였다.

그런 시간들이 차곡차곡 쌓여 가면서 선수들은 먼저 몸이 반응을 하였고 근육들이 투수들의 볼에 예민하게 즉각적으로 반응했다. 자신도 모르게 볼이 와서 배트의 정중앙에 맞는 것이었다. 이런 것이 몸이 아는 신호이다. 머슬 메모리(muscle memory, 특정 신체 활동을 반복함로써 그 활동을 수행할 때 나타나는 신체의 생리적 적응이자 근육 기억)이기도 하고 신경 메모리이기도 하다.

신호는 이렇게 선명하게 잡히는 것이고 오랜 기간 동안 자신의 몸속에서 가시적인 성과로 나타난다. 소음은 그냥 잠깐 머물다 가지만 이렇게 단내 나는 훈련 속에 만들어진 신호는 강풍과 비바람 속에서도 굳건하게 자리 잡는다. 그 차이를 몸은 안다.

지금 자신의 훈련이 신호인가? 소음인가? 선수가 늘 생각할 부분이다.

선택과 패싱의
갭을 줄이자

지금까지 프로 스카우트가 눈여겨보는 부분과 그들의 시선을 오래도록 머물게 만들고 마음에 각인시킬 수 있는 여러 가지 상황별 필요 부분들을 언급했다.

어떻게 보면 아주 작은 차이일 수도 있고, 무심코 지나칠 수도 있는 부분들도 있을 것이다. 그러나 결국은 스카우트의 눈에 들어야 프로의 길이 열린다. 그렇다면 스카우트가 선호하는 유형을 미리 알고 자신 스스로가 할 수 있는 부분이 있으면 응당 그렇게 하는 게 확률을 높이는 방법이다. 어쩌면 여러분들이 이미 알고 있는 내용도 있지만 잘 몰랐던 내용도 있으리라 본다. 지름길을 안다면 그 길을 걸어가는 것이 시간을 낭비하지 않는 현명한 선택이고, 또 어둡고 낯선 바닷길을 밝혀주는 등대 같은 존재가 있다면 그 존재를 따라 걷는 것이 큰 힘과 용기를 갖고 가는 것임에 틀림이 없다.

프로구단에 들어가기 위한 1차 관문을 통과할 수 있게 하는 이는 프로감독도 코치도 아닌 바로 프로 스카우트들이다. 그들이 좋아하고 선호하는 유형이되어 일단은 그들의 호감을 사고 눈도장을 찍어야 한다.

스카우트들의 공통적인 관심사항들과 유형들을 사전에 미리 캐치하여 준비한다면 스카우트들의 시선을 사로잡는 데 성공할 수가 있을 것이다. 사회생활을 하다 보면 기회를 예리하게 포착해 자기 것으로 만드는 사람들을 보곤 한다. 넘쳐나는 신문 기사 속에서 번쩍이는 아이디어를 얻기도 하고, 시대의 흐름과 트렌드를 미리 읽고서 한 발짝 일찍 움직여 투자를 하는 사람들이 있다.

일반적인 확신으로는 선뜻 결정하기 힘든 일들을 거액을 내어 자기 확신을 갖고 투자를 한다. 투기가 아닌 투자를 말이다. 불명확한 신문 기사 내용만 보고도 믿음을 갖고 투자를 할 수 있다는 것은 보통의 초심자에게는 힘들고 어려운 결정임에 틀림이 없다. 하지만 성공 경험이 있는 사람들은 맥을 짚을 줄 알고 거시경제의 흐름을 알기 때문에 과감하게 투자를 한다. 광우병이 발생했다는 신문 기사가 뜨면 돼지고기 수요가 늘고 가공회사들의 주가가 뛴다. 신도시 발표가 나면 건설사 주가가 움직이고 시멘트 회사 주가도 꿈틀댄다. 신규 전철 노선이 발표되면 인근 부동산이 들썩이고 우크라이나 전쟁이 터지자마자 우리나라 곡물 수출업의 주가가 상승장으로 돌아섰다. 우크라이나가 세계 최대의 밀 산지이기 때문이다. 코로나19가 터지니 항공주가 하향하고, 미국 대통령이 자국에 코로나19 진단기기를 수입하겠다고 언론 인터뷰하니 우리나라 진단기기 회사들이 상한가를 기록한다. 이 모든 게 우리는 그냥 보는 뉴스이지만 엄청난 부를 챙길 기회가 그 뉴스 안에 있는 것이다. 모르고 넘어가는 사람은 '아하 그냥 그런 뉴스가 있었구나!'로 끝나고 기회를 잡는 사람들은 그것을 낚아챈다.

이 책에서 제시하는 여러 가지 사례들 속에서 어떤 부분은 여러분에게 맞을지도 또 어떤 부분은 아닐 수도 있다. 받아들여서 자기 것으로 할 것인지 아닌지는 순전히 여러분들의 몫이고 자유이다. 스카우트로부터 선택되느냐, 패싱당하느냐의 차이는 여러분들이 기회를 캐치하는 능력에 달려 있다. 기회는 누구에게나 지나간다. 다만, 누군가는 기회인 줄 모르고 그냥 지나치는 사람과 기회라는 것을 직감하고 낚아채는 사람이 있다. 자신만의 성공 경험을 만들어라! 그 성공 경험을 바탕으로 기회를 낚아챌 수 있어야 한다.

이제 선택을 받느냐 외면당할 것인가의 기로에 설 중요한 시간이 다가온다. 프로 스카우트의 속성과 선호도를 아는 여러분들에게 남은 것은 거침없는 도전뿐이다. 스스로 내 안의 주인이 되기 바란다.

감독과 코치가
추천하는 선수는 누구일까?

선수의 본분은 열심히 훈련하고 팀 내 질서와 규칙도 잘 지켜야 하며, 감독과 코치의 지시에 순응하여 팀을 위해 헌신적인 자세로 임하는 것이다. 말 잘 듣고, 대답 잘하고, 인사 잘하고, 후배들과 선배들에게 예의 바르게 행동하고, 말 그대로 모범생이면 얼마나 대견스럽겠는가? 게다가 야구마저 아주 잘한다면 금상첨화일 것이다.

이런 선수가 있다고 가정하고 해당 학교를 프로 스카우트가 방문한다고 가정해 보자.

아무런 정보도 갖지 않은 상태에서 학교 훈련장을 방문한 스카우트는 일단 감독에게 인사를 한다. 오늘 선수들 훈련을 관찰하는 데 실례를 하겠다고, 그러면 대개 감독님은 스카우트를 반갑게 맞는다. 방문이 없는 것보다는 감독 체면도 서는 것 아니겠는가? 또한 선수들도 훈련하는 데 약간의 긴장도 되고 혹시 프로 스카우트의 호감을 살 수도 있는 기회이기도 하고 말이다.

"감독님 혹시 추천해 주실만 한 선수가 있습니까?"라고 스카우트가 물었을 때 감독은 어떤 선수를 눈여겨보라고 추천을 할까?

물론 야구 실력이 월등한 선수들이야 금방 스카우트의 눈에 들어올 것이다. 하지만 만에 하나 아직 부상 중이거나 부상에서 갓 복귀한 선수들이 스카우트 들에게 자신의 최고 기량을 보여 줄 시간적 기회가 없다면 감독은 어떻게 할 까?

대부분의 감독들은 제자 사랑이 각별하여 너무도 친절하고, 세세하게 설명 을 덧붙여 추천을 해준다. 누구는 어떻고 또 이런 선수는 어떻고 감독이 보기 에 현재 기량은 이렇지만 향후에 더 발전할 선수는 이 선수가 아니고 저 선수 이니 눈여겨보라고 등등.

여기서 우리가 한 번 짚어 볼 대목은,

감독이라면 평상시에 팀에 헌신적이고 감독과 코치의 말을 잘 듣는 선수를 적극 추천하겠는가? 아니면, 정반대의 문제 선수를 추천하겠는가?

스카우트도 사람이고 감독, 코치도 사람이다. 지금 당장은 아니지만 열심히 하는 선수에게 마음이 더 가는 것은 인지상정일 것이다. 선수들은 감독, 코치 들을 사랑하고 존경하며 열심히 훈련에 매진해야 한다. 유니폼을 입고 있는 이 상은 불변의 법칙이다. 이 세상은 혼자서 해결되는 세상이 아니다. 선수들의 앞날과 남은 인생을 올바르게 열어 주고 이끌어 주는 사람들은 주변에 계신 분 들이다. 선한 영향력을 미치는 사람들을 만나는 행운은 여러분들의 행동에 있 고, 눈빛에 담겨 있다. 여러분이 하는 행동 하나하나에 미래가 있다.

우리네 감독, 코치들은 선수의 눈망울 속에 담긴 진실과 희망을 응원한다. 위선과 가면 속에 감추어진 거짓을 누구보다 빨리 정확하게 알아채기도 하지만 그래도 선수들을 믿고 잘 되기를 기원하는 사람들이다. 학교 지도자 분들은 결국은 피와 살 같은 소중함을 전해 주고 득이 되는 고마운 분들이다. 기본적으로는 그분들을 믿고 따르는 것이 선수의 앞날에도 좋다. 그 점을 명심하면 좋겠다.

나도 모르게 '학폭' 가해자

범세계적으로 미투(Me Too) 운동이 강하게 몰아닥쳤다.

사회적 약자의 입장에서 위압에 의해 강제로 성추행이나 성폭행을 당해야만 했던 피해 여성이 마음속에 응어리를 남긴 채 오랫동안 숨죽이며 얼룩진 인생을 살다가 여성의 인권과 잘못된 성 관념을 바로 잡기 위해서 추행 사실을 폭로하면서 여기저기에서 동참 운동이 들불처럼 일어났다. Me Too는 '나도 말한다.'로 나도 당하고 겪었다는 사실들을 알리며 수십만 명이 동참하며 일어났다. 그런 일들이 사회적으로 확산되며 어수선하던 때 프로야구계와 아마추어 야구계에 미투의 또 다른 제목으로 '학폭'이라는 광풍이 불었다.

미투 운동과 유사한 점은 과거 행하였던 폭력에 대한 진심 어린 사과를 요구하고 유사한 폭력의 재발 방지를 위해 피해자가 용기를 내어 폭로했다는 점이다. 학창 시절 때 누구누구에게 심각한 폭행을 당했고, 그 일로 말미암아 정상적인 사회생활이 어려웠으며 정신적인 치료를 받으면서 암울한 사회생활을 하고 있다고 호소하면서 일이 불거지기 시작했다.

경상남도 지역의 어떤 선수는 중학교 때의 일로 인하여 프로의 연고 구단에서 1차 지명을 받고서도 지명철회가 되었다. 여론의 압박과 들불처럼 번진 팬들의 입단 반대 운동에 A구단은 어쩔 수 없이 해당 선수의 지명을 철회하는 일이 발생한 것이다. 지명철회는 KBO 리그 창단 이후 초유의 사태로서 그동안에 이런 사례가 한 번도 없었을 정도로 흔하지 않은 일이었으며, 그만큼 세상이 변화한 것을 단편적으로 보여 주는 사건이었다.

사회적인 공인 구단으로서 책임 있는 정책을 펴야 하는 구단의 입장에선 폭력 사건에 휘말린 선수를 안고 가는 게 여간 부담스러울 수가 없고 구단이 내세웠던 가치관의 슬로건(slogan)과도 배치되는 일이어서 난처하고 곤혹스러운 일임에도 불구하고 어쩔 수 없이 선수를 포기하게 된다. 여기서 문제는 관련된 일들이 당시에 밝혀지지 않고 수년이 지나고 난 뒤 '학폭' 폭로 사건으로 터진다는 것이다. 그것도 가해자인 선수들이 인지도 못하는 상황에서 벌어진다. 어떤 가해 선수는 당시의 기억을 일상 속의 한 부분으로서 정확하게 기억 못하는 경우가 있었다. 만약에 그 당시에 일이 벌어졌다면 사과라든지 어떠한 즉각적인 조치로 서로의 이해를 끌어 내고 마무리되지 않았을까 싶다. 물론 판단하기에는 어려운 부분이다.

프로야구선수로 탄탄대로를 걸어가던 수도권 B구단의 10승 투수인 한 선수도 과거 '학폭'에 연루되면서 법정 싸움까지 이어졌다. 이처럼 '학폭' 자체가 심각한 사회문제가 된 것이다. '학폭 미투' 이후 억울함을 호소하던 해당 선수는 학교폭력혐의로 재판을 진행해야 했고 1심 재판에서 무죄 판결을 받아 최근 마운드에 복귀했다.

대부분 선후배 사이로 같은 학교 야구부로 활동하다가 벌어지는 일들이 다반사인데 이런 일들을 접하다 보면 먼 과거에 운동했던 선배들은 쓴웃음을 지을 수밖에 없다. 당시에 선후배 관계의 위계질서는 엄격하였고 군대의 상명하복만큼이나 철두철미하게 지켜지던 시절이었기 때문이다.

소위 말하는 선배 중에는 세 부류가 있었다. 첫째 부류인 정말 좋은 선배는 뭐든지 다 후배 사랑을 실천하는 선배로서 후배들을 친동생처럼 아끼는 스타일이고 후배들에게 무엇이라도 챙겨 주는 따스한 인간미를 가진 선배이다.

둘째 부류인 일반적인 선배는 자기 할 일만 하기 바쁘고 그렇다고 후배들을 살갑게 챙겨 주고 하는 스타일은 아닌데 또 후배를 괴롭히는 스타일도 아닌 선배이다.

셋째 부류가 마지막으로 나쁜 선배이다. 일 같지 않은 일에 화를 내고 괴롭히고 때리는 유형으로 정말이지 납득되지 않는 이유들로 얼차려 집합을 당하면 놀란 가슴 쓸어내린 적이 수도 없이 많았다. 지금은 그런 일들을 괴롭힘으로 표현하지만 그 당시에는 일상이었던 시절이다. 사사건건 시비를 걸어서 후배들을 집합시키는 그런 선배들과 함께한 시간들은 악몽이었지만 그래도 시간은 흘러서 다 지나갔었고 세월 속에 묻혔다. 훈련 중에 파이팅 소리가 멈추었다고 얻어맞기 일쑤였고, 야구장 그라운드에 잔돌이 있다는 이유, 그라운드를 잘못 정리했다는 이유, 내야에 물을 잘못 뿌렸다는 이유, 대답을 작게 했다는 이유, 야구부실 청소가 잘못되었다는 이유, 선배에게 말대꾸한다는 이유, 시합에 졌다는 이유, 심부름시켰는데 늦게 왔다는 이유, 빨래를 잘못했다는 이유 등등 이루 말할 수 없는 기합 건수들이 즐비했다.

그런 이유 같지 않은 이유들로 무조건적으로 집합하던 일들은 훤한 대낮에 야구장에서 버젓이 일어나기도 하였지만 대부분 야구부실이나 학교 교실 뒤쪽에서 벌어지는 게 다반사였다.

당시의 분위기는 그러했다. 후배들이 알뜰살뜰 선배들을 잘 보필하여 선배들이 대학 진학을 잘 할 수 있도록 하는 게 후배들이 해야 할 도리였고, 선배들이 불편함 없이 운동에 전념할 수 있도록 잡다한 모든 것은 후배들이 하는 게 당연시되던 시절이었다. 만약 선배들이 무작정 화를 낼 때는 후배들이 잘못한 것으로 통용되던 시절이었으며 설사 가당찮은 일로 화를 내고 집합을 시키더라도 항변하거나 하극상을 할 수 없는 위력이 정신 밑바닥까지 박혀 있었다. 정말이지 하루가 멀다 하고 얼차려를 받았다. 그것도 야구 배트로 말이다.

집합 없이 그냥 집에 가는 날은 일 년에 한 두어 달이 안 될 정도로 손꼽을 정도였고, 선배가 때리면 맞아야 되는 걸로 완전 세뇌가 되어 있었다. 지금 생각해 보면 말도 안 되는 이유들로 집합을 당했는데 참으로 어처구니없기도 하고 지금이라도 그런 나쁜 병폐들이 사라진 것에 대하여 참으로 다행스럽다고 생각한다. 그래도 다행이었던 것은 선배들 중에서도 인간답게 올바른 선배들도 많았다는 점이다. 후배들에게 귀감이 되고자 성실한 자세로 자기 할 일에 최선을 다하는 선배들은 정말이지 후배들의 존경을 받았고, 후배들도 그 선배의 말은 하늘이 두 쪽이 나도 믿고 따랐다. 후배들은 은연중에 그런 선배를 닮으려고 노력하기도 했다.

필자가 '학폭' 이야길 꺼내든 이유는 여기 졸업반까지 힘들게 왔는데 '학폭'이란 불명예를 당하지 않아야 한다는 경각심을 알리고자 함이다.

십수 년을 힘들게 갖은 고생을 하면서 목표하던 곳이 이제 얼마 남지 않았는데 생각지도 않은 '학폭' 사건들이 터진다면 그동안 노력한 선수는 얼마나 억울하겠는가?

「학교폭력예방 및 대책에 관한 법률」에 따르면, '학교폭력'이란 학교 내외에서 학생을 대상으로 발생한 상해, 폭행, 감금, 협박, 약취 · 유인, 명예훼손 · 모욕, 공갈, 강요 · 강제적인 심부름 및 성폭력, 따돌림, 사이버 따돌림, 정보통신망을 이용한 음란 · 폭력 정보 등에 의하여 신체 · 정신 또는 재산상의 피해를 수반하는 행위를 말한다. 신체적 · 물리적인 폭력 외에도 위와 같은 사안들 역시 학교폭력의 대상에 포함된다.

후배에게 무심코 건넨 한 마디에 후배가 모욕감과 상실감을 느꼈다거나 수치감을 느꼈다면 요즘 세상의 기준으로는 '학폭'이 성립된다. 실제적인 폭력을 행사하지 않았다 해도 언어폭력이나 왕따 등도 해당되고, 강제하는 모든 행동에서 후배가 모멸감 등 인격적인 부분에서 손상을 받았다면 '학폭'에 연루되는 것이다. 각별히 신경 써야 할 부분으로서 후배하고 친하게 지낸다고 함부로 말과 행동을 해서는 안 된다는 것을 이제는 항상 명심해야 한다. 동료들과도 마찬가지로 조심해야 한다. 동료 · 후배 집에 가서 무심코 털어 놓은 푸념들이 일파만파가 되어 '학폭'이라는 이름으로 자신에게 덮칠 수 있다. "그게 어떻게 '학폭'이 됩니까?" 하고 억울해하기 전에 우선은 일이 벌어지지 않게 매사 조심하고 언행에 유의해야 한다. 평소 본인이 다소 거칠다거나 장난기가 많은 선수들은 후배들과의 관계를 잘 정립해야 한다. 공과 사를 잘 가려서 말이다.

프로선수의 꿈을 제대로 꿔 보기도 전에 '학폭'으로 야구 인생을 접어야 할 수도 있는 세상이 되었다. 프로구단들도 상황을 잘 살피고 '학폭' 관련 내용들을 유심히 들여다본다. 상황이 심각한 선수들은 지명하기가 부담스럽기 때문이다. 그래서 조심해야 할 것도 참 많은 세상이다. 부모님께서도 항상 집에서 주의를 줄 필요가 있고, 지도자 분들도 선수들이 '학폭'에 휘말리지 않게 평소에 선수들의 교육과 관심을 계속 두어야 하겠다.

선수의 부모는 냉정한 분석가가 되자

옛말에 '구슬이 서 말이라도 꿰어야 보배'라는 말과 그와 유사한 말로 '부뚜막에 소금도 처야 짜다.'라는 말이 있다. 이 말들은 곧 실천의 중요성을 강조하는 말들로서 존재 자체보다는 그 존재의 역할과 실행의 중요성을 말하는 것이다. 선수도 마찬가지다. 선수의 의미도 경기 출전을 통해서만 비로소 시작된다고 볼 수 있다.

경기 출전을 하지 못하는 선수는 아무것도 보여 줄 수가 없다. 자신을 표현하고 존재가치를 알릴 방법이 없는 것이다. 그래서 경기 출전이 우선되어야 하고 경기 출전을 위한 기본 기량과 팀 내 경쟁력을 확보해야 한다. 이렇듯 학년을 뛰어넘어 저학년도 높은 기량을 보인다면 출장이 보장되기도 한다. 그래서 우리네 부모님들은 자신의 아들에 대해 냉정한 평가를 할 줄 알아야 하고, 전체 해당 학교의 전력과 학년 내 전력, 자기 아들의 기량 대비 동일 포지션의 기량도 알아야 한다. 이를 바탕으로 경기 출장을 지속적으로 해야 안정적으로 기량을 더 발전시킬 수 있는 토대가 마련되는 것이다. 들쑥날쑥한 경기 출전은 경기 감각 유지와 기량 발전에도 많은 장애요인으로 손꼽힌다. 오죽하면 전문 프로야구선수들조차도 경기에 가끔 나가게 되는 대타의 어려움을 호소하겠는가? 그만큼 야구란 종목은 감각에 많이 좌우되는 부분이 많아서 좋은 경기 감각을 지속·유지하기 위해선 경기 출장이 계속 보장되어야 한다. 물론 그러기 위해선 더욱 노력하여서 기량을 향상시켜야 함은 두말할 것도 없다.

그래서 부모님들은 여러 가지 상황을 잘 살펴서 판단을 잘해야 한다. 예를 들어서 아들의 포지션이 외야수인데 3학년 외야수들과 2학년 외야수가 모두 합쳐서 7명이라 가정한다면, 경기 출전은 3명이고 나머지는 가끔 교대로 나갈 수 있다. 이때, 아들보다 잘하는 외야수가 제법 많은 수를 차지한다고 한다면 어떤 판단이 제일 현명할까? 수도권의 좋은 학교인데 시합을 잘 못 뛰는 학교에 남는 게 자식을 위하는 걸까? 아니면 수도권 외의 학교인데 인원수 부족으로 경기 출장이 보장되는 학교로의 전학이 현명한 걸까? 우리 자식은 아직 높은 기량이 아니라서 프로 직행은 사실 무리이고 대학을 감안하고 있는데 차라리 수도권의 좋은 학교가 낫지 않을까? 등등 온갖 근심과 걱정으로 일손이 잘 잡히지도 않을 것이다.

수도권 대부분의 고교는 각 학년마다 선수 인원이 15명 선 안팎이다. 투수와 야수로 분류하더라도 각 포지션마다 많게는 3명 내지는 2명이 포진된다. 그런데다가 월등히 잘하여 1학년부터 포지션을 잡고 오는 친구들도 있어서 실질적으로 내외야 통틀어 비는 자리는 몇 개 되지 않는다.

투수들은 선발이든 중간이든 경기 출장에 큰 문제는 없다. 본인만 각 요소요소에 투입될 수 있는 기량을 갖추고 있다면 언제든지 경기에 출장할 수 있고 더불어 기록적인 면에서도 기회는 얼마든지 많은 편이다. 반면 야수들은 투수들에 비해 경쟁이 숨어 있다. 명문 팀일수록 선수들이 더 많이 몰리기 때문에 어중간한 기량을 가진 선수라면 경기 출장 기회는 사실 많이 주어지진 않는다.

고교야구를 관찰하노라면 기량이 많이 처지는 선수들인데도 대학 진학을 위해 감독이 경기 출장 기회를 주는 모습들을 종종 볼 때 안쓰러운 마음과 함께 제자를 위하는 감독의 배려와 노고를 느끼기도 한다. 제자들을 위해 모두에게 공평하게 기회를 주고 팀도 성적을 낼 수만 있다면 얼마나 좋을까 만은 현실은 그러하지 못하고 선수들이 한꺼번에 모두 좋은 선수들로 꽉 채워지기도 어렵다. 그런데도 각 포지션마다 선수들이 넘쳐 나기도 한다. 그래서 감독들과 코치들은 나름의 궁여지책으로 선수들의 포지션을 조금씩 바꾸어 가며 어떤 포지션이 더 나을지를 선수들에게 조심스레 타진하기도 한다. 하지만 해당 포지션에서 기량이 처지는 선수가 갑자기 포지션 변경을 하는 것도 위치에 따라 가능한 것과 어려운 것이 있어서 선뜻 마음을 먹기도 쉽지 않다. 어릴 때부터 자리 잡아 온 포지션을 계속 이어 가야 제 기량을 발휘할 터인데 기량 향상 속도는 더디고 그 포지션에 나보다 더 잘하는 선수가 많다면 고민의 폭은 더욱 넓어진다.

여기서 우리가 짚어야 할 부분은 프로 진출이든 대학 진학이든 모든 게 경기 출장에서 이루어진다는 것이다. 경기에서 보이는 모든 모습들에서 프로가 원하는 기량을 갖고 있는 선수는 프로로 직행할 것이고, 대학 진학에 필요한 여러 가지 입시 조건들을 충족시킨 선수들은 원하는 대학으로 갈 것이다.

경기 출장을 안정적으로 보장받는 길은 무엇일까? 물론 제일 정답은 우월한 기량일 것이다.

누구도 따라오지 못하는 월등한 기량을 갖추었다면야 두말할 것도 없다.

둘째는 나 이외에 해당 포지션에 선수가 없어야 한다.

셋째는 경쟁 선수가 수술이나 부상으로 장기 결장할 때이다.

넷째는 무엇일까? 가장 고민하는 대목인 전학일 것이다. 그것도 어느 지역 어느 학교로 갈 것인지, 그다음이 창단 팀인지 기존 팀인지, 감독은 어떠한 사람인지 학교 야구부 분위기는 어떠한지 등등. 앞서 전학에 대해 선호하지 않는다고 하였으나 어디까지나 잦은 전학일 경우에 해당된다.

일등급으로 잘하는 선수라면 걱정할 이유도 없지만, 만약 내 자식이 그러하지 못하고 자리를 잡지 못할 시엔 우리네 부모님들은 바쁘게 움직여야 한다. 자식을 위해서 무엇이든 해야만 한다. 아무것도 하지 않으면 아무 일도 일어나지 않는다. 부모님들은 전학을 두려워하면 안 된다. 자식을 위해 보다 나은 조건의 학교로 움직이는 것뿐이다.

해당 학교의 해당 포지션에 우리 자식보다 잘하는 선수들이 즐비하여 도저히 경기 출장이 어려운 게 뻔히 보이는데도 아무런 대책 없이 그냥 뒤에서 불평불만만 하는 부모가 되어선 안 된다. 자식을 위한 넘치는 고민과 갈등을 뒷담화로 일관하지 말고, 차라리 발 빠른 대처를 위하여 움직이는 게 훨씬 더 깔끔하고 현명하다.

감독 상담이든 전문가 상담이든 무언가를 하여야 한다. 손 놓고 넋 놓고 있을 시간이 없다. 그래서 부모님들은 비전문가이지만 전문가가 되어야 하고 정확하고 냉정하게 자식의 현재 기량을 파악하고 있어야 한다. 부모님들은 온갖 불평을 하는 일이 많다. 제 자식이 제일 잘하는데 감독을 잘못 만나서 경기 출장이 안 된다든지, 감독에게 찍혀서 혹은 코치가 비협조적이어서 등등, 사실은 그럴 시간도 필요도 없다.

진정성을 가지고 자식의 현 기량과 앞날에 대해 감독과 상의하자. 그리고 결단을 내려야 한다. 기회를 찾아서 떠나는 것을 두려워해서도 어려워해서도 안 된다. 한 번이라도 더 타석에 서야 하고 마운드 위에서 한 구라도 더 던져야 한다. 야구는 던지고 쳐야 비로소 역사가 시작된다. 던지고 치지 않고는 아무것도 이루어지지 않는다.

부뚜막에 소금은 비로소 음식에 던져져야 소금의 역할을 하는 것이다. 부뚜막에 우두커니 자리만 하고 있으면 진정한 소금이 아니다. 선수도 마찬가지이다. 유니폼만 입고 있다고 선수가 아니다. 선수답게 경기를 치러야 선수로서 가치가 생기고 기회가 열린다.

야구선수
부모로 사는 법

　요즘에는 고교야구 경기의 TV 중계가 대회 때마다 조금씩 다르게 편성되는데 어떤 대회는 예선전부터 가끔 중계가 되기도 하고 어떤 때에는 중요한 경기만 중계가 되기도 한다. 만약에 중계가 되지 않더라도 만능 엔터테이너 부모님들이 많아서 현장에서 바로바로 유튜브 라이브 방송으로 실시간 중계를 해주는 세상이 되었다. TV 중계의 전문 해설가를 따라갈 수는 없지만 생업 관계로 자리를 비울 수 없어 야구장을 찾지 못한 관계자와 가족들이 갖는 궁금함과 목마름은 어느 정도 해소해 주기도 한다. TV 중계든 유튜브든 간간이 부모님들의 간절한 기도 장면이 화면에 잡히는 것을 본다. 마치 수능시험이 치러지는 날, 교문 밖에서 학교를 바라보며 기도하는 부모님과 똑같은 모습이고 한결같은 마음이다.

　사실 야구장은 매일이 수능일이다. 매일매일의 기록들이 쌓여 대학 응시 자격을 만들고, 대학 수시 모집의 학교별 전형에 부합하는 조건을 만들기 때문에 경기가 치러지는 날은 어느 하루라도 소홀히 할 수 없는 수능일인 것이다. 공부하는 입시생 자녀를 둔 학부모들과 마찬가지로 가슴 졸이고 긴장되는 일상들의 연속인 것이다. 이 세상에서 졸업반 입시생들을 두신 모든 부모님들은 정말로 대단하신 분들이라고 말씀드리고 그 노고에 머리 숙여 경애를 표한다.

　수능 시험생들은 평상시 모의고사라든지 수시를 대비한 내신 성적 관리 등을 매일 전쟁 치르듯이 하는 것이고 부모님들도 피 말리는 긴장으로 스트레스를 받는다. 야구 부모님들도 매한가지이다. 매일매일이 전쟁인 일반 수험생들과 매주 주말마다 전쟁을 치르는 야구 졸업반들이 만들어 가는 개인의 역사에 애잔한 격려를 보낸다. 또한 수험생과 함께 긴긴밤을 불태운 일반 부모들 그리고 매번 경기에서 한 타석, 한 구 치고 던질 때마다 애간장을 태우는 선수 부모님의 마음들에 경의를 보낸다.

어느 부모든 자식을 위한 마음은 늘 한결같을 것이다. 그래서 기도가 끝이 없다. 자식 잘 되기 위한 기도는 언제나 끝이 날까? 그건 아마도 당신들이 눈을 감기 전에는 마땅히 치러야 할 천형이 아닌가 싶다.

부모는 팀이 대회에 참가를 하여도 내 자식이 못 나가면 못 나가는 데로, 경기에 나간다면 내 자식이 잘하고 못하고에 따라서 혹은 팀이 이기고 지고의 결과로 인해 애간장이 타거나 마음이 흔들린다. 팀은 이겼는데 내 자식은 잘못하였다면 그 미묘한 감정을 이루 표현하기가 어렵고 포커페이스해야 하는 자신들이 씁쓸해지기도 한다. 그렇다고 그러한 마음의 감정을 겉으로 드러내기도 어렵다. 결국은 속으로 감내할 수밖에 없는데 참으로 복잡하고 얄미운 운동임에 틀림없다. 그러한 이유로 부모님들은 강한 내성을 기르면서 자식과 함께 성장한다. 마음의 크기도 자식의 학년만큼이나 크고 넓어진다. 졸업반 과정까지 오게 되면 산전수전 다 겪은 베테랑 중에 베테랑이 되어서 마치 수도승처럼 만사에 초연해질 정도로 마음을 다스릴 수 있는 경지에 이른다. 웬만한 것으로는 꿈쩍도 하지 않는 맷집을 키우며 스스로 강해져서 졸업반까지 올라간다. 누가 뭐라 해도 내 자식이 최고이며 설사 죽을 죄를 지었어도 내 자식은 내가 거두어야 하기 때문이다. 마지막까지 변함없이 내 편인 사람은 울 엄마·아빠뿐이다.

기나긴 겨울을 보내고 아직은 바람이 차가운 초봄에는 각 학교들은 보다 따뜻한 남쪽 지방으로 전지훈련을 떠난다. 개별 학교들이 자체적으로 조합하여 통칭 스토브리그라는 동계리그를 만들어서 연습경기를 치르며 실전 감각을 익힌다. 수도권의 많은 팀들이 대이동을 하여 부산과 창원, 전남 고흥과 기타 남쪽 지역 여기저기까지 다양하게 야구장을 찾아서 내려간다. 매년 어김없이 전지훈련을 치르는데 한때 코로나19 이전에는 해외 전지훈련이 성행하기도 했다. 코로나19로부터 일상 회복이 된 후에는 다시 해외 전지훈련이 실시하리라 본다.

전지훈련 팀은 대부분 수도권 팀들이 많다. 주말이면 항상 자식 걱정 많은 부모님들이 격려를 위해 그 먼 길을 마다하지 않고 방문을 하신다. 말이 쉽지 서울에서 전남 고흥의 소록도 같은 곳으로의 자차 이동 방문은 참으로 먼 거리이다. 남들은 주말 나들이다 하여 근교 경치 좋은 곳이나 해외로 떠나기 일쑤인데 우리네 야구 가족들은 야구와 자식의 볼모가 되어 다른 곳은 엄두도 못 내고 야구장만 다닌다. 금요일 저녁에 도착 후 일요일 오후 늦은 시간에 상경하여 생업에 들어가려면 장시간의 운전으로 피로 누적과 지루함, 졸음운전의 위험도 있을 법한데 그런 것을 잊고 오로지 일편단심 자식 걱정뿐이다.

멀리에서까지 와 주시는 부모님들에게 자식은 당연히 감사함을 갖겠지만 한편으로 먼발치에서 마주하는 감독 입장에서도 더할 나위 없이 감사할 따름이다.

스토브리그는 비록 시골 바닷가에서 연습경기로 치러지지만 양 팀으로 나누어진 부모님들은 저마다 간절한 마음으로 지켜본다. 본선 경기까지는 시간의 여유가 있지만 마음의 기도는 항상 간절하게 보인다. 부모님들의 열화와 같은 응원은 매번 열리는 지방의 작은 예선 경기마저도 한국시리즈를 방불케 할 정도의 열기를 만든다. 목청껏 자기 아들과 동료 선수들의 이름을 호명하며 박수를 보내는 부모님들. 어린 초등야구부터 이런 생활을 거쳐 오며 단련되신 부모님들은 힘든 것을 내색하지 않고 꿈쩍 않는 망부석처럼 자식 하나만 바라본다.

그런 부모님의 노고를 생각하면 한 가지 아쉬운 점이 있다. 해외보다는 국내에서 전훈을 치르는 팀이 훨씬 많은 것을 감안하면 아직까지는 국내의 야구장 환경이 열악하다는 사실이다. 지방자치단체에서 나름 노력을 많이 기울이기는 하지만 시설의 세부적인 면에서 많이 부족하다. 야구장의 기초적인 부속시설이 태부족한데 비야구인들이 필요시설이 무엇인지도 모르고 짓는 경우가 허다하여 아쉬운 대목이 많다. 심지어 야구장의 필수시설인 백보드(back-boad)도 없이 야구장이 지어져 있는 장소도 있고, 당연히 지어져야 할 더그아웃과 화장실, 식당 등도 갖추지 못한 허접하기 짝이 없는 곳도 많다.

그야말로 덩그러니 야구장만 지어 놓은 것이다. 그것도 선수 보호시설인 안전펜스도 없이 메쉬 철망만 쳐 놓아 언제든지 선수들의 부상을 불러올 수 있다. 지으려면 제대로 지어야 하는데 야구장에 대한 무지와 부족한 예산 타령으로 없는 것보다는 겨우 나은 수준인데 이런 야구장이라도 있는 게 낫다고 항변하는 사람들이 있는데 어느 게 맞는 것인지 필자도 헷갈릴 때가 있다. 문제는 이러한 부실한 시설은 훈련과 경기를 지속하는 선수들에게 심각한 부상의 위협이 된다는 것이다. 펜스에 부딪쳐 어깨와 다리가 골절되는 선수가 생기는가 하면 야구장 내야의 불규칙한 바닥 면으로 인해 불규칙 바운드가 발생하여 선수의 치아와 코뼈, 때로는 실명에 가까운 눈 부상을 입히는 경우도 더러 있다. 이 모든 것이 만약 시즌이 열리기도 전인 전지훈련에서 발생하고, 부상 정도가

심해서 수술이나 장기간의 재활이 필요하다 할 정도라면 선수의 장래가 걸린 중요한 한 시즌을 통째로 날리는 것이나 다름없다.

이때 해당 학교의 감독이나 코칭스태프 입장에서는 선수 이탈에 따른 전력 약화와 팀 소속 선수의 부상이 속상하기 그지없고 안쓰러운 마음이지만 정작 당사자인 선수와 가족의 억울함과 황망함은 어찌 말로 표현할 수가 있겠는가? 이런 경우가 막상 닥치면 영원한 챔피언인 아버지와 엄마는 선수들이 생각하는 것보다도 훨씬 강하고 굳건해져야 한다. 이 세상이 끝나는 마지막까지도 제 자식을 응원하고 후원하는 영원한 안식처가 되어야 한다. 흔들리고 불안해할 자식을 위해서 미동도 하지 않고 별일 아닌 모양 대범하게 대처해야 한다. 심각한 부상과 수술에 대처하는 부모님들은 속으로 눈물을 쏟을지언정 자식 앞에선 의연해야 하고 "수술하고 다시 일어서면 된다. 절대 포기하지 말자."라고 하며 품어 안아야 한다.

늘 자식에게 열심히만 하면 된다. 설사 야구가 잘 안되더라도 기죽지 말고 당당하게 최선을 다하는 모습만 보이면 된다고 매번 강조하며 보듬어 주는 진정한 챔피언이 되어야 한다.

남쪽 지방의 작은 도시에 살면서 우스갯소리를 잘하는 지인이 늘 하는 말이 있다. "드라이버 티샷과 아들은 어디에 있더라도 살아 있으면 된다."라고. 이 말은 OB가 되지 않고 살아만 있으면 다음 기회를 노릴 수 있고 언제든 반전의 드라마를 쓸 수가 있는 게 인생이란 뜻이라고 필자는 받아들인다. 티샷이 잘못되어 본인은 100m를 겨우 치고, 남들은 240~250m를 앞질러 쳤다고 해서 그 홀 전체를 망친 것은 아니고 또한 인생의 낙오자가 된 것도 아니다. 태어날 때부터 제 밥그릇은 스스로 달고 태어난다고 하지 않았던가? 살아만 있으면 제 갈길 가고 사람 노릇하면서 가치 있게 살 수 있단 이야기이다.

야구도 마찬가지라고 본다. 비록 야구에서 원하지 않던 결과가 나오더라도 그래서 고개 숙인 자식의 얼굴을 마주하더라도 우리네 부모들은 의연하고 대범하게 받아들이고 지혜로운 방향을 새롭게 모색해야 한다. 졸업반까지 옆길로 새지 않고 열심히 달려온 것만으로도 대견하고 자랑스러운 아들이라고 마음으로 환하게 안아 줘야 한다. 성적이 안 나와서 속상해도, 신인드래프트에서 지명이 되지 않아도, 언제나 그 자리에서 변함없이 자식을 응원해야 한다. 설사 한쪽 마음이 무너져 내려도 영원한 챔피언인 야구 부모로 사는 우리네 부모들은 비록 100m밖에 못 쳤지만 여전히 살아 있는 자식이 인생의 귀중한 경험을 한번 치르고 더 강해지고 단련되어 가는 것에 의미를 두어야 한다.

매년 KBO 신인드래프트에서 쏟아져 나오는 선택받지 못한 선수들이 정녕 내 자식이 될지라도 부모님들이 먼저 털어 내고 새로운 시작을 유도해야 한다. 야구가 인생의 전부가 아니며 최선을 다해 여기까지 달려온 네가 자랑스럽고 대견하다고 어깨를 다독여 주기 바란다. 세상이 만들어 놓은 제도로 인해 마음에 상처가 난 자식을 치유해 줄 사람은 바로 부모들이고 그게 야구선수 부모로 살아가는 법이다.

야구선수로서
금기 행동

1. 그라운드에서의 금기 행동

1. 투수 교체 시 마운드에서 버티는 행동
2. 마운드에서 내려올 때 팀은 아랑곳하지 않고 본인의 기분에 의해 경거망동하는 행동
3. 감독의 작전 지시에 불응하고 독단적으로 행동(예 번트 사인 무시하고 타격)
4. 지고 있는 자신의 팀에 절호의 찬스가 왔을 때 자신의 욕심을 위해 희생하지 않는 행위
5. 수비수의 에러를 마운드에서 흥분하며 질책하는 행위
6. 타석에서 개인 욕심만 부리는 행동
7. 팀 경기 내내 집중하지 않고 파이팅에도 동참하지 않는 행동
8. 공수 교대 시 느슨한 자세로 걸어 다니는 행동
9. 시합과 상관없이 희희낙락하는 행동
10. 타구가 내야 땅볼 및 플라이가 됐을 시 열심히 뛰지 않는 행동
11. 학생 야구답지 않은 모습과 태도로 일관할 때
12. 심판과 상대방에게 경기를 하지 않고 싸움을 하려는 행동

2. 야구장 밖에서의 금기 행동

1. SNS상에서의 올바르지 못한 관계 형성
2. 팀 동료들과의 불화와 분란 조장
3. 불건전한 이성 문제 노출

3. 금기 행동의 결과

상기에 나열한 금기사항들에 대하여 스카우트들이 암묵적인 합의를 본 것은 아니지만, 십수 년 동안 이어져 내려오는 금기사항들에 대하여 대다수 구단들은 공통된 항목들을 보유하고 선수들을 체크한다.

기량이 양호한 선수일지라도 상기 항목 중에 어느 하나에 포함된 선수라면 스카우트들은 구단에 적극 추천하기를 꺼리고 배제한다. 성향분석에서 좋지 않은 평가가 나온 선수들은 입단 이후에라도 항상 사고 유발의 가능성이 있었고, 팀 내 분위기를 거스르는 일탈행위들을 많이 유발하였다. 그런 이유로 선수의 성향에 대한 분석과 판단에 많은 공을 들인다.

좋지 않은 성향의 선수 한 명이 잘못 입단하면 팀 분위기를 저해하는 것은 물론이거니와 구단의 대내외 이미지까지 심각하게 훼손되어 그룹사까지 피해가 가기 때문이다.

이제 프로야구 각 구단이 하나의 법인으로서 문제 발생 시 구단 자체에서만 그냥 끝나는 게 아니고 전사 차원의 그룹사 매출까지도 좌지우지할 수 있을 정도의 세상이 된 것이다. 선수 개인의 일탈로 사회적인 지탄을 받는 일이 발생하면 구단이나 KBO나 모두의 책임이 되어 오명은 오래가고 팬들과 국민들은 쉽게 실망하거나 등을 돌린다.

우선은 선수들 자체가 상기의 행동들을 하면 안 된다. 열심히 자신과 팀을 위해서 최선을 다해서 땀을 흘려야 하고 학생다운 행동으로 마지막까지 팀을 위해 헌신해야 한다.

과거에 비해서 선수들에 대한 관리가 힘들어졌다고 토로하는 지도자가 많아졌다. 그래도 필자는 지도자의 의지와 하고자 하는 마음만 있다면 얼마든지 교육 차원에서의 선수 관리는 가능하다고 본다. 지도자가 무너지면 안 된다. 한 명이라도 자신의 제자를 일으켜 반듯하게 세워야 할 의무가 각 해당 학교의 지도자에게 있다.

다소 힘든 일이 있더라도 스승의 굳건한 의지로 한 명의 제자라도 살려 내길 바란다.

기회의 땅은
오히려 야수

누구나 모두가 하고 싶고, 되고 싶은 매력의 포지션 투수. 경기장 한가운데 우뚝 솟은 마운드에서 모두가 숨죽인 채 지켜보고 있는 가운데 오직 자신만이 우아한 동작을 취하면서 던지는 그 매력에 누구라도 투수를 동경한다. 그러나 정작 프로에 들어가는 기회는 투수보다 야수 쪽에 더 많다는 사실과 프로선수 생활도 야수 쪽이 더 오래간다는 것을 여러분들은 알아야 한다. 투수로서의 생명보다도 야수 생명이 더 길다는 것을 말이다.

일반적으로 야구선수의 선수 생명은 투수보다는 야수(타자)가 더 길게 가는 편이다. 그만큼 투수들의 어깨는 총량의 법칙처럼 한계가 있다고 해도 과언이 아니다. 우리네 신체 일부는 연골로 체중의 하중을 지탱한다. 어깨 또한 어깨뼈와 팔뼈가 만나는 지점의 연골(관절)조직인 관절 와순과 회전근개들이 함께 힘을 합쳐서 회전을 돕는데 이들 또한 어느 시기가 되면 퇴화되는 게 인체의 숙명이다. 그래서 투수들의 어깨와 선수 생명은 그 획을 같이 한다고 봐야 하고 그만큼 짧을 수밖에 없다. 그와 반면에 야수들의 선수 생명은 훨씬 길다. 물론 그냥 얻어걸린 것처럼 선수 생명이 길어지는 것은 아니다. 집념과 열정, 프로정신으로 체력 관리부터 사생활 절제에 이르기까지 그리고 가족의 보이지 않는 배려와 희생 또한 많을 것이다.

될성부른 떡잎들이 모두가 투수가 되려고 꿈을 키우다 보니 야수 쪽에는 양적으로든 질적으로든 기울어진 현상이 나타난다. 이 문제는 해마다 되풀이되는 현상이다. 어떤 해에는 우수한 기량을 가진 야수들의 인원수 자체가 아예 많이 부족한 해가 되기도 하고 어떤 해에는 라운드 내내 줄줄이 투수들만 상위 라운드를 가득 채우기도 한다. 심지어 중간 라운드까지도 투수들만 호명하며 라운드가 진행되는 해가 있기도 했다.

균등한 포지션 분포가 이루어지고 투수, 야수 모두가 건강하게 기량이 향상되어 포지션마다 우수한 선수들이 넘쳐 나기를 기대해 보지만 이 문제는 해가 거듭될수록 여지없이 악화되는 분위기이다. 여러분들도 학교마다 에이스급 투수들이 140km/h대의 강속구를 던지는 모습을 지켜봤으리라고 본다. 더구나 프로에서조차도 꿈의 스피드인 150km/h를 넘기는 고교 투수들이 2023년에도 4월 기준 10명을 넘어섰다. 해마다 이 같은 일이 반복되지는 않지만 시사하는 바가 크다. 이러한 구속을 가진 초고교급 투수들이 한둘이 아니고 즐비하단 이야기는 대한민국 야구의 희망과 발전을 대변해 주기도 한다. 그러나 과거 10여 년 전만 하더라도 상상조차 힘들었던 150km/h대 투수들이 현실로 다가왔음에도 필자는 양지의 이면에 있는 음지를 잘 알기에 그리 기뻐할 수만은 없다.

대한민국 야구의 미래를 밝히는 이런 구속을 가진 선수들은 탁월한 자질을 이미 갖고 태어난 선수들이다. 개중에는 많은 훈련과 좋은 지도자를 만나서 기량이 급성장한 경우도 있지만 150km/h대 볼을 던진다는 사실은 어깨와 팔의 근력이 남다르기도 하고 구조적인 힘을 이미 갖춘 선수들이라는 것이다. 인체 각 부위의 조화가 완벽하게 이루어져야만 가능하다. 이런 선수들은 훌륭한 밸런스(balance)를 가진 신체 조건도 함께 갖추고 있어서 더할 나위 없는 탄력적인 신체를 가진 선수들이기도 하다. 다만, 아마 선수들의 몸은 아직은 커나가는 중이며 발달과 발육이 진행 중이기 때문에 부디 부상 없이 잘 성장하기 바랄 뿐이다.

필자가 강조하고 싶은 이야기는 자신이 가진 역량이나 현재 능력으로 어중간한 투수가 될 바에는 차라리 야수가 되어 맘껏 자신의 꿈을 펼치는 것도 나쁘지 않은 선택지가 될 수 있다는 것이다. 현재 대한민국 아마추어 야구계에는 야수 기근 현상이 이미 와 있다. 프로 무대에 즉시 전력으로 활약이 가능한 굵직한 투수들은 해마다 양산이 되는데, 입단하자마자 1군 무대에 즉시 투입이 가능한 야수들은 점차적으로 가뭄 현상을 보이고, 입단 이후 2군 생활과 군 문제를 해결하고 나서야 제 역할을 하는 것이 요즘 전반적인 추세이다. 그만큼 아마추어 야수들의 경쟁력이 기존 프로선수들과의 경쟁에서 뒤처진다는 의미이고 시간이 필요하다는 것을 반증한다.

많은 힘 있는 야수들의 대거 출현이 프로야구를 더욱 살찌우게 만들고, 풍요롭고 새롭게 할 것이다. 후배들의 야심 찬 도전이 더욱 튼튼하고 건강한 경쟁을 만들어서 기존 선수들과 시너지가 나야 한다고 본다. 기존 선수들을 위협하는 새로운 도전자가 없는 프로야구는 변화 없이 식상해 매너리즘에 빠질 수도 있다.

 필자가 주는 팁은 이렇다. 투수가 되는 것에만 너무 매달리지 말고 야수에 도전해 보라는 것이다. 자신의 공·수·주 능력을 믿고 투수보다 훨씬 많은 기회를 잡아라.

 평균 140km/h대 중반의 볼을 던질 수 있고, 인코스나 아웃코스를 마음먹은 대로 찔러 넣으며 타자를 농락하고, 날카롭고 다양한 구종의 변화구를 구사할 능력이 되기만 한다면 투수로의 길을 가도 무방하다. 그러나 자신의 볼이 평균적으로 140km/h대 언저리에 머물고 마음먹은 대로 볼을 구석구석 찔러 넣을 수 있는 능력도 부족할 뿐더러 스트라이크 던지기에도 버겁다면 야수에 대한 생각을 진지하게 가져야 한다.

 다르게 이야기하자면 자신의 볼이 상대 타자에게 쉽게 난타당하고 정타되어 나간다면 그 사실을 무겁고 진지하게 받아들이고 자신의 투구 폼과 팔 스윙에서 타자에게 쉽게 노출되는 무엇인가가 있다는 사실을 인지하고 야수로서의 길을 가야 한다는 것이다.

 분명 구속에 비해 볼 회전이 무디다든지, 지금은 힘으로 버틸 수 있지만 투구 자세와 팔꿈치의 앵글에서 기준치 이하로 팔이 처진다든지 등의 좋지 않은 자세가 있고 그것을 고치는 데 시간이 꽤 소요된다면 생각을 해봐야 한다. 무작정 투수로의 길을 간다고 생각하지 말고 유연하게 여러 생각을 열린 마음으로 해야 한다. 특히 현재는 강한 볼을 던지지만 자신의 팔 스윙이 부드럽지 못하고 어깨 견갑골 가동 범위가 선천적으로 작다면 자신의 투수 생명에 대한 장래성을 고민해야 한다. 지금 당장은 괜찮지만 미래가 담보되기 어렵기 때문이다.

필자가 앞서 강조하기를 140km/h 초반대로도 제구력만 뒷받침된다면 그리고 커맨드가 제일 중요하다고 했는데 이제 와서 140km/h대 정도의 구속이라면 차라리 야수로 도전하라고 하니 이 글을 읽어 나가는 아마선수들이 혼란스러울 수 있을 것 같아 이해를 높이기 위해, 설명을 덧붙이고자 한다.

타자들이 공략하기 어려운 투수들이 존재한다. 즉 타자들이 쉽사리 정타를 맞추기 어려운 투수들이 있다. 구속은 많이 나오지 않고 140km/h 언저리 정도인데 공략이 안 되는 유형들이 있다. 그런 투수들의 볼은 하나같이 특징들이 있는데 볼이 타자 눈에 잘 보이지 않는다거나, 볼끝이 좋아서 타자가 스윙을 하면 파울이 되거나 이도 아니면 헛스윙이 된다. 변화구도 예리하게 낙차되어 위닛 샷이 좋은 투수들이다. 그들이 결코 150km/h대의 구속을 던지는 것은 아니다. 디셉션이 좋은 투수가 여기에 해당되고, 수직 무브먼트가 좋은 투수들이 타자들의 헛스윙을 많이 양산한다. 그런 투수들은 여간 컨디션이 나쁜 날이 아니고서는 5이닝, 6이닝은 순식간에 삭제하는 안정된 피칭을 구사하는 유형들이다.

자기 자신이 겨우 1이닝을 힘겹게 막는 투수이거나, 던질 때마다 타자들이 정확하게 자신이 던진 회심의 볼을 어렵지 않게 쳐 나갈 때는 고민을 해봐야 한다는 이야기이다. 필자의 설명이 여러분들의 판단에 혼선이 없기를 바란다.

국내 프로야구를 평정하고 미국과 일본을 오고 가며 훌륭한 선수 생활을 하였던 이승엽 선수나 이대호 선수도 과거에는 투수로 활약을 하였으나 빠른 판단으로 야수로 전향한 뒤 성공가도를 달렸다. 물론 남모를 고통을 이겨 내며 쉼 없는 훈련과 마음의 정진을 이어가면서 자신을 담금질했을 것이다.

미국 메이저리그 생활을 끝내고 국내로 유턴한 추신수 선수도 미국 진출 전 고교 3학년 때는 유망한 좌완 투수였다는 점도 기억하기 바란다. 위에 열거한 선수들 모두 고교 3학년 졸업반 때는 해당 연도에 전국구 선수로서 각자가 투수 부분에서 내로라하는 선수들이었다. 그런데도 과감한 선택으로 자신의 인생을 바꾸었고 결국 성공신화를 써 내려 갔다.

자신의 가능성을 어디에다 맞추는가는 주변의 도움도 있어야 하겠지만 자신이 더 잘 알 수 있다. 물론 야수에서 투수로 전향하여 새로운 성공신화를 쓰는 선수들도 있다. 모두 다 자신의 잠재능력을 최대화하기 위해 끊임없이 고민하고 연구한 시간의 보상이 아니겠는가? 세상일은 항상 그냥 일어나지 않는다. 필자가 강조하고자 하는 이야기는 과감하게 변신해야 한다는 것이다. 안 될 것을 아는데도 바꿀 용기가 없어서, 아니면 너무 늦었다고 판단하면서 머뭇거릴 때가 제일 위험하다고 본다. 시간은 쏜살같이 빨리 지나가기 때문이고 너무 늦어 버리면 바꿀 수 있는 타이밍도 놓치기 때문이다.

포수 부분은 절대적으로 인적 자원이 부족한 포지션이다. 그런 이유로 가장 선수 생활을 길게 할 수도 있고 선수 생활 이후에도 많은 구단으로부터 여러 제안을 받을 정도로 희소가치가 높은 포지션이기도 하다.

여러분들도 보다시피 각종 보호장비를 입고서 더운 여름을 이겨 내야 하고 많은 투수들의 피칭을 손수 다 받아 줘야 한다. 경기장에선 안방마님으로서 전체 선수들을 리드하고, 타자하고의 수 싸움과 흔들리는 투수들을 다독이고 안정시키며 경기를 풀어 내야 하니 고단한 포지션인 것은 사실이다. 하지만 힘든 만큼 인정을 받으면 오랜 세월 동안 팀에서 첫 번째로 필요한 선수로 귀한 대접을 받는다.

다른 포지션들도 마찬가지이다. 투수를 하면서 이미 좋은 송구능력을 보유한 투수 출신들은 우선 던지는 능력이 출중하기 때문에 내야수든 외야수든 어느 포지션을 막론하고 안정적인 송구능력을 갖춘 이점이 있다. 게다가 배팅감각이 있어서 어떤 종류의 볼이라도 쉽게 컨택할 수 있는 재능이 있다면 가능성은 급상승한다. 평소 투수들은 러닝에 많은 시간을 할애하는데 그래서 대부분 잘 뛰는 선수들은 투수 출신들이 많다. 주력과 주루 센스까지 있는 선수들이라면 쉽게 적응하고 금방 안정적으로 자리 잡을 수 있다.

각 팀마다 경기를 치르면서 유심히 보노라면 투수 쪽에 인원수가 많다는 것을 알 수 있다. 힘 좋아 보이고 신체 조건도 고교생답지 않게 좋은 몸을 가진 선수들이 대부분 투수 쪽에 포진해 있다. 그런데 그런 선수들이 정작 경기에 출장을 잘 하진 않는다. 나름대로의 이유들이 있을 것이다. 투수로서 뜻대로 출장을 못할 때에는 빠른 전향도 고려해 봄이 바람직하지 않을까 싶다.

각 구단마다 야수 자원은 항상 부족하여 늘 KBO 신인드래프트 때는 야수 쪽을 충원하려고 티오(TO, table of organization)를 조절한다. 어떤 기준선만 충족하는 조건이라면 야수 쪽이 지명 확률은 더 높아질 것이다.

투수 쪽에 많은 인력이 포진되어 있어서 야수 쪽의 공동화 현상이 두드러지는 현 상황을 보면서 보다 더 경쟁력 있는 포지션으로 변경하여 선수 생활을 더 오래 의미 있게 하는 게 낫지 않을까 하는 노파심에 이런 조언을 해본다.

SNS 주의보

바야흐로 현대는 자기 PR 시대이다. 자신이 무엇을 먹었고, 어디를 갔었고, 무엇을 생각하고, 어떤 생활을 하는지 일거수일투족을 대중에게 알리는 게 일상인 시대에 우린 살고 있다. 이런 SNS 시대에서 특히 우리네 야구선수들이 조심하고 새겨야 할 일들이 있어 여기 지면을 빌어 일부분이지만 다루고자 한다.

KBO 산하 10개 구단 선수들과 코칭스태프 그리고 프런트 직원들은 매년 KBO가 제공하는 스포츠 윤리교육을 받는다. 승부조작 방지교육, 불법도박 방지교육 그리고 음주운전 방지교육이 가장 주된 교육이고, 나머진 금지약물 방지교육으로서 주로 도핑(dopping)에 관한 교육이다. 여기서 잠깐 빠져 있기는 하지만 음주와 연관된 성추행 관련한 이성 문제도 프로야구에선 금기시되고 조심해야 할 부분이다.

앞서 열거한 내용들은 KBO에서 이미 단단히 홍역을 치르고 국민적 공분을 샀던 아픈 경험들이 있는 내용들이다. 승부조작 건은 과거 한바탕 프로야구를 강타해 선수 자격 영구박탈이라는 강력한 제재를 발표하며 재발 방지를 범국민적으로 약속한 내용이기도 하고, 특히 불법도박 건은 많은 선수들을 불명예

퇴진시키기도 했다. 프로야구단의 교육 이야기를 왜 우리 아마추어 선수들에게 미리 하나 싶겠지만 모든 이야기가 중요하니 꼭 새겨듣길 바란다.

불법도박은 인터넷 도박이라고 불리기도 하는데 아마추어, 프로를 막론하고 해서는 안 될 절대 금지영역이다. 아마추어 선수들이 무심코 호기심에 발을 들여놓았다가 문제가 불거지게 되면 야구 인생이 끝날 수도 있다. 프로구단들이 이 같은 사실을 알게 될 경우 아예 입단 자체를 불허하기 때문이다.

프로구단들의 스카우트들은 여러분들이 공개설정한 SNS 계정을 들여다보기도 한다. 방문해서 봐 달라고 열어 놓은 SNS의 여기저기를 둘러보면서 과연 해당 선수가 어떤 생각을 가지고 있고 왜 이런 불순한 언행을 가지고 있는지도 면밀히 살핀다.

친구나 동료들과 주고받는 불순한 대화나 욕지거리도 선수의 성향을 파악하는 데 일조하고, 사생활과 선후배 관계가 지저분하게 형성된 선수들은 마이너스 점수를 받게 된다. 학창 시절의 이성관계가 복잡하거나 폭력을 쉽게 행사할 수 있는 말투 등도 프로 스카우트들은 심각하게 본다. 그러한 성향을 가진 선수들이 프로에 입문하면 결국은 범사회적인 사고를 일으킬 확률이 크기 때문이다. 각 구단은 입단 이후 사고를 방지하기 위하여 사전에 차단시키는 스카우트 정책들을 마련한다. 사고 이후 언론 대응도 힘들고 차가워진 팬심을 회복하는 데 너무 많은 시간과 곤욕을 치러야 하기 때문이다. 또한 그룹의 브랜드 이미지에도 큰 상처를 입히기 때문에 더욱 조심해서 선수의 성향을 살핀다. 그래서 선수는 온라인상에서의 자신의 얼굴인 SNS도 야구 경기만큼이나 중요하게 관리를 해야 한다. SNS에서는 우호적이고 배려 있는 말투나 성향들이 나타날 수 있도록 관리해야 한다.

아마추어 야구계는 넓은듯하지만 매우 좁은 장소로 한 다리만 건너면 바로 정확하고 구체적인 정보가 들어온다. 거짓과 가식으로 만든 SNS도 금방 탄로가 난다. 그러니 선수들은 야구 경기와 훈련 못지않게 사회에서 반듯하게 사람들과 함께 소통하는 능력들을 배양하며 무난한 자신의 모습을 가꾸어 나가는 데에도 관심을 가져야 할 것이다.

자신의 SNS에서 괜한 시비를 불러오거나, 주변 지인들과 불화가 노출될 경우 야구 기량 외 부분에서 손해를 입는다는 것을 새겨들을 필요가 있다. 예를 들어 한 지방의 모 고등학교 야구부에선 다수의 선수들이 단체 톡방에서 한 명의 선수를 왕따시키는 일이 벌어졌는데 모두가 학교폭력이 인정되어 징계를 받는 일이 벌어졌다.

이성 관계에서도 생각 없이 주고받은 음담패설 문자가 문제로 남아서 선수를 괴롭힐 수가 있다. 프로 진출이 확정되어 공인이 되는 순간 그 문자를 캡처하여 선수 생활을 곤란하게 만드는 위험요소가 얼마든지 존재한다. 필자는 현장 책임자로 있으면서 그런 사건들과 마주하였고 그 문제를 풀어 주어 선수가 운동에만 열중할 수 있도록 동분서주하기도 하였다.

영국 프리미어 리그(Premier League) 축구 감독 알렉스 퍼거슨 경(Sir. Alex Ferguson)의 유명한 말이 있다. 'SNS는 시간 낭비다. 차라리 그 시간에 도서관에 가서 책을 읽어라.' 잘 활용하면 좋은 사람들과 훈훈한 이야기들로 채워질 것이지만 아닐 경우에는 자신의 목을 옥죄며 압박해 오는 나날들의 연속이 될 것이다. 미리미리 그 폐해를 인식하고 조심하자. 아직도 프로야구에서는 간간이 이 문제가 터지기도 한다.

키는 작아도
프로야구를 평정한다

여러 프로스포츠 구기 종목 중에서도 농구와 배구는 절대적으로 신장이 중요하다. 높이의 운동이기 때문에 키가 작은 선수들은 불리하고 어렵다. 그래서 대부분의 작은 선수들은 어시스트 쪽으로 연결하는 역할을 많이 한다.

레슬링이나 복싱 등 개인 투기 종목의 경우 체급이 있는 선수들은 키가 작아도 무방해 보인다. 파워와 민첩성 등 순간 기술력이 좌우되어 신장의 크기와는 무관한 것 같다.

배드민턴 선수도 그러하고 수영선수도 키가 작으면 불리하긴 매한가지이다. 그런데 야구 종목은 작은 키의 콤플렉스(complex)에서 유난히 자유롭다. 종목의 특성상 키가 작아도 얼마든지 담장 밖으로 홈런을 날릴 수 있고 일명 도루라는 베이스를 훔치는 것도 기본적인 주력과 주루 센스만 있다면 상대 투수와 포수를 농락하는 데 하등의 지장이 없다.

스스로 치고, 받고, 날고, 기며 맹활약을 펼치는 데 아무런 제약이 없는 것이 야구이다. 수비에서도 마찬가지로 볼을 잡아 내는 안정된 기량과 민첩성만 있으면 나이스한 수비 실력을 발휘하는 데 작은 키가 오히려 도움이 될 수도 있다. 역대 프로야구 수비의 귀재들은 모두 작지만 강인하였고 철벽이었다. 큰 키를 보유한 1루수를 제외하곤 키가 큰 내야수들은 그리 많지 않은 기억이 있다.

키가 작은 내야수들은 그라운드에 바운드되어 강하게 날아오는 내야 땅볼을 포구하는 게 유리하다. 조금만 숙여도 그라운드 가까이 시선과 글러브가 위치할 수 있는 장점이 있다. 메이저리그나 일본 프로야구만 보더라도 내야수들은 대부분 작고 빠른 선수들로 포진되어 있다. 실제 선수들 이름을 거론하자면 가까운 예를 들어 현재 KIA 타이거즈에서 맹활약 중인 김선빈 선수가 있다. 170cm가 안 되는 단신이지만 훌륭한 어깨를 가진 명 내야수이고 타격에서도 정확한 타격으로 정평이 나 있다. 현재 내야수로 활동 중인 삼성 라이온즈의 김지찬 선수도 키와 상관없이 그라운드를 누비며 맹활약하는 선수이다. 특히 김지찬 선수는 매우 빠른 주력이 장점으로서 그가 루상에 주자로 나가면 투수와 포수가 긴장을 하고 내야수들도 압박된다. 틈만 나면 상대 수비를 헤집고 도루를 시도하기 때문이다. 여간 골치 아픈 존재가 아닐 수 없다.

이들은 모두 키에 아랑곳하지 않고 프로 그라운드를 매섭고 맹렬하게 누비고 다니는 공통점들이 있다. 덧붙여 지금은 은퇴한 정근우 선수도 키가 작기는 매한가지였는데, 2루수 부문 골든글러브를 3회 수상하였고 KBO 40인 레전드에 이름을 올리기도 하였다.

작은 키에도 불구하고 프로야구를 평정한 선수로는 전 빙그레 이글스의 대표 선수였던 악바리 이정훈 선수가 있다. 공격, 수비, 주루 부분에서 단연 톱랭커로서 타격상과 골든글러브 수상의 단골손님으로 오랜 기간 풍미했다. 그

밖에 작은 신장에도 불구하고 맹활약한 선수들 중에서는 멀리 대선배들은 차치하고 수비의 대가였던 김광수 선수가 있다. 어느 광고 문구에 "작지만 강하다."란 문구가 있다. 그야말로 야구에 딱 맞는 말이 아닌가 싶다. 그만큼 야구는 작아도 아무런 문제가 없는 종목이다. 키가 작아서 고민인 선수들은 이미 주어진 자신의 신체 조건을 야속해하지 말고 자신의 신체를 더욱 값지게 만드는 데 투자를 해야 할 것이다. 더 단단하고, 더 강하게 말이다.

위에 열거한 키 작은 선배들은 모두가 하나같이 장점을 스스로 계발하였다. 자신의 열세를 오히려 최상의 장점으로 승화시켰다. 누구 한 사람이라도 플레이가 파워풀하지 않은 사람이 없었고 스피디하였다. 그리고 야구에 대한 강한 집념과 근성이 있었다. 절대로 남에게 지지 않는 강한 정신력으로 자신을 담금질하였고 맞상대에게 쉽게 물러나지 않았다. 강한 근성을 가진 캐릭터로 자신을 만들어 갔는데 이를 보는 팬들을 열광하게 하였다. 작다고 우습게 보던 사람들의 통념들을 시원하게 날려 버린 것이다.

미국의 메이저리그에도 키 작은 선수들의 활약 사례는 우리나라 못지않게 많다. 여러분들도 익히 잘 아는 165cm의 호세 알투베(Jose Carlos Altuve) 선수[휴스턴 애스트로스(Houston Astros) 소속]가 있다. 그 작은 키에도 불구하고 4년 연속 200안타를 휘몰아치며 메이저리그를 섭렵했고, 작은 키를 가진 수많은 어린 선수들에게 희망과 꿈을 안겨 주었다. 1990년생으로 이제는 나이를 먹으며 부상에 의한 에이징 커브가 오는 모습을 보이고 있으나 여전히 팬들의 사랑을 받으며 선수 생활을 이어 오고 있다.

키가 작아서 고민인 모든 대한민국의 아마추어 야구선수들에게 희망을 선사한 선배들처럼 여러분들도 얼마든지 훌륭한 선수가 될 수가 있다. 다만 무엇을 어떻게 하여야 작은 키에도 불구하고 남들보다 더 강하고 빠른 몸을 만들 수 있을까를 고민하고 이를 위해서 여러분 스스로가 행동해야 한다. 주력을 높이고, 재치 있는 플레이를 할 수 있는 센스를 키우고, 웨이트 트레이닝(weihgt training)을 해서 파워를 가져야 한다.

상기에 열거한 기라성같은 선수들도 저마다의 단점들이 있었지만 자신의 특장점으로 모든 것을 커버하고 괄목할만한 성과를 매년 이루어 나갔다. 어떤 선수는 수비에서 송구력이 불안하기도 하였으나 자신이 만들어 내는 위기보다 찬스 해결능력이 월등하여 그러한 단점들은 서서히 자취를 감추며 사람들의 기억과 뇌리 속에서 사라졌다. 어쩌다 가끔씩 나오는 에러들은 누구나가 범하는 실수이기에 문제가 되지 않았다. 그만큼 대선수들도 한창 성장기와 안착기에는 힘든 과정들이 있었다는 것을 강조하고 싶다. 그러니 실수들에 주눅 들지 말고 더 당당하게 자신을 담금질해서 이겨 내야 한단 이야기이다.

이런 마음을 먹고 지금 당장 무엇인가를 시작한 여러분들에게 작은 키는 이제 더 이상 장애물이 아니며 앞날을 막아설 수도 없을 것이다.

의외의
지명탈락

프로야구의 많은 행사 중에서 아마야구의 최대 관심을 끄는 행사는 당연히 KBO 신인드래프트이다. 해마다 열리는 행사이면서도 해당 졸업반 선수들에겐 가장 간절한 시간이 아니겠는가? 어쩌면 그날을 위해서 십수 년을 정성 들여 애절한 마음으로 매진해 왔을 것이다.

모두에게 그 영광과 기쁨이 골고루 돌아가면 얼마나 좋겠냐마는 세상은 그리 넉넉하지 못해서 항상 아픔을 남긴다.

KBO 신인드래프트에는 10개 구단이 저마다 처한 상황과 미래전략에 따라 생각보다도 훨씬 많은 의외성과 변수가 존재한다. 필자는 각 구단이 선수들을 지명하여 수급하는 신인드래프트 현장을 근 20년간 직접 지켜보았는데 매년 의외의 지명과 탈락한 선수들이 즐비했다.

왜 이런 변수가 생기는지에 대한 답을 이야기하노라면 정답은 없겠지만 대략적인 원인으로 몇 가지를 열거해 볼 수 있다.

첫째, 선순위에 있는 선수의 심각한 부상 내지는 기량 저하, 학폭 사건 연루 의혹, 평판 악화 등등의 사유로 갑자기 뒤로 밀리는 경향 때문이다. 이로 인해서 선순위에서 발탁되어 빠져나가야 될 선수가 후순위로 한 라운드씩 밀리는 경우인데, 어느 팀이든 폭탄 돌리기처럼 덥석 물지 않고 손해 보지 않을 정도의 라운드까지 밀리면 지명을 단행한다.

이런 일로 인하여 선순위 중에서도 차선에 있던 선수들이 앞으로 일보 전진되어 포지션별로 호명된다. 그렇게 한 번 밀리는 드래프트 순번은 각 구단들의 당초 계획을 흐트러지게 하여 현장에서 속전속결로 뽑아야 하는 안개정국을 만든다. 그로 인해 구단으로서는 정작 뽑아야 할 선수를 뽑지 못하거나 포지션 보강을 하지 못하는 불상사를 사전에 막기 위하여 얼리 픽(early pick)을 하게 된다. 여기에서 오는 불안감은 무조건 보강해야 하는 포지션의 경우 기량 순위보다도 낮은 선수를 훨씬 빠른 라운드에서 일찍 뽑게 만들고, 그 포지션에 자리한 대체 선수들은 기량 순위는 높지만 해당 구단으로서는 이미 그 포지션을 해결했기 때문에 패스해 버리는 상황이 만들어진다.

특정 포지션으로 투수 같은 경우는 몇 명을 추가로 지명하여 보강하지만, 외야 같은 경우는 지명 인원수가 한정되어 있어서 특정 선수를 지명하면 그 포지션보다도 다른 포지션에 집중하게 된다. 사실, 우선순위에 속하는 특A급 선수들을 제외하고 중간 라운드 정도로 내려오면 선수들의 기량은 대동소이하게 비슷하다. 특별히 지목할 선수들을 분류한다면 특장점이 있는 선수들을 선호하여 선발하는데 이것도 사실은 크게 기대하는 수준은 아니지만 매끄럽고 부드러운 자세를 가져서 당장 파워는 부족하지만 장래성이 있어 투자를 하는 것이다. 이런 부류의 선수들은 팀과 궁합이 잘 맞거나 자신하고 잘 맞는 코치와의 만남으로 급격하게 기량이 향상될 수도 있는 부류에 속한다.

둘째로는 앞 순위에서 빠져나가야 될 양호한 선수가 중간 라운드까지 밀려내려온 것을 지명 현장에서 우연히 발견하여 보강 포지션이 아님에도 불구하고 지명하게 되는 케이스이다.

구단은 한 명을 건졌다고 쾌재를 부르는데 이런 유형의 선수로 인해서 정작 뽑으려고 준비했던 선수를 인원편성(티오)상 패스하는 경우도 생긴다. 그래서 투수 총 몇 명, 내·외야 총 몇 명, 포수 총 몇 명의 당초 계획에서 중간에 들어오는 변수들로 인해서 벗어나게 되기도 한다. 그러다 보니 당연히 지명권에 있던 선수들이 10개 구단의 레이더망에서 이리저리 빠지는 경우가 생겨서 결국에는 지명 마지막인 11라운드까지도 호명이 되지 못하는 일이 발생한다. 선수에게도 불운한 것이지만 구단은 지명권에 있던 양호한 기량의 선수가 지명에서 빠졌단 것을 하위 라운드를 돌면서 인지하게 된다. 그러나 선뜻 지명을 하지 못하고 보강 포지션에만 혈안이 되어 지명 종료까지 시간을 다 소비하고 만다.

셋째, 지역 안배와 지역 토착화를 위한 지역사회 끌어안기 차원의 지명도 가끔 있을 때가 있다. 하지만 개중에서도 가장 양호한 선수를 뽑아야 함이 우선이고, 가급적이면 구단에 필요한 보강 포지션의 선수를 뽑아야 한다.

위와 같이 이런저런 사유로 지명에서 의외로 탈락되는 선수들이 생기는데 해마다 반복되는 아픔이다. 그래도 스카우트들은 모두 다 인지한다. 더구나 스카우트 자신이 눈여겨본 선수로서 마음에 드는 부분이 많았던 선수가 전체 드래프트에서 누락된 경우에는 그 바쁘고 경황없는 현장에서도 금방 알아차린다. 이런 경우 그 스카우트는 평소 관심 있게 보았고 또 평가도 나쁘지 않은 그 선수를 구제하기 위해 방법을 모색하는데 그중 하나의 방법으로서 육성선수로 재빠르게 낚아채는 것이다. 그러기 위해서 스카우트는 구단의 전체 티오와 포지션을 감안하여 납득이 가는 이유를 준비하고 구단이 추가로 대체할 포지션에 해당하는 그 선수를 적극적으로 추천하여 성사시키기도 한다. 이때는 시간 싸움으로서 무조건 타 구단보다 선점하여야 한다. 해당 학교 감독에게 먼저 영입 의사를 밝히면 상도의상으로 선점을 하게 된다. 불문율로서 먼저 이야기한 구단을 제쳐 두고 다른 구단으로 육성선수로 가는 경우는 흔치 않다. 아직은 프로야구 판에 의리는 살아남아 있어 그나마 다행스럽다.

지명이 끝나고 모두의 진로 방향이 정해지면 실망하든 안 하든 어차피 치러야 할 일들인 만큼 빠른 시간 안에 안정을 찾아서 다음을 준비해야 한다. 주변에서 워낙 많은 사람들이 프로에 진출할 수 있는 실력이라고 추켜세운 탓에 지명 안 되는 일을 상상조차 안 해본 선수들이 받았을 미지명의 충격은 이루 말로 표현 못할 지경일 것이다. 그래서 주변의 많은 사람들은 항상 말조심을 해야 한다. 선수에게 희망을 심어 주기는 하되 거품을 심어 주진 말아야 한다. 특히 우리 스카우트들도 새겨서 명심해야 될 부분이 이러한 부분이다.

"몇 라운드에는 충분하겠다."라는 위험한 발언은 삼가야 한다. 더구나 미지명된 선수들에 대한 언급은 가급적 거론하지 말아야 하고, 본인의 팀에 뽑히진 않았지만 정말 좋아했던 선수가 타 구단에 지명이 된 경우는 덕담 삼아 "우리가 지명하려 했다." 정도는 가볍게 주고받을 만하다고 본다.

고교 선수들이야 지명 여부에 따라서 바로 대학 진학을 준비하면 되겠지만, 대학 선수들은 사실 앞이 막막하다. 다시 도전 정신을 살려서 독립리그 진출 내지는 자력으로 훈련하여 테스트 도전 등으로 새롭게 마음을 다잡기도 하지만 대다수 대학생들은 야구에 대한 미련을 접고 새 세상으로 나아가기 위한 준비에 들어간다. 여기서 냉정하게 짚어야 할 부분들이 있다. 나의 기량과 장래성에 대하여 정말 이성적인 판단과 냉정한 주위의 도움이 있어야 한다. 과연 나의 프로 경쟁력은 어느 정도인지, 내가 프로에 들어갈 수 있는 기회가 있을

지, 들어가서도 계속 살아남아서 도전할 정도의 기량과 몸이 되는지를 깊이 있게 고민해야 한다. 왜냐하면 더 이상의 시간 허비는 남아 있는 소중한 자신의 인생에 있어서도 바람직하지 않기 때문이다. 우리네 젊은 선수들은 아직 갈 길이 많고 멀다. 잠깐 머무를 수는 있지만 너무 많이 오랫동안 길을 잃고 방황하면 자신을 지탱해 오던 마지막 자존감마저도 꺾이기 때문이다. 인생은 짧고 쉽게 지나간다. 그게 인생이기 때문이다. 쉼 없이 가다 보면 야구 말고도 가치 있는 세상이 훨씬 많고 할 일도 많다는 것을 깨우치게 되어 있다. 새로운 일에 도전 정신으로 헤쳐 나가길 바라고 야구할 때의 그 끈기와 성실이면 이 세상 살아나가는 에너지로도 차고 넘친다 생각한다. 불굴의 투지와 용기면 못할 일도, 안될 일도 없다.

CHAPTER 03

선수가 알아야 할 스카우트 리포트

스카우트 리포트에
체크인되는 선수

프로 스카우트들은 학교 방문이나 경기 후에는 항상 그날 관찰한 상황들에 대해서 리포트를 작성하여 구단의 시스템에 올린다.

그 학교의 대표되는 선수 즉, 향후 지속관찰이 필요한 선수들 몇 명을 선정하고 장점과 단점 그리고 향후 가능성 등에 대하여 기술하여 선수를 구단 시스템에다 첫선을 보이는 것이다. 다시 말하면 스카우트 대상으로서 리스트 업(list up)이 되고 프로의 문턱으로 체크인되는 것이다. 이렇게 구단의 스카우트 대상 후보 리스트에 이름을 올리는 선수는 프로 스카우트에 의해 가능성을 인정받고 프로로 갈 수 있는 첫 관문을 통과한 셈이다. 어느 지역의 어느 학교에 어떤 선수가 인상적이었는데 이 선수의 장래성은 매우 뛰어나서 소속 구단의 스카우트 팀원들은 방문할 경우 반드시 이 선수를 관찰할 필요가 있다고 공유하기 위해 알리는 것이다. 그런 이후 해당 선수들은 구단에서 활동 중인 스카우트들에 의해 낱낱이 체크가 된다. 언제 어떤 시합에서 나이스 플레이를 했지만 결정적인 에러가 나왔는데 과감하고 공격적인 에러인지 아니면 소극적인 자세에서 나온 에러인지 평가가 쏟아진다. 여기서 계속 좋은 평가가 이어져야 구단은 이 선수에 대한 대상 후보 자격을 계속 이어가며 최종 후보에까지 데리고 간다.

투수 등급산정 항목

기본사항

선수명	소속교	유형	신장/체중	생년월일	중상위점수	중상위등급	하위점수	하위등급	스카우트 소견	병역
		RO			6.77	B+	6.92	B+		미검

점수기준	8	7		6		5	4	3	2
	탁월한실력	아주좋음		평균이상		평균	평균이하	수준미달	가능성없음
등급기준	A+(8.00~7.50)	A(7.49~7.00)	B+(6.99~6.50)	B(6.49~6.00)		C(5.99~2.00)			
	1군전력	1군대기	집중육성	미래육성		운영선수			

기량 평가 대회별 점수

대회명	평가항목(중상위/하위)	직구(30%/50%)	변화구(20%/0%)	제구력(20%/0%)	발전가능성(20%/30%)	신체(10%/20%)	중상위점수(1R-6R)	중상위등급(1R-6R)	하위점수(7R-10R)	하위등급(7R-10R)
1차		6.50	6.00	6.00	8.00	5.50	6.50	B+	6.75	B+
2차		7.00	6.50	6.50	8.00	5.50	6.85	B+	7.00	A
3차		7.00	6.50	7.00	8.00	5.50	6.95	B+	7.00	A
종합		6.83	6.33	6.50	8.00	5.50	6.77	B+	6.92	B+
직구구속		133km~143km			락모션					

인성평가

인성평가	선수특징			선수인성(S/P/F)					
	성향	자기애	안정성	대담성	자발성	성실성	매너	집중력	리더십
	내성	원만	안정	P	S	S	S		P
	매사에 진지한 선수로 본인 생각이 강함								

기량평가	작년까지 독보적인 기량을 보였으나 올 초 어깨부상과 마운드에서 투구 모습이 부자연스럽고 제구의 기복이 있음
비고	기본적으로 우수한 파워를 보유하고 있고 기량이 하락했음에도 투타에서 두각을 나타내고 있으며 예전 뛰어난 기량을 보였던 선수이기에 회복가능성 높음

대회성적

대회명	포지션	경기수	승	패	투구이닝	타석	타수	피안타	피홈런	희생티	볼넷	탈삼진	폭투	실점	자책점	WHIP	평균자책점
		6	2	0	6 2/3	26	25	5		0	1	4	1	1	0	0.90	0.00
		8	2	1	23 2/3	93	78	14	1	3	6	29	1	10	5	0.85	1.90
		5	0	1	2 2/3	17	14	6		0	3	4	0	4	4	3.38	13.50
TOTAL		19	4	2	33	136	117	25	1	3	10	37	2	15	9	1.06	2.45

[그림 2-2] 아마추어 스카우트 리포트(투수) 예시(출처: 필자 작성)

유격수 등급산정 항목

선수명	소속교		투/타	신장/체중	생년월일	기본사항 종합위점수	종합위등급	공격형점수	공격형등급	수비형점수	수비형등급	스카우트 소견	병역
			R/R			7.32	A	7.40	A	7.05	A		
점수기준	8 탁월한실력		7 아주좋음			6 평균이상			5 평균	4 평균이하	3 수준미달	2 가능성없음	
등급기준	A+(8.00~7.50) 1군즉전		A(7.49~7.00) 1군대기			B+(6.99~6.50) 집중육성		B(6.49~6.00) 미래육성		C(5.99~2.00) 운영선수			

기량 평가 대회별 점수

대회명	평가항목(종합력/공격/수비)	타격능력(20%/60%/10%)	파워(10%/30%/-)	포구능력(20%/10%/20%)	송구능력(30%/-/30%)	주력(10%/-/30%)	발전가능성(10%/10%/10%)	신체(-/10%/-)	종합위점수	종합위등급	공격형점수	공격형등급	수비형점수	수비형등급
1 차		7.50	7.00	7.50	7.50	6.00	7.50	7.50	7.30	A	7.35	A	7.05	A
2 차		7.00	7.00	7.50	7.50	6.00	7.50	7.50	7.20	A	7.10	A	7.00	A
3 차		7.00	7.50	7.50	7.50	6.00	7.50	7.50	7.25	A	7.25	A	7.00	A
종 합		7.50	7.17	7.50	7.50	6.00	7.50	7.50	7.32	A	7.40	A	7.05	A
주력		4.43 ~ 4.58				롱테이크타임								

인성평가

인성평가	선수특징			선수인성					체력(심리)
	성향	자기에	안정성	대담성	자발성	성실성	매너	집중력	
	외향	원만	안정	S		S	S	S	S
	차분하고 성실하며 감정기복 없음								
기량평가	수비 안정감 및 송구능력이 우수한 내야수로 몸에 스피드는 부족하지만 수비 안정감이 높은 유격수임 타격시 파워 및 컨택능력 양호하고 수비안정감이 좋아 주전급 내야수로 성장 가능성이 높다고 판단됨								
비 고									

대회 성적

대회명	포지션	경기수	타석	타수	안타	2루타	3루타	홈런	루타수	타점	도루	희타	희비	삼진	4사구	실책	타율	출루율	장타율	OPS
		7	12	10	0	0	0	0	0	1	0	1	0	1	0	0	0.000	0.083	0.000	0.083
		25	107	87	31	3	3	0	40	20	4	2	4	11	12	5	0.356	0.417	0.460	0.877
		18	84	66	27	11	0	0	38	25	9	0	2	9	16	2	0.409	0.512	0.576	1.088
TOTAL		50	203	163	58	14	3	0	78	46	14	2	7	21	29	7	0.356	0.437	0.479	0.916

[그림 2-3] 아마추어 스카우트 리포트(야수) 예시(출처: 필자 작성)

어느 누가 봐도 좋은 평가가 나오는 선수들은 당연히 등급이 올라가서 상위 순번에 포진된다. 하지만 전체 스카우트 중에서 누군가 한 명은 다른 평가 혹은 혹평이 나올 수도 있다. 왜냐면 아마 선수의 기량은 시시각각으로 많은 변화가 있고 선수의 몸 컨디션도 매번 달라질 수도 있기 때문이다. 하루는 최악의 상황일 때 경기를 빠질 수 없는 상황에서 경기 결과가 매우 나쁘게 나올 수도 있고, 때론 감기 몸살로 경기 내용이 최악이 될 수도 있다. 이런 날 영문도 모르는 스카우트는 하필이면 무기력한 모습을 보고 그날의 리포트에 부정적이고 소극적인 멘트를 기입하는 것이다. 최악의 상황을 지켜본 해당 스카우트는 당연히 자신의 눈을 믿을 것이며 자신의 판단에 자부심을 가지고 그 선수에 대한 평가를 적나라하게 적시할 것이다. 이런 경우 소위 말하는 냉탕과 온탕이 오고 가는데 정작 중요하게 체크할 사항은 디테일한 조사이다. 피치 못할 사정이 있었는지, 아니면 너무 공격적으로 하다가 나온 상황인지, 아니면 최근 주변에서 안 좋은 일들이 발생하였는지, 편하게 운동을 수행할 수 없는 어떤 상황들에 직면해서 최근 플레이가 이상해졌다든지 등을 말이다. 모두가 볼 수 있는 개별 보고서에는 대상 선수에 대한 깨알 같은 상황들이 적시된다. 체크인 개념의 유망선수 리스트에 말이다.

또한 투수 이외에 야수들을 관찰할 때엔 빠트리지 않고 체크하는 내용들이 있다.

상대 투수들의 레벨이다. 상대 투수들의 기본 수준이 어느 레벨급인지를 먼저 살피고 그런 레벨 투수의 볼을 어떻게 공략하는지, 자신의 스윙을 제대로 잘하는지, 초구부터 적극적인 공격을 펼치는지, 불리한 카운트에서 대처를 어떻게 하며 변화구에 대한 타이밍은 맞는지 등을 살핀다. 주로 범타가 되는 경우에 어떤 볼을 공략했는지와 루상에 득점권 주자가 있을 때에도 자신 있는 스윙을 하는지, 노림수 타격을 하는지 등도 본다.

그리고 대기타석에서 어떤 자세로 대기를 하며 대기 타자로서 역할도 제대로 하는지도 체크한다.

새롭게 창단이 된 클럽팀이나 전통적으로 약체인 팀들은 투수력이 현저히 떨어진다. 스트라이크를 던지기도 급급한 투수들을 상대로 하는 타격에서 어떤 구종의 볼을 어떻게 정확하게 컨택하는지는 타자의 능력이다. 지방 리그에서 상대적으로 약체인 팀을 상대로 펼치는 경기력과 전국대회에서 에이스급 투수들을 만나서 자신의 스윙을 과감하게 펼치는지는 타자의 역량을 살피는 주요 관찰항목이다.

이 모든 것이 기본 기량의 안정성과 선수의 장래성을 비교·분석하는 툴(tool) 안에서 활발하게 검토된다.

스카우트들의 갑론을박 난상토론

스카우트들은 전국 현장을 누비고 다니는 사람들이다 보니 구단 사무실 출근보다는 지방 출장이 많은 보직이다. 항상 아마추어 대회가 열리는 곳에는 스카우트가 자리를 잡고 선수들의 기량 변화와 아마추어 야구계 동향과 동정 등의 정보 파악 등을 위해 분주하게 뛰어다닌다. 때론 지방 야구장의 열악한 환경 탓에 마땅하게 관찰할 장소가 없는 야구장일 경우에는 손수 셀프로 관찰할 수 있는 관찰 환경을 구축해야 한다. 대형 파라솔과 테이블, 의자, 전기 리드선과 노트북, 스피드건, 촬영 카메라와 삼각대 그리고 본인의 취향에 따라 선풍기부터 냉장고까지 하물며 커피머신까지 구비하고 전국 방방곡곡을 누비기도 한다.

한 번 상상을 해보자. 폭염주의보가 내린 35℃ 내외의 날, 하루 종일 4경기가 열리는 야외 야구장에서 시합하는 선수들을 묵묵히 지켜보며 관찰하고 있는 스카우트들을 말이다. 직업의식이 투철한 사람들이 아니면 쉽지 않은 일임은 분명하다. 그것도 그냥 보기만 하는 게 아니라 집중과 긴장감을 갖고 경기 내내 드러나지 않는 무엇인가를 찾아내기 위해 연신 카메라를 들이대고 스톱워치를 누르며 땀방울을 흘리는 사람들, 그런 스카우트들이 야구장에 없으면 왠지 맥이 빠지지 않을까 싶다. 그래서 스카우트들은 야구장에 생동감과 생기를 불어넣는 존재인 것 같다. 선수들 입장에서도 의식은 하지 않아도 목표의식이 있지 않겠는가? 없을 때보다는 말이다. 그날 최고의 피칭과 빼어난 타격을 보였는데도 스카우트가 아무도 없었다면 이것 또한 불운이라고 할 수도 있을 것이다.

이렇게 한동안 지방이다, 수도권이다 출장을 다녀온 후 스카우트들 자체의 정기미팅을 구단 사무실에서 가진다. 오랜만에 사무실에 출근하기도 하였고 또 회의할 내용도 많아서, 회의실을 거의 하루종일 전세 낸 것처럼 독차지한다. 구단 타 부서 직원들도 스카우트들이 들어와서 회의실을 사용할 때엔 마치 약속이나 한 듯이 다들 별말 없이 양해를 해주며 양보해 준다.

정기미팅의 주요 논제는 학교별 대상 후보 선정과 관련된 의제로서 대상 후보로 올린 선수들에 대한 각자의 평가를 여러 스카우트들과 함께 재각인시키는 자리가 된다.

대부분 야구 기량에 대한 장점과 단점이 나오지만, 선수의 태도와 그간의 행실, 훈련 자세와 동료 간 우애와 팀에 대한 충성도 등 야구 외적인 부분도 함께 거론되기도 한다. 이때 선수의 사고 이력이나 부상 여부 등과 전학 유무 등 많은 정보들이 오고 가는데, 특히 감독·코치에게 불성실한 전력이 있는 선수들은 요주의 인물로 지정하여 특별 체크하기도 한다. 심각한 수준의 태도와 성향 문제가 있는 선수는 기량이 좋고 나쁘고를 떠나 아예 대상 후보 명단에서 제외시키기도 한다.

선수의 기량적인 부분도 앞에서 열거한 내용대로 스카우트들이 동시에 한날 한시 똑같은 선수를 관찰하는 게 아니기 때문에 좋았을 때와 안 좋았을 때 관찰한 스카우트마다 평가가 다소 다르게 나올 수 있다.

구분	공격력					수비					주루			장래성		
	타격능력	파워	대처능력	적극성	선구안	송구강도	송구정확성	송구분석	포구능력	경기운영수비범위	주루센스	주력	도루	발전가능성	근성	신체
포수	30%					45%					5%			20%		
	30%	30%	20%	10%	10%	30%	30%	20%	10%	10%	60%	20%	20%	40%	40%	20%
1루수	50%					25%					5%			20%		
	30%	30%	20%	10%	10%	10%	10%	40%	40%	30%	60%	20%	20%	40%	40%	20%
2루수	30%					45%					5%			20%		
	30%	10%	25%	10%	25%	10%	20%	20%	25%	25%	30%	40%	30%	45%	45%	10%
3루수	30%					45%					5%			20%		
	30%	10%	20%	10%	30%	30%	10%	30%	10%	30%	60%	20%	20%	40%	40%	20%
유격수	30%					45%					5%			20%		
	30%	10%	25%	10%	25%	25%	20%	15%	20%	20%	30%	40%	30%	45%	45%	10%
외야수 (공격형)	30%					45%					5%			20%		
	30%	30%	25%	10%	10%	40%	10%	10%	10%	30%	40%	40%	20%	40%	40%	20%
외야수 (수비형)	30%					45%					5%			20%		
	30%	10%	25%	10%	30%	30%	20%	10%	10%	30%	30%	40%	30%	45%	45%	10%

[표 2-2] 야수 기량 평가 가중치 예시(출처: 구단 스카우트 체크항목)

이때 선수의 상황에 맞게 개별적으로 체크하고 조율된다. 투수인 경우 난타를 당하더라도 야수의 실책이 동반된 것인지, 아니면 충분히 잡을 수 있는 범타인데 야수의 실력 미흡으로 안타를 허용한 것인지, 대량 실점을 할 때 해당 투수의 태도와 자세는 어떻게 변했는지, 야수에게 짜증을 내거나 마운드에서의 행동이 불량했는지 등을 미팅석상에서 파헤친다. 그래서 마이너스 요인이 있는지 오히려 플러스 요인이 되는지 등을 난상토론 한다. 특히 본인이 체크했을 때 형편없었던 선수를 동료 스카우트가 우수선수로 제안을 하는 경우도 있는데 이때 제대로 된 난상토론이 벌어져야 그 조직이 건강한 것이다. 이때는 소위 말하는 계급장을 떼고 자신의 소신을 정확하게 이야기해야 하고 서로 얼굴 붉히더라도 상대를 설득해야 한다. 상대가 베테랑 선배 스카우트일지라도 아닌 것은 아니라고 확실하게 의견을 내어야 한다. 이처럼 자신 있고 확고부동한 자세로 본인의 의견을 내려면 평소 자신의 업무에 충실해 정확하고 빈틈없는 일 처리가 선행돼야 한다.

| 유형 | 투수 구속(단위: km/h) | | | | 포수 송구 (홈 → 2루) | | 주력 (홈 → 1루) | | | 신체 조건 (단위: cm) | |
| | R/O | L/O | R/S | R/U | | | | | | | |
점수	직구 (평균)	직구 (평균)	직구 (평균)	직구 (평균)	점수	항목	점수	우타자	좌타자	점수	신장
8	145 이상	142 이상	142 이상	138 이상	8	1.80초 이하	8	4.10초 이하	3.56초 이하	8	185 이상
7	143 이상	140 이상	140 이상	135 이상	7	1.90초 이하	7	4.20초 이하	4.05초 이하	7	184 이상
6	140 이상	138 이상	138 이상	132 이상	6	2.00초 이하	6	4.30초 이하	4.15초 이하	6	182 이상
5	138 이상	135 이상	135 이상	130 이상	5	2.10초 이하	5	4.40초 이하	4.25초 이하	5	180 이상
4	135 이상	133 이상	133 이상	128 이상	4	2.20초 이하	4	4.50초 이하	4.35초 이하	4	178 이상
3	133 이상	130 이상	130 이상	125 이상	3	2.30초 이하	3	4.60초 이하	4.45초 이하	3	176 이상
2	133 이하	130 이하	130 이하	125 이하	2	2.30초 이상	2	4.60초 이상	4.45초 이상	2	175 이하

[표 2-3] 고교 · 대학선수 기준표 예시(출처: 구단 스카우트 체크항목 기준표)

그래야 당당하게 자신의 평가를 믿고 목소리를 높일 수 있다. 그런 조직이 되어야 한다. 깔끔하고 건강한 조직은 그렇게 활발한 토론과 소통 속에서 자리 잡는다. 나아가 구단의 실익에 도움이 되는 첫걸음이 된다. 그리고 미팅이 끝나면 언제 그랬냐는 듯이 앙금 없이 끝낸다. 언성 높이며 논쟁을 벌인 선배에게는 소주 한 잔이면 충분하고 서로 홀가분해진다. 허심탄회하게 조직의 발전을 위해서 논쟁을 벌이는 것은 아무 말 없이 한 사람에게 일방적으로 끌려가는 조직보다는 훨씬 나은 발전이 있을 것이다.

월 정기미팅이 끝나면 전국적인 대학, 고교 선수들이 총망라되어 1차로 약 500명 가까이 선별된다. 그 선수들의 학교별 명단을 가지고 또다시 대회가 열리는 현장으로 스카우트들은 떠난다. 또 다른 수확을 위해서 또 다른 새로운 선수를 발견하기 위해서 새벽을 마다하지 않고 여명이 틀 때, 차 시동을 켠다. 그때 좋게 보았던 선수가 이번 시합에는 얼마나 향상된 모습일까? 하는 기대감을 안고 점점 성장하는 그 선수를 보기 위해 마치 나만 알고 있는 흙 속의 진주를 몰래 숨겨 놓은 마냥 미소를 띤 채 운전대를 잡는다.

이처럼 스카우트들은 월 정기미팅을 꾸준히 진행하면서 대학과 고교 유망선수들에 대한 종합적인 데이터 축적을 마무리하게 되는데, 시점은 대략 KBO 신인드래프트가 있기 한 달 전 즈음이다.

최종적인 드래프트 전략회의를 앞두고 스카우트는 포지션별 선수 후보군을 순위별로 나열한 데이터를 준비한다. 이를 기준으로 구단은 현 상황과 중장기 필요 포지션 그리고 해당 연도의 시장성을 종합적으로 분석한다. 거기에 더해 군 제대 후 복귀하는 1군급 선수들의 위치, 현재 1군의 전력, 앞으로의 중장기 전력을 모두 종합적으로 파악하고 검토한 결과를 토대로 지명전략을 짜는 전략회의를 3박 4일 동안 시행한다.

CHAPTER 04

드래프트 전략회의의 풍경

포지션별
등급 결정 회의

스카우트들이 당해 연도 KBO 신인드래프트를 위하여 전략회의에 돌입할 때는 아마야구 시즌이 거의 마무리 단계에 들어갈 즈음이다. KBO 신인 지명일이 9월 15일경 전후(2024 KBO 리그 신인드래프트는 2023년 9월 14일에 시행된다)로 정해져 있어서 대부분 9월 초순경에 전략회의에 들어간다. 이때즈음 소위 말하는 합숙훈련 들어가듯이 전략회의 일정을 3박 4일 정도 잡고 신인 지명을 위한 전략적 지명방안에 대해 전반적으로 논의하고 방향성을 수립한다.

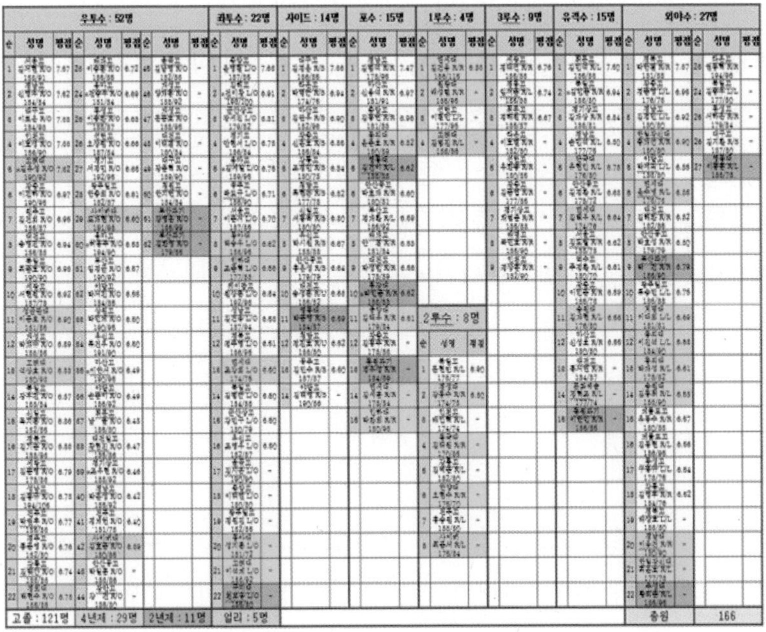
우투수 : 52명 | 좌투수 : 22명 | 사이드 : 14명 | 포수 : 15명 | 1루수 : 4명 | 3루수 : 9명 | 유격수 : 15명 | 외야수 : 27명
2루수 : 8명
고졸 : 121명 | 4년제 : 29명 | 2년제 : 11명 | 얼리 : 5명 | 총원 | 166

[그림 2-4] 포지션별 등급현황 예시(출처: 구단 자료)

우선 스카우트들이 먼저 회의를 시작하여 고교와 대학을 총망라한 포지션별 대상 후보들을 최종 선별하고, 각 포지션별로 순위를 매긴다. 이때 각자의 생각과 소신이 모두 다 다를 수 있기에 활기찬 논쟁을 또 벌인다. 선후배 관계를 초월하여 열렬하게 자신의 판단과 소신을 밝히고 반론의 상대 스카우트를 설득시키든지 설득당하든지 해야 해당 선수에 대한 논쟁을 마칠 수 있다. 선배 스카우트라고 그냥 넘어가고 하면 절대 안 된다. 그 선수의 기본 기량과 태도, 자세, 향후 발전가능성 등을 비판해야 하고 단점 등을 물고 늘어져야 한다. 그래서 이 선수보다 어느 학교의 누가 더 낫다는 이야기를 확신을 갖고 피력해야 설득할 수 있다.

처음 광범위하게 잡았던 전국의 고교 및 대학의 대상 선수 약 500명의 후보를 월 정기 스카우트 정례회의에서 가지치기를 하듯이 하여 약 250명 안팎의 선수들로 정리하면서 점차적으로 압축한다. KBO 신인드래프트 전 최종 전략회의에는 대략 150명 정도의 선수들이 올라오는데, 나름 그 해에 시장에서 경쟁력을 갖고 프로에 지명 가능성이 있는 선수들이다. 이날 전략회의에서는 이러한 선수들에게 기량별, 발전가능성별로 순위를 매긴다. 종이 한 장 차이인 아마선수들의 기량 차이에 순위를 매긴다는 것은 사실 그리 쉽지 않은 고난도의 분류이다. 그래서 스카우트들은 더욱 치열하게 순위를 매기기 위한 혈전 아닌 혈전을 펼친다.

최고등급을 받는 A⁺급은 실제 즉시 전력감으로 평가하는 선수이다. 랭킹 1위나 마찬가지이다. 해당 연도에 1명 내지는 2명 정도가 겨우 나오는 정도이다. 야수보다는 투수 쪽에서 나올 확률이 높은 게 최근의 흐름이다. 강한 어깨를 갖추고 훌륭한 신체를 지닌 투수들이 과거에 비해 질적으로나 수적으로도 증가한 것은 반길 만한 사실이다.

투수들은 그나마 신체 조건과 경기력, 위기관리능력, 제구력 등 체크가 용이한 부분들이 많아서 순위를 매기고 분류하는 데 큰 어려움들은 없다. 나타난 현상들과 수치들 그리고 경기에서 보여 주는 퍼포먼스 등을 종합하면 구단 스카우트들의 이견의 폭도 제한적이고 조금의 의견 조율만 있으면 합의를 도출하는 데 큰 어려움은 없다. 문제는 투수들에 비하여 야수들의 평가가 실로 어렵다는 점이다. 야수는 당장의 성적 데이터보다는 향후 몇 년 후를 봐야 하기 때문에 선수의 발전가능성을 평가하여 순위를 매긴다. 이는 여간 어려운 일이 아니다. 베테랑 스카우트들은 그간의 경험과 성공 사례들을 무수히 봐 왔기에 선수 유형과 스타일, 심지어 관상까지도 보니 신참 스카우트들과의 논쟁에서 우위에 있을 수도 있겠으나 또 선수를 평가하는 데 그런 부분들이 우선이 될 수는 없다는 점도 잘 알고 있다.

야수 평가의 척도는 우선은 신체에서 나오는 파워이다. 몸에 힘이 있어야 버틸 수 있고 이겨 낼 수 있다. 힘이 밑바탕이 되어야 정신력으로도 성장할 수 있다. 근력과 스피드가 없으면 상대와의 힘겨루기에서 밀린다. 여기서 말하는 상대는 같은 팀 내에서도 마찬가지로 적용되고 나아가 상대 팀도 해당된다. 그래서 우선적으로 높게 평가하는 것이 신체에서 나오는 파워이다. 키가 작아도 크게 개의치 않는다. 작은 키에도 얼마든지 힘을 쓰는 선수가 있기 때문이다. KBO에서 작은 키임에도 불구하고 레전드급 성적을 낸 선수들이 즐비하다. 키가 큰 선수들이라고 하더라도 신체에 힘이 없으면 높은 평가를 받기 어렵다. 그래서 강조하고 싶은 이야기는 키가 크더라도 강한 파워를 길러야 한다는 것이다. 야구의 특성상 키가 작으냐 크냐는 문제가 되지 않는다. 누구보다도 빠르고 강한 타구를 날릴 수 있고 잘 잡고 던질 수만 있다면 언제든 프로의 문은 열려 있다. 뚱뚱하거나 마른 선수들도 마찬가지 잣대로 이야기해 주고 싶다. 아무 문제가 없다. 다만, 스피드가 있고 파워만 있으면 된다.

순위를 포지션별로 정리해 가면서 그렇게 열변을 토하며 회의를 이어가다 보면 오전 9시에 시작한 회의가 훌쩍 밤 12시를 넘기기 일쑤다.

공격점수와 수비점수, 주루, 야구 센스, 발전가능성, 신체 파워, 선수 성향, 근면성, 팀워크 저해요인 등 체크를 하고 학폭 여부와 부상·수술 여부, 코칭 코칭스태프와의 관계, 순종성 등을 들여다본다. 그리고 제일 중요한 근성 플레이, 즉 야구에 대한 절실함을 높게 평가하여 후한 점수를 매긴다.

해당 연도 우선 보강 포지션 선별

첫날을 포지션별 우선순위와 등급 결정에 다 보냈다면, 다음 날은 당 구단의 현황에 대하여 면밀히 회의를 이어간다. 이때는 단장을 비롯하여 육성팀 관계자들이 대거 회의에 참석한다. 왜냐면 당 구단의 현재 상황과 2~3년 후의 전력에 대한 거시적 고민에 대해서는 보다 전문적이고 직접적인 현업 부서 관계자들이 더 옳고 깊게 할 것이기 때문이다. 그 자리는 집단적인 지혜를 모으는 자리이기도 하다.

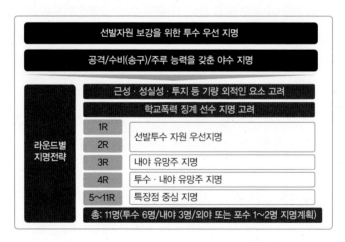

[그림 2-5] 신인드래프트 방향성(출처: 구단 연도별 지명 방향성 자료 중 발췌)

당 구단의 올 시즌에 나타나고 있는 취약 포지션이 어디인지, 향후 2~3년 안에 취약해질 포지션은 어디인지, 향후 몇 년간은 충분한 선수층으로 여유가 있는 포지션은 어디인지를 체크하고, 이후 평균 연령이 높아져 가는 포지션, 당장 내년부터 은퇴가 예상되는 포지션 등을 감안하면서 군 제대 후 새롭게 합류하는 전력 중에서 1군급 즉시 전력과 백업 가능 전력을 예상하고 전체적인 방향성을 모색한다.

회의는 오전과 오후로 나누어 금년도 아마야구 시장성과 대표적인 선수들의 경기 동영상을 보며 각자의 의견을 다시 이야기하고, 첫날 스카우트들이 협의한 포지션별 순위를 다 함께 공유하는 시간을 갖는다. 보통 단장하고 육성팀들이 참가하다 보니 최근의 당 구단 1군 경기 내용과 2군의 집중 육성선수들에 대한 성장속도와 완성도 등에 대한 대화를 많이 나누고, 또한 최근 1군 경기 내용의 좋고 나쁨에 따라 회의는 1군 경기 성토장이 되기도 하고, 훈훈한 연승 이야기로 꽃을 피우기도 한다. 어차피 한 경기 한 경기 일희일비하는 숨 막히고 피 말리는 승부의 세계에서 사는 사람들이라 어쩔 수 없다.

1군의 취약 포지션이 특정 포지션 하나로 귀결이 되더라도 당장 아마선수를 지명하여 바로 투입한다고 가정하는 것은 어불성설이다. 프로야구는 결코 그렇게 호락호락 만만하진 않다. 특히 야수들의 경우는 더욱 그래서 신인 지명은 프로구단의 중장기 전력보강계획에 따라 차곡차곡 쌓아 놓고 육성한다는 의미가 더 크다. 이러한 계획 아래에서 성장성이 빠르게 보이는 선수가 있지만 계산대로 되지 않는 선수들이 더 많이 발생한다. 그래서 구단은 성장이 답보되는 선수와 성장세가 가파른 선수들에 대한 차선 계획으로 조기 군 입대를 추진하기도 한다. 기존 팀 전력에서 주전급과 백업급들의 포지션별 뎁스 폭이 여유가 있다고 판단될 때, 신진급들인 잉여전력의 군 문제를 조기에 해결함으로써 향후 구단 선수 수급 운영에 숨통을 틔워 주어 기존 전력의 이탈과 부상으로 인한 누수에 효과적으로 대처하는 방안으로 자리매김하였다. 과거 소속 구단에서 주력으로 실행해 왔는데 이제는 KBO 전체 구단 차원의 트렌드로 자리 잡았다.

구단의 중장기
선수 수급 계획 마련

구단 선수단 운영의 실질적인 현안 문제에 있어서는 둘째 날 회의에서 거론되기도 하지만 깊은 내용은 이미 단장 휘하 운영팀과 육성팀에서 수시로 회의를 거친 바 있어 심도 있는 이야기보다는 공유 차원으로 가볍게 진행된다. 운영 관련 외에 주로 논의되는 무게 있는 주제는 이번 신인드래프트에서 중점적으로 보강해야 할 포지션을 정하고 보강 인원수를 정하는 데 있다. 주로 선수층이 약하다고 판단되는 포지션에 우선적으로 포인트를 잡고 인원수를 얼마나 늘리나 하는 부분에 집중적으로 초점을 맞춘다. 그래서 어떤 해에는 투수들만 집중적으로 지명하기도 하고, 또 어떤 해에는 야수들을 집중적으로 대거 지명하기도 한다. 하지만 군 제대 후 복귀하는 선수들 중에서 1군 백업급 기량을 가진 선수들이 특정 포지션에 많다고 판단될 시에는 이들을 적극 활용하기 위해서 신인 지명의 방향성을 최대한 중복되지 않게 확 틀어버리는 전략적 결정을 하기도 한다.

당 구단의 역대 연도별 지명포지션 안배를 보면 일정한 규칙 없이 그해, 그해 팀 현황에 맞는 지명전략을 펼치며 선수 수급을 해온 것을 볼 수 있다.

셋째 날은 지명전략회의의 백미라고 할 수 있는 라운드별 지명전략을 세우는 날이다.

여러 가지 케이스별 방안을 마련해야 하고, 나머지 9개 구단의 구단별 지명 방향성도 유추해야 된다. 어디 구단은 어떤 포지션을 집중적으로 보고 있고, 상위 라운드에서는 어떤 포지션에 집중할 것이라는 정보 전쟁이 치러진다. 시즌 중에 스카우트들은 유대관계를 통하여 타 팀 스카우트와 접촉을 하며 은근슬쩍 속내를 건드려 보기도 한다.

어느 학교 모 선수에 대한 기본 평가는 어떻게 하고 있는지 등을 세세하게 기록해 놓는다. 플레이를 보고 난 후 무심코 던지는 한마디 말에 선수 평가가 녹아 있다. 만약 정말 마음에 드는 선수가 있으면 이 선수를 평가절하하여 타 구단 스카우트의 관심을 방해하려 일부러 악평을 하기도 하고, 중요하지 않은 자세와 태도를 트집 잡기도 하며 연막작전을 펴는 베테랑 스카우트들도 있다.

갓 시작한 스카우트와 베테랑과의 차이점은 이러한 노련미와 의도적인 술수 아닌 술수에 있다. 단, 매번 늘 그러한 것은 아니고 은연중에 한마디씩 날리는 식인데 그게 잔잔한 파동을 일으키기도 한다.

이번 지명에서 중점 포지션이 정해지고 해당 포지션의 1순위 선수가 타깃이 되면 그 선수를 안정적으로 잡기 위해 지명 라운드를 희생시키기도 한다. 즉, 3라운드에 충분히 잡을 수 있는 선수인데도 불구하고 반드시 보강해야 될 선수이면 한 라운드를 앞서서 2라운드에 잡는 방법을 쓰기도 한다. 놓치면 안 되는 선수라면 이렇게라도 당겨서 잡아야 하기 때문이다. 나머지 구단들도 대부분 유사하게 대처한다고 보는 이유는 지명이 진행되다 보면 도저히 2~3라운드급이 아닌 선수인데도 빠르게 호명되는 것을 볼 수가 있기 때문이다. 이것은 어느 한 구단이 얼리 픽을 하는 순간 나머지 구단들도 발 빠른 대처로 차선책을 마련하여 그 포지션을 바로 메꾸기 때문이다. 그러다 특정 포지션의 후보 자원들이 일찍 소진되기도 하여 그 포지션을 포기하고 다른 포지션으로 방향을 틀기도 한다. 그래서 KBO 신인드래프트 현장에서는 변수가 잦을 수밖에 없고 그 변수 발생에 따라 의사결정이 유연하고 긴밀하게 바로 즉시 결정되기도 한다. 10개 구단이 복잡다단한 이유로 11라운드까지 110명을 지명하다 보면 의외로 지명권에 있었던 유망선수가 제외되는 일들이 매년 해마다 되풀이된다. 그만큼 드래프트는 어디로 튈지 모르는 럭비공마냥 알 수가 없다.

3박 4일의 전략회의를 마무리하고 라운드별 지명 포지션과 해당 라운드의 지명 대상 선수들을 나열하고 라운드별 1순위에서 차선과 차차선 선수들을 미리 마련해 놓는다. 이 선수가 빠져나가면 대타로 이 선수를 준비하고, 안정적인 선수마저도 앞에서 낚아채 가면 다른 포지션의 우선순위 선수로 방향 전환할 것 등, 모든 경우의 수를 예상하여 미리 준비해야 한다. 지명 현장에서 준비되지 않아 주저하고 허둥대며 주춤거리면 절대로 안 된다. 그만큼 구단의 미래가 걸린 중차대한 행사이다. 전략회의에서 마련된 드래프트 준비는 대표이사에게 최종 보고 후 당일 결전을 위해 숨 고르기에 들어가고 스카우트들은 별도의 변수가 발생하는지 등을 예의 주시하여 아마야구계 동정을 살핀다.

어떤 때는 갑작스럽게 전체 상위 라운드급 선수가 미국 진출을 선언하기도 하고 메이저리그 구단과 계약 사실을 발표하기도 하기 때문에 전체 드래프트가 혼란에 빠지는 일도 생긴다.

KBO 신인드래프트 행사 직전에 이런 일이 생긴다면 그나마 다행한 일이지만 전체 1순위급들을 두루 호명하고 지명 행사를 모두 마친 후 이런 일이 터진다면, 그래서 지명한 선수가 미국행을 선언하고 계약 발표를 했다면 그야말로 구단 입장에선 초비상이 걸리며 쑥대밭이 되는 것이다.

지명 순번 1순위를 그 자리에서 고스란히 날리는 것은 상상조차 하기 싫은 끔찍한 일이 아닌가? 그렇게 될 경우에 미치는 악영향은 구단의 미래전력에도 막대한 차질을 남긴다.

순번 1번의 지명 티켓을 다시 돌려받지도 못하고 다른 선수를 대체하여 지명권을 행사할 수도 없다. 그래서 지명일 이전에 특A급이 해외 진출을 한다손 치더라도 그나마 다행이란 표현을 하는 게 이 때문이다. 지명일 하루 전에 터지든 지명 당일 지명 바로 전에 터지든 후속조치를 바로 할 수만 있으면 된다. 여기서 중요한 대목은 KBO 지명을 받은 선수에 대한 보호 장치, 즉 안전장치는 KBO 차원에서 마련해 줘야 한다는 것이다. KBO는 자국 리그를 보호하고 확장 발전시킬 책무가 있는 조직이고 구단을 보호해야 할 명제가 있다. 신인드래프트 이전의 해외 진출은 인정해 주되 지명을 받고서 지명 이후 진출은 막아 최소한의 구단 피해는 방지해 주는 것으로 말이다. 얼마든지 제도는 만들 수 있다고 본다.

10개 구단 중 어디라도 언제인가는 해당될 수 있기에 반대하는 구단은 없을 것이다.

최근 이러한 피해를 미연에 방지하기 위해 KBO는 신인드래프트 지명 참가 신청서를 몇 년전부터 받기 시작했다. 그러나 KBO 신인드래프트 지명 참가 신청서를 낸 선수라도 갑자기 미국행을 선언하는 것을 막을 수는 없다. 제재라고 해봐야 해당 선수의 2년간 등록금지 처분밖에 없기 때문이다.

이렇게 각 구단마다의 전략과 실행과제를 완성하고서 1년 동안 고생하며 수고한 스카우트들은 곧이어 있을 드래프트를 대비하여 마지막 호흡을 가다듬으며 자기최면에 들어간다. 내가 기대하고 원하는 선수를 과연 낚아챌 수 있을지 기대를 하면서 혼자만의 기분 좋은 상상을 한다. 먼 훗날 그 선수들이 구단과 KBO의 주축이 되어 대한민국을 대표하는 선수가 되는 화려한 비상의 날갯짓을 하는 모습들을.

CHAPTER 05

스카우트는 누구인가?

스카우트의 비중과
소리 없는 폭발력

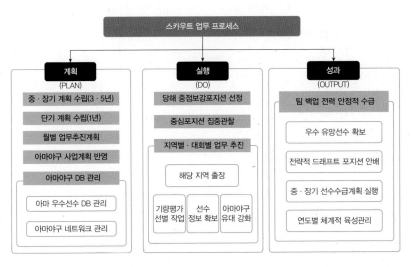

[그림 2-6] 스카우트 업무 프로세스(출처: 필자 작성)

신인 스카우트는 프로구단의 십년지대계의 첫 스타트이다. 중장기적인 선수 수급이야 말로 미래를 준비하는 가장 기본이 되는 초석이기 때문이다. 그러한 선수 선발 업무를 수행하는 스카우트들은 무한한 책임감과 자부심을 가지고 업무에 임해야 한다. 본인이 스카우트한 선수들이 결국은 팀의 미래를 좌우하는 기둥이 된다는 사실을 깊이 인지하고 매사에 정성을 들이고 정확하고, 소신에 찬 판단으로 성장가능성을 최대화할 수 있는 선수들을 스카우트해야 한다. 반대로 신인 지명 농사를 그르칠 경우 팀의 미래는 물론이고 가까운 시기에도 백업 멤버들의 부족 현상으로 팀은 초토화되며 팀 위기가 초래된다. 더불어 팀은 하위권에서 맴돌게 되는 악순환이 거듭될 수 있다.

비록 중장기적인 관점에서 여유 있는 신인 수급일지라도 당장 몇 년 지나지 않아 팀 전력의 중요 부분을 차지할 수 있는 전력들이기에 신중에 신중을 기하여 잘 뽑아야 한다. 그러나 부정할 수 없는 현실적인 문제들이 신인 스카우트에서 비롯되기도 한다. 매년 뽑는 신인들 10여 명 중에서 1군급으로 성장하기 위한 최소 기간은 빨라도 3~4년인데 그것도 불과 1~2명에 불과하다. 그런 희소성으로 육성의 어려움을 논하지만 그런 1~2명이 계산대로 성장하지 못할 경우가 있다. 구단 운영 자금에 여유가 있는 구단들은 계획 대비 차질에 대하여 트레이드나 FA로 대처하겠지만 사정이 여의치 않은 구단이나 팀 전력이 약한 구단일 경우에는 신인 스카우트 실패의 폐해가 너무 크게 와 닿아서 매년 하위권에서 벗어나기가 어려워진다.

신인 스카우트의 중요성을 인지하고 올바르고 미래지향적인 스카우트를 확립하기 위해선 그에 걸맞은 적임자들을 인선하여 적재적소에 잘 배치하여야할 것이다. 스카우트들은 직업의 특성상 사무실보다는 현장 위주의 근무가 필수이기 때문에 외부 야구 관계자 및 학부모 등과 같이 외부인들에게 노출되어 있어 특히 행동거지가 중요하며, 회사를 대표하여 외부 근무를 하는 사람으로서의 행동양식에서 주의를 기울여야 한다. 선배 스카우트로서 각별하게 신경 써서 주의해야 할 부분들을 당부하자면 아래와 같다.

지명에 대한 구두 약속으로 "저 선수는 몇 라운드에 우리가 지명한다."라고 섣불리 말하고 다니는 행위는 지극히 위험한 행동이다. 스카우트는 필히 이 부분을 조심해야 한다.

지명은 1라운드부터 11라운드까지 각 구단마다의 복잡한 상황들이 뒤엉켜서 지명 포지션이 어디로 흘러갈지 가늠하기 힘든 매우 난해한 부분들로 이어진다. 보강 포지션이 상충되는 구단들은 앞당겨 지명하여 얼리 픽이 되기도 하고, 실제로 지명해야 할 선수를 적정 지명 라운드 앞에서 타 구단이 낚아채 가기도 하여 갑자기 다른 포지션으로 대상을 돌리기도 한다. 그만큼 변수가 많기 때문에 선수를 지목하여 지명한다는 말을 미리 한다는 것은 참으로 무책임하다 할 수 있다. 더러 빈번하게 그러한 스카우트들이 있어 왔고 지금도 존재할 수 있다. 조심스럽고 우려스러운 일로서 향후라도 지양해야 할 최우선 과제가 아닌가 싶다.

부득이하게 어떤 멘트를 할 수밖에 없다면 "지명 대상 후보군에는 있지만 드래프트라는 게 변수가 너무 많아서 어떻게 진행될지는 아무도 모른다."란 정도만 이야기하는 게 낫지 않을까? 아마도 완전한 정답은 아니겠지만 지명을 앞둔 예민한 야구 관계자와 선수 모두에게 상처를 덜 주는 멘트가 아닐까 생각한다.

실제 예를 들자면 유사한 내용으로 이런 일이 있었다. KBO 신인드래프트 행사는 KBO 역사가 거듭될수록 행사 규모도 예전과 비교가 안 될 정도로 커졌다. 과거 6개 구단에서 8개 구단일 때 조촐하게 진행되던 행사와 비교하면 새삼 야구의 현 위치와 국민적 인기를 짐작해 보기도 한다. 어쨌든 최근 수년 전부터 새로운 콘셉트로 아마추어 고교 및 대학 선수들 중 지명 가능성이 높은 선수들을 미리 예측하고 행사장에 초대하는 이벤트가 생겼다. 대부분 해당 학교 유니폼을 착용하거나 양복을 입고 입장하여 지정된 좌석에 앉아서 드래프트 회의 전 과정을 직접 보고 들으면서 현장을 경험한다. 지명행사를 지켜보는 선수들은 시간이 지나면서 라운드별 지명이 거듭할수록 본인의 이름이 호명되지 않는 것에 진땀 나는 표정으로 바뀌어 간다. 뒤로 계속 밀리면서 건너 뛰다 보면 초조해지고 어느새 긴장되던 마음은 점차 낙심하는 얼굴로 사색이 되어 간다. 이 같은 장면들이 카메라에 고스란히 노출이 되는데 가급적으로 이런 모습은 화면에 안 잡는 게 지명 안 된 선수들에 대한 기본 배려가 아닌가 싶다.

결국은 자신의 이름이 마지막 라운드에도 호명되지 못해 쓸쓸히 돌아서는 안타까운 상황을 종종 볼 때가 있다. 이 얼마나 가혹한 일인가? 지명 가능성이 있어 초대받았음에도 불구하고 지명되지 못한 것이다. 물론 이렇게 될 줄은 아무도 몰랐기에 변명의 여지는 있지만 그래도 선수와 그 가족의 심정은 이루 말로 표현할 수가 없다. 그 선수가 입었을 마음의 상처와 1라운드부터 11라운드까지 110명의 이름이 불릴 때까지 가슴 졸이며 기다렸을 마음을 떠올리면 마음이 무거워진다. 이 사례를 일부러 열거한 것은 마찬가지로 선수에게 그리고 그 부모들에게 확정되지도 않은 사실을 사실이 될 것처럼 미리 희망고문을 해서는 안 된다는 점을 말하고 싶어서이다. KBO에서도 사전조사를 통하여 지명

가능성이 높은 선수 위주로 행사장에 초청하였을 것이다. 물론 각 구단별로 안정적으로 지명군에 속하고 수도권 인근에 위치한 학교를 대상으로 50명 정도를 선별해 초청한 걸로 알고 있다. 그럼에도 충분히 지명권에 있는 선수가 갑자기 지명이 안 되는 일들이 벌어지기도 하고 지명권 밖의 선수가 의외로 발탁되기도 한다. 드래프트는 그래서 알 수 없는 것이고 이게 현실이다. 과거에도 이런 일들은 무수히 많았다. 다만, 지명을 받지 못하고 육성선수로 입단하였지만 지명받은 선수들보다 더 화려한 성적으로 대스타 반열에 올라온 선수도 적지 않다. 프로야구팬이라면 이름만 대도 알 수 있는 선수들이 그런 과정 속에서 보란 듯이 성장하여 오늘의 영광을 안았다. 그만큼 신인드래프트의 변수는 많다는 증거이다. '왜 이런 일이 벌어지는가?', '왜 우수한 자원들이 지명선상에서 벗어나 미지명되는 일이 벌어지는가?'에 대해서는 앞서 이미 많은 지면으로 설명하였다.

스카우트들은 항상 입과 행동을 조심해야 하며, 소리 없이 온 적도 없고, 간 적도 없이 행동해야 한다. 스카우트란 표시도 내어서는 안 된다.

그리고 여러분들이 하는 행동 하나하나를 멀리서 누군가는 유심히 지켜보고 있단 것을 항상 기억하기 바란다. 당신들의 시선이 자기 아들에게 머물기를 바라는 마음으로 주시하고 있다는 것을 그래서 더더욱 행동거지를 조심해야 할 것이며, 더 나아가서는 구단의 명예와 품격도 여러분들의 행동에서 나온다는 것을 명심하자.

스카우트가 되기 위한
기본 자질

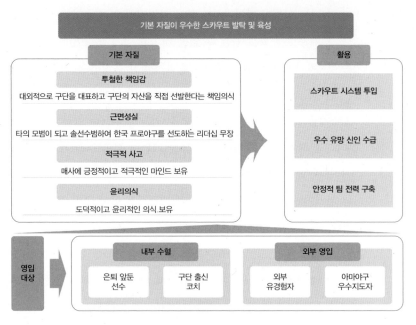

[그림 2-7] 스카우트 발탁 및 육성(출처: 필자 작성)

아마추어 야구대회가 열리는 경기장에는 항상 말없이 눈동자를 부지런히 굴리며 이것저것 살피는 이들이 있다. 프로야구 구단으로부터 선수를 수급하기 위해 파견 나온 프로 스카우트들이다. 원하는 선수 유형을 찾고자 어떤 부분들을 집중하여 관찰할까? 이들이 찾은 선수는 스카우트 후보군에 들어갈 수 있을까? 이제 프로 스카우트의 세계를 살펴보도록 하자.

스카우트는 우선 선수들의 세계를 이해하고 훈련방식과 경기에서 보여 주는 선수들의 플레이 하나하나에 담겨 있는 무언의 메시지와 퍼포먼스를 평가할 줄 알아야 하며, 그 평가를 정량적으로 계수화하고 그 선수의 발전가능성을 예측할 수 있어야 한다. 물론 스카우트가 신이 아닌 이상 그 선수에 대한 평가가 완벽한 정답일 수는 없다. 그래도 스카우트는 최선의 방법으로 좋은 양질의 선수를 스카우트하고자 전국 방방곡곡을 누비며 시간과 정성을 기울인다.

스카우트는 회사를 대신하여 아마야구 현장 곳곳을 직접 관찰하며 스카우트 업무를 보는 사람들로서 아마야구선수들에게 프로선수의 꿈을 실현시켜 주는 사람들이다. 그만큼 야구선수 이전에 한 인간으로서 장래가 걸려 있는 일인 만큼 신중하고 공정하게 정확한 평가를 하여야 하며 이는 야구선수로서 후회 없이 최선을 다한 선수들에 대한 마지막 배려일지도 모른다. 그리하여 마지막까지 자신을 불태운 선수들이 한 명이라도 더 프로에 진출할 수 있도록, 또한 행여 손해 보는 선수가 없도록 최종적으로라도 선수를 선발해 주어야 한다. 종국에는 육성선수 자리마저도 스카우트가 주선하여 프로의 꿈을 이루어 줄 수 있도록 해주어야 한다.

이런 다양한 업무에 필요한 스카우트의 자질로는 먼저 투철한 직업관과 조직에 대한 충성도를 겸비하고 매사 성실·근면해야 하며, 야구인들과의 대인관계가 원만하여 각종 정보 취득과 문제 해결에 앞장서는 모습을 견지해야 한다. 향후 전사 차원의 구단 이해득실 관계를 우위로 만들기 위한 사전 포석 개념도 있지만, 프로야구계에서 생존하기 위한 필수불가결한 부분이기도 하다.

어떤 사람들이
프로 스카우트가 되는가?

요즘에는 수시채용을 많이 하고 있지만 일반적인 회사에서 직원을 채용하는 방법은 다들 아는 바대로 공채와 특채가 있다. 프로야구 회사(구단)의 채용은 대부분 특채에 가깝다. 주로 대상이 되는 사람들은 구단에 기여하고 은퇴 시기에 있는 선수, 은퇴 시기는 아니지만 부상으로 오랫동안 재활을 하고 있는 선수와 부진의 연속으로 선수 생명이 다 되어 가는 선수들이다. 물론 그중에서도 본인의 의사가 명백하고, 평상시 행동거지가 명확하고 자기 소신이 있으며 사고력이 타 선수 대비 깊이가 있는 선수 등이 후보가 된다.

그래서 선수들은 먼 훗날을 대비하여 평소에 다양한 분야의 책 읽기를 통해 다양한 각도에서 사고할 수 있는 능력을 키울 필요가 있다. 더구나 야구선수 생활을 하느라 사회생활의 이모저모를 살필 기회와 시간이 부족한데 다양한 책 읽기를 통하여 간접경험을 충분히 할 수 있는 것도 큰 도움이 되고 매우 중요하다. 때문에 힘들더라도 독서습관을 갖고자 노력해야 한다.

생각을 종합해서 정리할 줄 알고 맥을 짚을 줄 알며 조리 있게 발표할 수 있는 요령이라든지 등에 미리 관심을 갖고 준비한 경우에는 기회가 왔을 때 절제된 어투와 정제된 단어로 생각 있는 발언을 과감하게 할 수가 있다. 다다익선이라고 여러 가지들에 미리 준비되어 있으면 남들과 차별화되어 훗날 뭐가 달라도 달라질 것이다. 하물며 프로감독 후보로서 인터뷰하는 상황에서라도 진가가 나올 것이다. 프런트 직원들은 선수들의 그러한 면면을 유심히 살피고 대상 되는 선수들을 미리 축적해 놓는다.

프로 스카우트 대상으로서 또 다른 유형의 후보들은 전력분석원들이다. 이들은 구단 업무를 이미 몸소 잘 알고 있고 신분이 구단 직원인 까닭에 프로 스카우트로의 전환에 큰 문제점은 없는 편이다. 필자가 프로 스카우트의 채용은 대부분 자체 내에서 이루어지는 특채에 있다고 하는 이유가 여기에 있다. 공채가 어려운 것은 이 파트는 다양한 업무능력을 가진 사람보다 야구에 대한 전문 지식을 갖춘 인력으로서 무엇보다도 야구에 대한 관찰 깊이가 있어야 하고, 야구계에서 대인관계가 넓어야 하는 필수적인 부분이 필요하기 때문에 일반 공채로서는 이런 필요 요소들을 채울 수가 없다. 그래서 기왕이면 구단을 위해 헌신했던 기존의 선수 출신들을 소위 말하는 퇴직 관리 개념으로 스카우트로 발탁하여 제2의 삶을 이어가게 한다. 다만, 관심이 있거나 원하는 선수에게만 국한하여 제약된 인원만 발탁된다.

　　한때 프로구단들에서 은퇴 선수에게 전력분석과 스카우트를 두루 거치고 코치로 전환하게 하는 일련의 연수코스로 활용한적이 있었다. 이는 바로 코치의 길로 들어서기보다 장외에서 객관적인 입장으로 현장 외의 경험을 쌓아 보라는 의미가 크며 아마추어 선수들을 직접 뽑아서 애정 어린 마음으로 그 선수들을 잘 지도해 보란 의미도 많았다. 그럴 경우 선수에 대한 사랑이 남다를 수 있기에 선수와의 교감은 더 깊을 것이고 그에 따른 소통과 훈련의 고통은 무난하게 넘어갈 장점이 있다. 이처럼 스카우트의 경험은 코치가 되는 징검다리가 되기도 한다.

코칭 의욕을
자제하자

스카우트들은 선수를 가르치는 코치가 아니다. 단지 이성적인 판단을 갖고 평가만 하는 사람들이다. 학교에 가서 훈련을 관찰하다 보면 안타까운 선수가 있는 반면 조금만 잡아 주면 금방 좋아질 것 같은 선수들이 있다. 해당 학교의 지도자들에게는 잘 보이지 않는 문제점들과 개선 방안 등이 가끔 스카우트 눈에는 잘 보이는 경우가 있다. 그래서 선수에게 직접적으로 기술에 대한 문제점과 대체 방안 등을 이야기해 주는 경우가 간혹 일어난다. 이런 일은 학교에 자주 방문하여 관찰하다 보니 친근감이 생겨서 또는 유난히 마음이 가는 선수가 있어 마음이 동해서 일어나기도 한다. 못다 한 선수 생활에 대하여 미련이 남은 듯, 자신의 야구 이론과 최신 이론 등을 섞어 가며 나름 열심히 가르친다. 해당 학교 지도자들은 옆에서 또는 멀리서 물끄러미 지켜만 보고 있기도 하고 무엇을 가르치나 궁금해 은근슬쩍 옆에 와서 볼 때도 있다. 속마음은 편하지 않으면서도 애써 포커페이스를 유지한다. 이 같은 행동은 스카우트가 하지 말아야 할 행동 중의 하나인데 때로는 스카우트들의 의욕이 앞서서 잠깐 잊어버리고 매달리는 경우가 있다. 대부분 아직 업무 파악이 제대로 되지 않은 신입 스카우트들에게서 나오는 실책이다. 선수 생활을 그만둔 지 얼마 되지 않았기에 혈기가 왕성하고, 무엇인가 도움 주고 싶은 마음이 많아 벌어질 수 있는 일이지만 조심해야 되는 사항이다.

스카우트는 선수를 평가하는 사람들이지 선수를 가르치는 지도자가 아니다. 월권행위이기도 하고 기존의 지도자에게 자존심을 상하게 하는 행위가 될 수도 있다. 하루 잠깐 왔다가 저 선수의 무엇이 문제이고 어떻게 해야 좋아지고 등등 신나게 설파하는 스카우트를 보는 지도자 입장에선 왠지 모를 불쾌감이 있을 수 있다. 그 해당 선수의 성장 히스토리를, 왜 야구가 안 되는지, 온갖 방법을 모두 동원해 봐도 잘 안 되고 있는 상황들을 해당 지도자가 스카우트에게 일일이 설명해 주기에는 물리적 시간도 부족하고 또 그럴 이유도 없다. 다만, 어느 지도자는 혹시나 프로 스카우트에게 의지해서 특효약이라도 있는지 싶어 못 본 체하며 짐짓 쳐다보기도 하는 경우도 있다. 그것도 감독들의 개인 성격과 성향에 따라서 다르게 나타난다. 잘되면 선수를 위한 길이고 '본인이 잠깐 지도 방식에서 놓친 게 있었다.' 정도로 생각하면 굳이 자존심까지 상할 일도 아니어서 선수를 위해선 참고 넘어갈 수 있기 때문이다. 그게 진정한 지도자의 덕목이기도 하다. 부모의 마음이기 때문이다.

지도자의 요청이 온다면 아낌없이 줘라

필자가 말하고자 하는 뜻은 '지도자가 요청해 올 때까지 기다려라.'이다.

깨어 있는 의식을 가진 지도자들은 여러 사람들의 의견과 방식을 묻기도 하고 새로운 지도 방식이 없을까? 하고 귀를 기울인다. 상대방이 원할 때 주어야 하며, 받을 마음이 없는데 준들 고마워할 이유가 없고 괜한 오해만 양산할 뿐이다.

만약에 정말로 안타까운 선수가 있고 과거 자신이 겪어 봤던 유사한 상황이나 현상을 본다면 그래서 꼭 그 선수에게 순수한 마음에서 도움 주고자 충고를 주고 싶다면, 조심스레 해당 지도자에게 먼저 양해를 구하기 바란다. 자신이 과거 운동할 때 이런 부분 때문에 매우 힘들었는데 지금 저 선수가 그러한 것 같아서 마음이 아프니 자신이 당시에 그 악몽과 고통에서 벗어날 수 있었던 좋은 방법이 있는데 저 선수에게 전해 주고자 한다면서, 진정성 있는 마음으로 지도자에게 먼저 허락을 받는 것이다. 그렇게 되면 오해받을 일도 없거니와 오히려 그 진정한 마음에 감사하고 신뢰감이 더 높아질 것이다.

그리고 도움을 줘라, 이왕 줄 때 아낌없이 가지고 있는 모든 것을 줘라. 어설프게 건들다 말 것 같으면 애당초 시작을 말아야 한다. 왜냐면 스카우트는 곧 떠나고 남겨진 선수를 관리할 사람들은 해당 지도자들이기 때문이다. 혼란만 부추기면 안 된다. 야구에 정답은 없기 때문이다. 다만, 정답에 가까이 가고자 노력을 하는 것이다. 유니폼을 벗을 때까지 말이다. 그래서 지도자가 납득이 될 때까지 긴 시간도 마다하지 않고 설명을 해줘야 한다. 차선에 차선까지 대처방안을 이야기해 줘야 한다. 그리고 지속적인 관심을 갖고 그 선수에 대해서 해당 지도자와 소통을 이어 가야 진정성이 있는 것이다.

현직 프로야구 스카우트가 전하는 프로가 된다는 것

PART 3

프로로서의
끝없는 도전

CHAPTER 01

첫 유니폼의 무게와 책임감

프로가 된다는 것의 작은 떨림

프로선수가 되기 위해 앞만 보고 달려 왔던 선수들은 막상 프로선수가 되면 잠깐이겠지만 현실 거부감과 공허한 마음이 들기도 한다. 기다렸던 그날이 오면 더 흥분되고 기뻐야 하는데 전쟁터에 나가는 전사처럼 첫발의 떨림은 공허감으로 연결될 때가 있다. 학교 재학 중에는 1년을 못하더라도 다음 해가 기다리고 있고 성적이 안 좋아도 학년은 정상적으로 올라갔었다. 하지만 프로는 내년을 기약할 수 없는 개인사업자처럼 한해 성적을 망쳐 구단이 장래성이 없고 사업성이 약하다고 판단하면 재계약을 안 해준다. 철두철미하게 프로로서의 경쟁력이 있고 없고의 차이에 따라서 구단은 기다려 주기도 하고 비용을 들여서 수술까지 시켜 주며 인내를 한다. 그러다가 언제인가는 갑자기 돌변하여 퇴단의 철퇴를 내리기도 하는 곳이다. 모든 것의 기준은 선수의 필요성과 경쟁력이다. 그것은 오로지 본인만이 만들 수 있고 본인만이 이어갈 수 있는 것이다.

프로로서의 가치는 본인이 만들어 가는데 정작 본인 의사와 상관없이 야구 생명이 끝나는 곳이 프로야구이기도 하다.

늘 집과 학교 관계자들의 관리를 받으면서 정해진 시간에 챙겨 주는 것들만 받아오며 운동에만 전념해 왔던 수동적인 아마선수들이, 이제는 성인으로서 자신의 플레이에 대한 책임을 져야 하는 프로선수가 된다는 것은 많은 변화와 의미를 가져다준다. 스스로 훈련계획을 짜고 실행하고 경쟁을 해야 하는 환경으로 바뀌기 때문이다. 그래서 조금 떨리기도 하고 왠지 모를 착잡한 심정이 되기도 한다. 미처 느껴 보지 못했던 그런 감정들을 선수들은 입단을 코앞에 둔 시점에서 경험한다. 프로의 험난한 파고를 잘 견뎌 낼지에 대한 두려움과 경쟁에서 이겨 내야 하는 부담감을 감내할 수 있을까? 하는 막연한 불안감도 함께 어깨를 짓누르기 때문이다. 이러한 중압감과 스트레스를 이기는 길은 오직 훈련으로 흘리는 땀뿐이다. 불안한 마음을 다잡고 투지를 불태우고 내 안에 내재되어 있는 나를 지켜 주고 보호해 주는 방탄 옷을 입히는 것이 바로 훈련으로 흘리는 땀 속에 모두 다 있다. 모두가 염원하던 프로선수가 되었는데 무엇이 두렵고 주저할 일이 어디에 있겠는가? 원 없이 하고 싶은 대로 맘껏 프로 마당을 휩쓸고 뛰어놀다가 미련 없이 떠나면 된다. 한바탕 원 없이, 쉼 없이 마음이 가는 대로 몸이 가는 대로 휘젓고 떠나면 된다. 프로선수로서의 마인드 세팅은 이러해야 한다.

"이 세상 어디에도 나는 나로서만 유일하게 존재한다." "거침없이 나아가야 할 이유는 이 세상에 나는 혼자이기 때문이다." "자존감을 갖고 당차게 나아가면 된다." "그런 마음으로 간다면 앞으로 마주하게 될 모든 어려운 일들은 모두 정리되고 나에게 길을 터 줄 것이다." "내가 가고자 마음먹은 대로 나는 갈 것이다." "내가 흘리는 많은 값진 땀들이 나를 그곳으로 인도할 것이다."

지명의 축하세례와
방심이 가져다주는 결말

매년 9월 중순 즈음 열리는 KBO 신인드래프트는 9월의 수식어가 될 만큼 야구와 관련된 만인이 기대하는 중요한 날이 되었다. 이날을 계기로 프로에서 꿈을 맘껏 펼치려는 선수들과 야구를 포기하고 떠나는 안타까운 이들, 그래도 야구의 끈을 놓지 않으려 이리저리 분주하게 대학과 독립리그 등을 알아보는 이들로 나누어진다.

모두 함께 정답게 걸어 오다가 갑자기 세상이 만든 갈래에 의해 뿔뿔이 헤어져 가야만 하는 운명, 제일 마음에 안쓰러운 선수들은 대학 4학년들이다. 이들은 프로 지명이 되지 않으면 사실상 야구를 포기하고 다른 길을 찾아야 한다. 야구를 포기한 선수들에게는 불투명한 미래에 대한 두려움이 엄습한다. 그만큼 인생의 젊음을 걸고 투자한 시간이 적지 않기 때문이다. 길게는 초등학교 저학년부터 이어져 온 야구 꿈이었기에 그만두는 게 쉽사리 현실로 다가오지 않는다. 그래서 다가올 인생의 파도를 넘기 위해 어떻게 무엇으로 넘어갈지를 고민하게 된다. 모든 것을 받아들이고 이겨 내야 한다. 앞으로도 무수히 발생할 향후 인생의 역경과 고배들 앞에서 더 이상 머물지 않기를 바란다. 야구를 포기하지 않은 일부 선수들은 독립리그라도 가서 재도전하기도 하지만 웬만한 정신력 아니면 쉬운 결정은 아니다. 독립리그에서 프로로 진출하는 길은 매우 희박한 일인 것을 잘 알기 때문이다.

2년제 전문대학 선수들은 재도전을 하기 위해 4년제 대학으로 편입을 한다. 해당 4년제 대학도 양질의 선수들을 골라서 받을 수 있기에 전력 강화도 되고 선수층도 넓어져 성적도 낼 수 있어서 감독들은 내심 반기는 분위기이다. 단지 학교의 여건이 안 되어서 편입생을 받고 싶어도 못 받는 대학교가 더 많아서 선수를 충원하는 대학은 부러움을 사기도 한다. 누이 좋고 매부 좋은 식으로 편입 선수들에게 꿈을 키울 수 있는 기회를 연장시키는 일이니 분명 좋은 일인 것은 사실이다.

지명이 되지 않아 포기하는 선수와 달리 지명일에 본인의 이름이 구단에 호명이 되면 일단은 프로 지명에 대한 안도감을 가지면서 주변 사람들로부터 축하를 받느라 정신이 없다. 이는 부모님들도 마찬가지이다. 그러다 점차 시간이 흐르고 나면 지명된 구단에 대한 평소의 생각과 순번 등이 떠오르며 왜 내 자식이 이렇게 순번이 밀렸는지, 이 순번이면 계약금이 얼마나 되는지 계산하며 순번에 대한 아쉬움을 삼키기도 한다. 하지만 같은 학교의 다른 동료들은 프로 지명이 안 되어 속상한 상태이다 보니 너무 기뻐하기도 조심스럽고 지명 안 된 다른 애들을 생각하면 마음도 아프다. 갑작스럽게 지명이 되면 되는 대로 머리가 복잡하고, 안 되면 세상이 무너져 내리는 것 같고 모든 것이 서운하고 참으로 사람 마음은 어렵다. 이럴수록 이성을 찾고 다른 사람들 배려도 해야 한다. 먼저 감독님께 감사의 인사를 하고, 지명 안 된 다른 부모님들께도 조심스럽게 안타까운 마음과 함께 심심한 위로의 마음을 전해야 한다. 아무 말 없이 그냥 있는 것보다는 무조건 더 인간적이다. 그게 대한민국 사회의 통념이다.

지명된 선수는 이때부터가 참으로 중요한 시기가 된다. 해당 학교에선 이미 2학년들 위주로 훈련과 연습경기가 진행되면서 학교 선수단이 재편되며, 졸업반들은 개별훈련과 개인훈련으로 전환된다. 일부 학교는 회비 문제로 3학년들을 계속 잡아 두기도 하지만 대부분은 저학년 중심으로 재편된다. 이때가 가장 중요하다고 하는 이유는 이 시기를 소홀히 하면 프로에 가기 위한 준비로서 첫 단추를 잘못 꿰는 실수가 나오기 때문이다.

최근 학교 훈련이 수업과 주말 경기 때문에 번번이 경기 위주로 진행되는 바람에 선수들이 알차게 근력훈련과 심폐훈련이 안 되어 있는 게 태반이다. 그것마저도 안 하고 개인훈련을 하다 보면 훈련의 내실이 떨어져 점차적으로 근력이 떨어져서 자신도 모르게 프로로서 버틸 수 없는 몸이 되는데 이것은 정작 본인은 의욕만 앞설 뿐 도태된다는 뜻이다.

필자는 이러한 선수들을 무수히 많이 봐 왔고 경험해 왔기에 선수의 프로 생활이 순탄할지 중도 하차할지, 전체 훈련 스타트 후 불과 한 달 정도면 어느 정도는 그 윤곽을 그릴 수 있다고 감히 얘기할 수 있다.

지명 이후 여기저기서 축하받느라 정신없고, 대학 진학한 선배들로부터 한잔하자는 유혹 등으로 하루하루 지내다 보면 어느덧 프로 훈련 합류 시간이 다가온다. 신인드래프트에서 지명된 신인선수들은 대개 11월경 진행되는 구단별 마무리캠프에서 프로의 유니폼을 입고 첫 훈련에 참가한다. 그 중요한 시간들을 방심하고 축하 인사에만 묻혀서 현실 인식 없이 시간을 허비하면 프로 훈련 첫날부터 무리가 오고 부상이 거짓말처럼 찾아온다. 결국 훈련에 따라가지 못해 기량은 동년배 신인보다 점점 뒤처지고 죽으라고 훈련하는 프로 선배들과는 본인이 봐도 경쟁이 안 될 것 같은 불안감이 엄습한다. 축하받고 의기양양하던 본인은 어디론가 간 곳 없고 언제부터인지 군대 갈 생각만 한다. 이러한 낙오선수는 사실 아주 간단한 부분에서 갈린다. 지명일부터 바로 훈련에 매진하는 선수냐 아니면 내일부터 한다며 뒤로 미루는 선수냐에 따른 차이이다. 축하받는 많은 지명 선수들은 깊이 새겨야 할 대목이다.

눈물의
입단식

지명이 끝나고 나면 새롭게 구단 식구가 된 지명 선수들은 제각각 자신의 소감과 향후 각오 등을 구단 홍보팀과의 인터뷰에서 밝힌다. 모두들 상기된 기분으로 생전 처음 마이크를 잡고 카메라 앞에 서는데도 불구하고 마치 많은 시간을 두고 연습을 하고 온 모양으로, 제법 인터뷰 내용들이 알차고 좋은 것에 가끔씩 놀랄 때가 있다. 학교의 감독과 코치들에게 감사의 인사를 전하는 것을 잊지 않고, 부모님들께 전하는 사랑한다는 말도 빼먹지 않고 하는 모습들을 보노라면 공감능력과 사고력이 꽤 깊어졌다는 것을 느끼기도 하고 여러 질문에 주저하지 않고 다양하게 답변하는 것을 보면 표현력도 상당히 좋아졌다는 것을 느낀다. 더구나 미디어와의 친근감과 접근성도 예전 같지 않은 점을 보면 역시 요즘 Z세대란 것을 실감한다.

[그림 3-1] 2023년 SSG 랜더스 신인선수 입단식 모습(출처: SSG 랜더스 제공)

실제 2023년 KBO 신인드래프트 시 SSG 랜더스에서 1라운드로 지명한 이로운 선수의 인터뷰 내용을 텍스트로 담아 보았다.

"좋은 팀에 지명받게 되어서 굉장히 영광스럽게 생각하고 있습니다.

고교 시절 롤모델은 소형준 선수였는데 이제 김광현 선수로 바꾸겠습니다.

데뷔 목표는 빠른 시일 내에 1군에 올라가서 시합을 뛰고 싶고 팀에 도움이 되는 선수가 되고 싶습니다.

선배님들과도 빨리 친해져서 좋은 관계를 만들어서 많이 배우고 싶습니다.

감사한 분은 먼저 부모님이 가장 감사하고 정말 고생 많으셨는데 앞으로 제가 더 잘하겠습니다.

고등학교 감독님, 코치님 가르침도 너무 감사하고 앞으로 대구고에서도 좋은 후배들이 프로에 많이 나왔으면 좋겠습니다.

마지막으로 팬 분들 기대에 부응할 수 있도록 성실하고 열심히 하는 선수가 되겠습니다."

이로운 선수는 인터뷰 내용처럼 2023년 시즌 개막 엔트리에 합류하여, 30경기 이상 출전하는 등 프로 무대에 순탄하게 안착하고 있다.

[그림 3-2] 2023년 SSG 랜더스 신인선수 이로운의 입단 각오(출처: SSG 랜더스 제공)

당 구단은 매년 새롭게 신인으로 뽑힌 선수들을 위한 입단식 행사를 가진다.

지명일 당일 KBO 신인드래프트 행사장에 참석 못한 지명 선수들도 있어서 후일 장소와 날짜를 잡아서 부모님들과 형제들 그리고 기타 가족 친지들을 모두 초청해서 입단식 행사를 가지는데, 구단의 2군 훈련시설인 강화도에 위치한 SSG퓨처스필드에서 의미 있는 행사를 마련하여 입단식을 치른다.

정식으로 SSG 가족이 된 것을 축하하는 자리이기도 하지만 지명된 부모들께 당신의 아들들이 미래의 꿈을 성취하기 위해 이곳에서 훈련과 잠자리를 하며 더 단단해지고 성숙해지는 곳이란 것을 알리기 위한 의미가 더 깊다. 실제로 아들들이 잠을 자는 방에서 침대와 침구, 방 구조 등 생활하기에 불편한 점들은 없는지 직접 경험해 보는 의미를 부여한다고 해야 정확한 표현일 것이다.

아마추어 야구와 달리 프로에서는 1군은 물론 2군 선수들도 세탁을 모두 구단에서 해결해 준다. 그래서 훈련 이후 빨래하는 시간을 절약할 수 있고 더욱 자신의 훈련에 집중하고 전념할 수가 있다. 더군다나 선배들의 뒷수발도 필요 없는 글자 그대로 프로이기에 자신만의 훈련에만 매진할 수 있는 분위기가 된다. 부모들은 아마추어 때 보지 못했던 여러 시설들이 정갈하게 잘 준비되어 있는 것을 보면서 만족해하시고 또 안심을 하면서 마음 뿌듯해하시기도 한다. 부모들이나 선수들이 무엇보다도 더 마음에 들어 하는 시설들은 실내훈련장과 웨이트훈련장 그리고 사우나 시설이 포함된 간이 수영장과 목욕탕을 손꼽을 수가 있다. 한편으로 전문 영양사와 요리사가 포진해 영양식을 제공하는 식당은 선수들의 체력과 영양 공급에 앞장서는 데 충분하다는 것을 직접 식사를 하면서 경험한다. 특히나 2군 야구장의 잘 정돈된 천연잔디구장은 아마추어 선수들이 그동안 운동해 오면서 쉽게 밟아보지 못한 경험을 제공하는데 부모들도 함께 밟아보며 경험하면서 흡족한 미소를 띠기도 한다.

보통 2군 선수들은 막상 1군에 콜업(call up)되어 올라가면 그라운드 환경도 다르기도 하지만, 긴장감이 극도로 높아져서 자신의 기량을 100% 펼치는 데 실패하기도 한다. 그래서 2군 훈련장 시설을 1군 야구장과 흡사한 분위기로 조성하여 익숙한 분위기로 조성하려고 노력한다. 단지 관중들만 없을 뿐 시설들을 최대한 SSG 랜더스필드와 동일한 분위기로 연출하는 것이다. 대표적인 장소가 실내 피칭연습장이다. SSG 랜더스필드 마운드와 같이 홈 플레이트와 포수 뒤쪽 관중석을 똑같이 시각적으로 익숙하게 만들었다. 디테일한 부분까지 신경 쓴 내용으로서 혹여 실제 1군 마운드에서 경기할 때 긴장하지 말고 늘 하던 대로 편한 마음으로 잘 하라는 배려이기도 하다.

시설들을 두루 둘러보신 부모님들은 말로만 듣던 프로야구 시설을 직접 보고 느끼면서 안도감과 함께 아들의 장밋빛 미래를 상상한다. 이날 행사의 백미는 이후에 펼쳐지는 입단식이다. 선수의 어릴 때부터 성장 과정을 그린 영상물들이 제작되어 화면 가득히 펼쳐지는데 야구선수 자식을 둔 부모들은 모두가 만감이 교차하는 표정으로 지난 시간들을 생각하며 눈물을 훔친다. 그도 그럴 것이 애기 같았던 어린 선수들이 언제 이렇게 성장했나 싶을 정도로 키우느라 고생했던 시간들이 떠올라서 눈물이 앞을 가리는 것이다. 그 심정 백번이고 이해가 간다. 이후 프로그램은 부모들이 구단의 유니폼과 모자를 착용하는 시간을 보내고 아들을 위한 소망을 이야기하는 인터뷰를 진행한다. 부모의 간절한 마음이 담긴 소망 내용은 어떤 때엔 행사를 지켜보는 우리 스카우트들도 눈물짓게 하는 마음 아픈 내용들이 많다. 선수도 울고, 부모도 울고, 스카우트들도 눈물을 훔치는 그런 입단식 프로그램이다. 분명히 기쁜 날인데 이 과정은 왜 그리도 슬픈지, 대한민국의 정서 때문인지, 한이 많은 민족성 때문인지는 필자도 잘은 모르겠다. 선수들은 자신이 향후 어떤 선수가 되겠다는 포부를 야구 사인볼에 적어서 부모들께 선물을 하는데 이 행사는 기대 넘치는 웃음의 시간이 되기도 한다. 각오들이 발랄하고 효심이 넘치기 때문인 까닭도 있고, 100억짜리 FA가 되어 부모들께 효도하겠다는 내용들이 주를 이룬다. 어떤 선수는 빌딩을 사서 부모님께 드린다고 하고, 람보르기니 고급차도 사드리고 별장도 등장하고 이날만큼은 세계의 재벌들이 부럽지 않은 날이 된다.

눈물의 입단식 행사는 저녁 만찬을 마무리로 끝을 맺는데 푸짐한 한우 구이와 각종 영양식으로 선수들과 부모와 가족 친지들을 대접하면서 막을 내린다. 이후 부모님들은 아들이 생활할 방에서 직접 주무시기도 하고 개인 사정으로 주무시기 어려운 부모님들은 집으로 갈 길을 재촉하기도 한다. 의미 있고 뜻깊은 입단식과 훈련장 방문을 몸소 체험하시면서 마음 든든히 행복한 마음으로 귀향을 하는데, 모두들 이구동성으로 하시는 말씀은 "이제 남은 것은 우리 자식이 잘할 일만 남았다. 모든 것은 준비되었다."이다.

스스로의 다짐에 대한
배신

프로에 입문하면 앞에서 열거한 마음가짐으로 매사 모든 플레이와 행동에 임해야 하는데 필자가 경험해 본 프로선수 신진급들 중에는 간혹 그런 결의와 투지도 없는 선수들이 의외로 많다. 결국 그런 마인드를 가진 선수들은 찬바람 부는 겨울 속으로 홀연히 사라지는 명단에 포함되어 꽃도 채 피워 보기도 전에 방출명단에 이름을 올리는 경우가 자주 발생한다.

구단 입장에서는 그런 선수들이 상위 라운드에서 뽑은 선수라면 몇 년의 기회를 주면서 1군 선수로 키워 보려 하지만 선수의 의지가 약하고 선수단 분위기에 악영향을 끼친다고 판단되면 여지없이 수술용 메스를 대어 선수단에서 정리한다. 상위 라운드가 아깝지만 더 큰 손실을 방지하기 위해 과감한 정책을 펴는 게 구단이다. 분명 프로 지명 후 입단 전까진 부푼 꿈을 향해 매진할 것을 자신에게 약속하지 않았을 리가 없는데 프로 입단 후 서너 달이 채 지나기도 전에 야구에 대한 열정도 열의도 없이 그냥 출퇴근만 반복하는 직장인처럼 무의미한 훈련을 거듭한다. 이런 선수는 백약이 무효하여 어떤 충고와 조언에도 마음을 잡지 못하고 야구 외적인 곳에 신경을 쓰다가 가을의 방출 초대장을 받게 된다. 이런 유형의 선수들은 의외로 많다. 각 구단마다 매년 2~3명은 존재한다고 해도 과언은 아니다. 프로 스카우트들이 그런 정신적인 부분까지 고려하여 선수들을 선별했는데도 아마야구에 있을 때와 프로 옷을 입었을 때 확연하게 차이가 나는 선수들이 있다. 그러다 어느 날 갑자기 정신을 차리고 주변을 둘러보면 온통 후회밖에 남지 않는다.

이런 현상들은 대졸 출신 선수들보다 고졸 선수들에서 빈도가 높다. 그렇다고 고졸 선수들 모두를 폄훼하는 것은 아니다. 고졸 선수들 중에서도 얼마든지 훌륭한 마인드를 가진 선수가 있다. 대졸 선수들은 캠퍼스 기간을 거치면서 보다 더 성숙한 시간을 보낸 덕도 있고, 더 이상 물러날 곳이 없다는 절박함이 프로의 문을 통해서 실현된다고 봐야 할 것이다. 몸도 마음도 성숙한 대졸 선수들이 구단의 선수 관리 차원에선 안정적이라고 볼 수 있고 기타 사고의 위험도 상대적으로 낮다. 단지 병역의 도래 시기가 너무 짧아서 구단 활용도가 떨어진다는 부분을 제외하면 기량만 된다면 대졸 선수들을 영입하는 것도 선수 수급 차원에서 구단의 효율적인 중장기 전략이다.

중도하차하는 여러 이유 중 주변의 친구들과 이성 문제 등도 한 가지로 손꼽힌다. 선수의 성장과 성공은 본인 하기에 달렸지만 주변의 관심과 도움도 절실하다. 모든 이들이 공들여서 선수성장을 도와야 하고 무엇보다도 선수가 초지일관하여 변함없이 노력해야 할 것이다.

프로선수가
되어 가는 과정

보통 일반적으로 프로 1년 차는 어떻게 지났는지도 모르게 정신없이 시즌이 마무리된다. 그래서 아주 작은 시작이지만 프로 세계를 경험한 2년 차부터는 포지션 경쟁부터 시작하여 경쟁자들의 모습들이 보이고 자기 포지션에 위치한 1군 선수들의 기량도 눈에 들어오며 한 번 경쟁해 볼만하다는 투지와 오기가 생기는 시기이기도 하다. 그만큼 프로 1년의 경험은 소중한 자산으로서 자신을 더 높이 올려 줄 사다리 역할을 할 중요한 시간인 것이다. 또 본인의 투지를 자극하는 일들은 자신과 대등한 위치에 있었던 동료 내지는 친구가 타 구단 또는 같은 팀에서 이미 1군 무대를 밟는 모습을 보는 경우이다. 구단마다 선수육성 시스템이 각각 조금씩 다른 관계로 약간의 차이는 있지만 될성부른 떡잎들은 미리 1군 경기를 경험해 보란 취지에서 시즌 중 콜업을 통하여 1군 경기에 투입시키기도 한다. 대부분 승패가 이미 기운 부담 없는 경기에 경험치를 높이기 위해 출장을 시킨다. 반면에 강하게 키우고자 하는 지도자들은 하필 1군 경기 첫 등판을 팀의 위기상황이나 무사만루처럼 어려운 상황에 등판시켜 배포와 강단을 시험해 보기도 한다. 좋은 성공 경험을 하면 바로 강판을 시켜서 오래도록 그 느낌과 자신감을 살리도록 만들어 가는 경우도 있다. 하지만 첫 등판 시 난타당하여 만신창이가 되어 고개를 떨군 채 마운드를 내려오는 경우도 많다. 선수 마인드 관리 측면에서 보자면 처절하게 난타당한 후 다시 일어서는 것보다는 첫 경험으로서 성공 자신감이 선수 성공에 효과적인 길잡이가 되는 확률이 더 높게 보이지만 쓴 약을 먼저 먹은 선수나 좋은 기억과 자신감을 가진 선수나 될 선수는 결국 된다. 시간 차이가 얼마나 나느냐의 문제.

대부분의 신인 첫 경기는 부담 없는 경기에 투입하는 게 그동안의 정례다. 다행스럽게도 좋은 결과가 나오면 선수의 자신감은 하늘을 찌를 듯이 상승할 것이며 그러지 못한 결과가 나오더라도 그런 경험을 통해 향후 훈련과 마음가짐에 여유가 생기는 플러스 요인도 있다.

선수의 1군으로의 진입은 감독의 의지에 의해서 되기도 하고 준비된 선수가 재빠르게 꿰차는 경우도 있다. 두 가지 경우 모두 선수의 준비된 마인드와 기량에 달려 있다. 준비가 되지 않은 선수는 잠깐은 빛을 볼지라도 연속성은 떨어지게 되어 있다. 편차가 심하고 부침이 심한 선수를 1군에선 오래도록 머물게 하지 않기 때문이다. 선수는 그런 우여곡절을 겪으며 점차적으로 내성을 키우면서 단단해지고 어느덧 1군의 주축 선수로 자리매김하는 것이다.

선수단 내 관계도 사회생활이다

선수단을 해마다 근거리에서 지켜보노라면 긍정적인 마인드를 가진 성향의 선수들은 웬만한 고난이 오더라도 잘 헤쳐 나가는 반면, 멘털이 다소 약하거나 부정적인 선수들은 결국 조금씩 도태되는 그림을 보이기 시작한다. 자신만의 확고부동한 목표의식 없이 수동적으로 프로생활을 하는 선수들은 코칭스태프에게서 먼저 외면을 받고 보호받지도 못한다. 가끔씩 코치와의 불화 내지는 갈등이 있는 선수들이 있다. 내성적인 선수들이 자기표현을 제대로 못하고 코치와의 의사소통에서 항상 손해 본다는 피해의식이 있는 선수들이다. 이런 유형의 선수들은 현장 코칭스태프로부터 신뢰감이 없고 프런트 조직의 현장 직원들에게도 높은 평판을 받지 못한다. 코칭스태프와 프런트 직원 등 모두는 언제나 열심히 매진하는 선수 편에 서 있다. 정규훈련이 끝나고 난 뒤에도 밤늦도록 죽으라고 개인훈련에 몰두하는 선수들을 누가 이쁘지 않다고 하겠는가? 무엇 하나라도 도와주고 챙겨 주고 싶은 게 인지상정이고, 훗날 그 해당 선수가 방출의 위기에 몰렸을 때도 이구동성으로 그 선수에겐 기회를 한 번 더 주자는 데 의견이 쉽게 모아진다. 왜냐면 1차 회의 때 코칭스태프와 프런트가 방출명단을 작성하고 추가 검토에 들어갈 때 해당 선수들의 긍정적인 요소를 체크 어필하여 방출에서 구제하는 것은 마지막으로 프런트의 몫이기 때문이다.

선수들은 훈련과 경기도 최선을 다해야 하지만 평소 대인관계에 있어서 진솔한 행동과 성실한 자세를 계속 보여야 한다. 요즘 시대가 어떤 시대인가 자기 PR도 자기 어필도 스스로 하는 시대 아니겠는가? 보기 좋은 떡이 먹기도 좋다고 밝은 얼굴로 인사부터 잘하는 게 대인관계의 첫걸음이다. 주변 사람들에게 배려하고 친절하고 자신의 일에 최선을 다할 때 누군가는 여러분을 도와줄 것이다. 반면 코치와의 갈등과 훈련태만인 선수들을 보호해 주고 싶은 스태프들은 거의 없다. 냉정한 세계인 프로야구도 결국은 사람들이 사는 세상이고 아직은 인간미를 중시 여기는 정서가 남아 있기 때문이다.

프런트 생활을 하다 보면 알게 모르게 선수들의 사회적인 문제 발생들을 즉각 바로 알게 된다. 차압고지서나 각종 법적인 문제에 연루되어 법원으로부터 서류가 송달되어 오는 경우도 있고, 채권자로부터 내용증명이나 기타 등등의 좋지 않은 일들이 사무실로 전달되어 오는데 프런트 내 관련 부서장은 사안의 중대성 등 경중을 신속히 파악하여 만일의 사태에 미리 대비한다. 어떤 때엔 급여차압에 관한 고지서가 날아와서 어떻게 할 방법도 없이 고스란히 채권자가 매달 급여에서 일부분을 가져가게끔 조치를 취할 수밖에 없는 일들도 생긴다. 어떤 피치 못할 사정이 생긴 것인지 사태 파악이 우선이고 그 이유들이 불순하거나 사회적인 문제로 번질 일인지도 판단해야 한다.

이제는 선수단 내 생활도 그냥 선수단 내 생활이 아니다. 프로야구선수는 공인이기 때문에 많은 언론의 스포트라이트를 받고 있다. 선수단 내 생활의 실수가 곧 사회적인 실수가 되는 세상이다. 여기서 사회적인 질서와 배려, 존중과 사랑을 몸소 실천하며 선수 생활을 이어 가야 한다.

CHAPTER 02

강한 멘털로 버티기

2군 강등의
비애와 오기

프로선수가 되어 선수 활동을 시작하다 보면 처음 몇 년간은 대부분 2군 생활을 하게 된다. 바로 1군 선수가 되는 영예를 누리려면 그만큼 1군 선배들과의 경쟁에서 이겨 내는 출중한 기량이 뒷받침되어야 하는데, 첫해부터 기존의 기라성같은 1군 선수들과 견주기에는 많은 부분이 약한 게 사실이다. 그래서 선수들은 크게 무리 없이 2군 선수 생활을 거부감 없이 잘 받아들인다. 그러나 이 같은 시간들이 몇 년간 훌쩍 지나가 버리고 우선 과제였던 군대까지 해결하고 오면 그다음부터는 자신의 거취와 현 상황들에 대한 고민과 불안의 시간이 온다. 왜냐면 같은 시기에 입단한 타 구단의 동기생들 활약도 귀에 들어오고, 은근슬쩍 집에서도 기대에 지쳐 낙심하는 분위기를 느끼기 때문이다. 더욱이 여자친구가 있을 때는 여러 가지로 신경이 쓰이기도 한다. 또 구단에서 자신하고 동일한 포지션에 비싼 돈을 들여서 FA를 사 오거나 트레이드로 영입했을 때는 더욱 머리가 복잡해진다.

이럴 때에 2군 선수가 가져야 할 마음가짐을 다음 짤막한 이야기로 대신해 본다.

자신을 다독이며 훈련에 매진한 끝에 2군에선 그나마 첫 번째로 1군에 올라갈 백업 멤버라고 코치들의 칭찬이 자자하고, 머지않아서 1군에 선을 한번 보일 테니 몸 관리 잘하라고 2군 감독께서도 힘을 보태어 준다. 어느 날 갑작스러운 1군 호출을 받는다. 2군 경기가 거의 끝나갈 때 즈음 2군 매니저로부터 다급한 연락을 받고 바로 1군 경기가 열리는 장소로 이동하였다. 2군을 떠나 올 적에 이구동성으로 하는 말들이 있다. 물론 덕담이지만 모두들 하시는 말씀들이 "이번에 1군 올라가면 다시는 내려오지 말고 말뚝 박아라."이다. 그래 나도 정녕 그리 하고 싶다.

1군에 도착하는 길에 1군 호출 이유를 들었다. 갑자기 주전급이 복통을 호소하여 경기 출장이 불가하다는 것이다. 1군 코치님들과 감독님께 인사를 올리고 바로 훈련장으로 나가서 훈련에 합류하는데, 기존에 알고 지냈던 형들과 후배들이 반가이 맞이해준다. 그래도 아는 선수들이 많아서 서먹한 것은 없어서 한결 다행이다. 복통으로 결장한 선수를 대신하여 곧바로 경기에 출장할 줄 알고 단단히 마음을 먹고 있는데 선발 오더를 보니 이름은 빠져 있고 대기명단에 이름이 있는 것을 보고 1군에 올라온 실감이 났다. 경기가 개시되고 중반부 이후 팀이 대량 실점을 하여 지고 있을 때 내 이름이 호명되며 수비에 나가고 이후 이닝이 지나며 처음으로 1군 타석에 들어서게 되었다. 2군 투수들 볼만 쳐 보다가 막상 1군 투수들의 볼을 상대해 보니 제구력이나 구위가 장난이 아니다. 정신없이 금방 2스트라이크 노볼이 되어 잠깐 호흡을 가다듬고, 이대로 물러나면 안 된다고 이를 악물고 눈을 부라리며 다음 볼을 주시했지만 주심의 콜은 영락없이 스트라이크로 삼진이 되었다. 배트 한 번 휘둘러 보지도 못하고 우두커니 서 있다가 물러났다. 감독님과 코칭스태프분들은 나에게 아무런 말도 하지 않았고 잠깐 슬쩍 흘려 보는 느낌만 들었다. 프로 데뷔 첫 타석은 누구나 모두 다 삼진을 먹는다고 하던데 그걸로 애써 위안을 삼기엔 너무 억울했다. 오늘을 위해서 얼마나 많은 날들을 훈련으로 채웠는데 힘도 못 쓰고 삼진이라니 나 자신이 너무 원망스럽고 맥이 빠진다. 경기는 우리 팀의 패배로 끝이 났다. 다들 내일 지방 원정경기를 위해 이동 짐을 싸느라 분주했고 나머진 샤워를 하고 옷을 갈아 입는 모습들이다. 갑자기 1군 매니저 형이 나를 잠시 불렀다. 불길한 예감이 스쳤다. 수고했다는 말과 함께 2군 내려가서 더 열심히 하고 빠른 시간 안에 다시 보자고 했다. 결론은 2군 강등인 것이다. 1군 선수단 버스는 그렇게 내일 있을 지방 원정경기를 위해 출발하였고 나 혼자 덩그러니 남았다. 큰 가방을 멘 채로. 2군 숙소로 돌아오는 내내 사나이 울음을 삼켰다. 더 강해져야 한다. 이대로 주저앉으면 안 된다. 너는 할 수 있다. 믿는다고 연신 자신에게 채찍질을 하였다. 늦은 밤 2군 숙소로 돌아오는 택시 안에서 열 번이고 더 맹세를 하고 이를 갈았다. 힘들수록 멘털이 강해져야 하고 깡으로 버텨야 한다고. 정답은 피나는 훈련뿐이라고 각오를 새겼다. 그렇게 오기가 생겼다.

트레이드 속
숨은 이야기

늦은 밤이다. 갑작스럽게 매니저에게서 걸려 오는 전화 벨소리에 왠지 불길한 예감이 스친다. 보통 대부분은 경기 끝날 때 즈음 단체로 내일 일정이나 특별한 일이 있을 경우에만 게시판이나 전체 미팅 때 미리 알려주는 게 일상인데 밤늦게 매니저에게 걸려 오는 전화는 드문 경우이다. 가끔 그날 시합을 망친 중대한 실책으로 의기소침할 때 친하게 지내는 매니저 형 정도면 위로의 전화나 할까, 하루를 마무리하기 바쁜 매니저가 밤늦은 시간에 직접 전화하는 것은 방출 아니면 트레이드 아니면 2군 강등 등의 좋지 않은 일이 많기 때문이다. 뜬금없이 걸려 오는 매니저 전화에 혹시나 하고 불안감을 안고 전화를 받는다.

"예, 매니저님 ○○○입니다." 전화기 너머로 들려오는 불안감은 매번 틀린 적이 없다. "어느 구단으로 트레이드가 되었다. 날이 밝는 대로 상대 구단 사무실로 가면 될 것이다. 그동안 수고 많았다. 아쉽지만 그곳에 가서 잘 되기 바란다."

전화를 끊고 난 뒤 한참이나 멍하니 서 있다. 무엇부터 해야 되는지 잠깐 서성인다. 그러다 곧이어 낯선 번호로 전화가 걸려 온다. 평상시면 모르는 사람의 전화는 잘 안 받는 편인데 이 전화는 받아야 할 것 같아서 바로 받아서 응답을 한다. 트레이드되어 갈 상대 구단의 매니저로부터의 전화다.

"예, 선수 ○○○입니다."

"반갑습니다. ○○○구단의 매니저 ○○○입니다. 조금 전에 ○○○ 선수가 우리 구단으로 트레이드되어 새 식구가 되었습니다. 내일 몇 시까지 어디로 나오면 됩니다. 내일 다시 연락합시다."

정신이 번쩍 든다. 트레이드된 사실이 실감되고 우선은 감독님과 코치님들께 마지막 인사를 하고 가야 도리가 아니겠나 싶어 전화를 드린다.

다들 똑같은 멘트로 위안의 말을 건넨다. 여기보다 거기가 더 기회가 많으니 가서 잘 하라고 한다. 오히려 다들 잘되었다고 한다. 그럭저럭 룸메이트하고 친하게 지낸 선배 그리고 주장에게 트레이드 사실을 알리고 마지막 인사를 전한다. 가족들과 아내에게 소식을 알려야 함은 당연하다. 가족들이 오히려 담담하게 받아 줘서 고맙기만 하다. 그날 밤늦은 시간까지 석별의 정을 나누며 바쁘게 인사를 마무리한다.

당장 급할 때는 트레이드 다음 날 새 구단에 인사하기가 무섭게 경기에 바로 출장하는 경우도 있다. 언제 만들어 놓았는지 모르게 본인의 유니폼과 백 넘버(back number, 등번호)까지 준비가 되어 있어 신기할 틈도 없이 게임 준비하기 바쁘다. 이렇게 일사천리로 진행이 되는 경우는 사실 며칠 전부터 양 구단이 양수·양도를 위한 물밑 작업을 은밀히 비밀리에 해 놨기에 가능하다. 양도·양수계약서에 양 구단의 대표이사 직인이 찍힌 서류가 KBO로 넘어가고 총재의 승인이 나야 비로소 트레이드가 성사되고 효력이 발생되는 것이다. 트레이드는 이와 같이 진행한다.

트레이드가 되는 경우는 몇 가지 요인들이 있다.

각 구단들이 매년 스토브리그를 거치며 해당 연도 전력을 완성시켜 시즌에 돌입하는데 어느 한 부분에서 계획대로 되지 않고 변수가 발생했을 때이다. 구단들은 전지훈련을 다녀와서 시범경기에 들어가기 전에 수차례의 연습경기를 치른다. 이때 구단의 수뇌부는 올 시즌의 기존 전력 외에 새롭게 추가되는 전력들의 안정성을 면밀하게 들여다본다. 그 해당 포지션의 전력이 기존 전력과 함께 플러스 요인이 될지와 여의치 않을 시를 대비한 컨틴전시 플랜(contingency plan, 미래에 발생 가능성이 있는 위기상황에 대처하기 위해 미리 준비하는 비상계획)을 미리 예상해 놓는다.

그런 시각으로 연습경기와 시범경기를 치르면서 서서히 드러나는 문제요인들에 대하여 보완대책을 강구하고 또한 시범경기나 시즌 초반부에 반갑지 않게 주전들의 부상이란 암초와도 만날 수 있어서 더욱 만반의 준비가 되어 있어야 한다.

구단마다 계획한 전략에서 벗어난 포지션이 드러나 보완의 필요성을 느끼면, 구단들은 트레이드로 대체 전력을 충족하려 타 구단에서 대상 포지션 선수들을 리스트업하며 준비에 들어간다. 양호한 기량을 가진 선수인데도 해당 구단에서 백업으로 활동 중인 경우, 비슷한 기량을 가진 선수의 인원수가 여유가 있는 경우, 시즌 중 상무팀 제대선수인 경우, 구단의 정책상 젊은 선수 위주의 세대교체나 리빌딩(rebuilding)을 시도하여 실력이 준수한데 노장으로 분류되어 있는 경우 등이 대상이 된다.

그럴 때 구단들은 운영팀장들끼리 사전 탐색을 하며 의사를 타진하기도 하고, 때론 구단의 단장이 직접 해당 구단 단장과 협상하기도 한다. 대표이사가 직접 협상에 나서서 트레이드가 성사되는 경우는 거의 없다고 보면 된다. 현장의 감독에게 이와 같은 일을 추진하고 있다고 보고하고 감독이 요구하는 선수를 거명하며 상대 구단과 직접 타진하기도 한다.

현장과 프런트의 소통을 중요시 여기는 것은 현장과의 끊임없는 소통이 상호 간의 존중을 이어가기 때문이다. 현장의 감독을 패싱하고 구단 독단적으로 움직이는 프런트는 거의 존재하지 않다고 봐야 한다. 과거에는 현장에서 절친한 감독 상호 간에 트레이드를 타진하기도 했다. 급한 불을 꺼야 하는 상황일 때 상대 구단의 감독에게 긴급 SOS를 치고 합의를 받아들이면서 급작스럽게 트레이드가 성사되었던 적도 있었다. 그런 때는 운영팀장이 바통을 이어받아서 세부적인 주요 사항들을 추진하는데 단장과 사장의 허락을 사전에 득하고 본격적으로 맞추어 가기도 했다.

국내 구단 간의 트레이드는 언제부터인가 시장 자체가 원활하게 열리진 않았고, 점점 경색되었다. 양 구단 간의 이해타산이 너무 심하여 선수 간 레벨과 기량차가 안 맞는 카드를 서로 제시하다 보니 상호 간에 자존심만 건드리고 무산되는 일들이 많았다.

이구동성으로 이야기하는 것은 우리 팀의 미래 기대주 누구를 달라고 하면서 자기네 선수는 이미 은퇴를 논하거나 부상으로 몇 년째 재활 중인 선수를 준다고 하는데 이게 도대체 말이 되는 소리냐며 분개하기도 했다. 그래서 구단 간 트레이드 성사는 잘 되지 않을 뿐더러 중간에 깨지는 일도 다반사이다. 이와 같은 이유로 트레이드 논의 자체는 불발될 것을 염두에 두고 상호 간에 절대적인 비밀이 되어야 한다. 그래야 무산으로 인한 상처를 선수에게 주지 않는데, 이 불문율이 공공연하게 깨지는 게 요즘 프로야구이기도 하다.

사실 본인의 입지가 흔들려 이 팀에서 트레이드시키려 했다는 것을 선수가 알게 되면 무슨 신이 나서 운동에 전념하겠는가? 그래서 비밀스럽게 추진하는 게 트레이드여야 한다.

그리고 트레이드가 활발하게 성사되지 못하는 다른 이유도 있다.

구단의 운영능력에 대한 검증이 즉시적으로 실시돼서 장사를 잘 했니, 못 했니 하는 결과가 바로 보여지기 때문에 그 후유증을 기피하려 하는 이유도 한몫한다.

또 다른 이유는 선수의 장래성은 한계가 분명한데 꼭 다른 구단으로 가면 크게 터질 것 같아서 못 보내는 경우도 있다. KBO 모 구단은 아예 트레이드 문을 한동안 틀어 잠근 적도 있다. 구단에 있을 때에는 두각을 나타내지 못하다가 트레이드하는 순간 하늘 높이 솟아올라가 대스타가 된 선수들이 있었기 때문에 트레이드와 방출 등의 선수 이적에 무척이나 예민해진 때문이다.

필자가 몸담았던 구단에서는 일명 프런트 전문가들이 많이 포진되어 열렬한 토론 문화가 발달된 탓에 남길 선수와 보내야 할 선수의 판단이 정확하였고 그로 인하여 구단의 판단 미스(miss)와 착오로 인한 구단과 선수의 손해를 최소화할 수 있었다.

아직까지는 대체적으로 FA를 제외하고 타 구단 이적 후 성공한 케이스가 손꼽을 정도다.

좌우지간 트레이드는 선수에게는 또 다른 기회를 받는 정책이기도 하지만, 본인이 의도하지 않는 강제 트레이드로 인해 당혹감과 배신감 등이 처음 드는 게 현실적인 감정이다. 정든 선후배들과 코칭스태프들을 뒤로 하고 새로운 사람들과 함께하는 것이 낯설고 많은 시간을 소요해야 적응되기 때문이다.

가정이 있는 선수는 가족을 데리고 내려가야 되는지, 집은 어떻게 구해야 되는지 등의 문제와 자녀들 학교 문제 등이 새롭게 불거져 나온다. 모든 것이 선택의 문제인데 누구나가 처음 트레이드가 되면 해결해야 할 첫 번째 선택의 문제들이다. 가족을 남기고 혼자 간다, 또는 모두 다 함께 내려간다. 전자는 자녀가 다소 성장하여 학교를 다닐 때이고 후자는 자녀가 어린 경우이다. 아니면 부인의 직장이나 사업 등의 이유로 움직일 수 없는 경우가 있다.

간혹 선수가 트레이드를 강력하게 원하는 경우도 더러 있다. 이와 같은 경우는 선수의 감정이 틀어진 경우로 한때 잘 나갔던 선수가 새로운 경쟁자에 밀려서 설 자리를 잃어 경기 출장이 현저히 줄면 발생한다. 아직은 자신의 기량이 녹슬지 않았으며 분명 타 구단에서 자신의 기량을 필요로 할 것이라고 믿는 경우이다. 이런 선수는 본격적으로 트레이드를 거세게 요구하는 시기가 있다. 바로 연봉협상 시기이다. 구단이 내미는 연봉 재계약 내용에 너무 많은 삭감액이 포함되어 있어서 도저히 선수가 받아들일 수 없어 트레이드를 요구하는 것이다.

선수는 매 경기마다 본인의 활약에 따라 고과점수라는 것을 획득한다. 이 점수들이 모여서 당해 시즌의 팀 성적과 비례하여 자신의 연봉으로 책정된다. 이 비율과 고과항목, 그리고 팀 기여도에 따른 고과획득점수 등이 투명하게 선수들에게 공개된다. 그런데 시즌 활약이 미미하고 경기 출장이 현저히 줄어든 선수는 본인이 획득한 고과점수 자체가 자신이 맹활약하던 지난 시즌과 대비하여 많이 부족하기에 대폭 삭감이 이루어질 수밖에 없다. 하지만 그걸 선수 자신이 받아들이기엔 너무 분하고 억울할 뿐이다. 좋은 활약을 펼칠 때는 이런저런 이유로 소폭 상승한 연봉이 조금 못하니까 대폭 깎아 내리는 구단의 처사가 너무 밉고 이해하기 어렵기 때문이기도 하다. 감정적으로 흥분하는 선수는 자신이 그동안 팀을 위해 기여하였던 수많은 시간들을 열거하며 구단의 대폭 삭감 처사에 저항하듯 트레이드를 강력 요청한다. 이럴 때 구단의 연봉계약 담당자는 선수가 받아들일 때까지 긴 시간을 설득해야 하는 곤욕을 치러야 한다. 선수의 입장도 이해해야 하고, 구단의 연봉정책도 이어 가야 하고, 타 선수와의 연봉협상 형평성도 맞추어야 하는 이래저래 고난의 시간이 되기도 한다. 한편으로 구단 운영 담당자들은 진정으로 선수 편에 서서 선수를 위해 도와줄 일이 무엇이 있는지 고민한다.

위와 같이 한 팀에서 오래도록 활약하며 평판이 좋고 후배들을 잘 리드했던 선수였다면 선수가 입장이 어려워져서 계속 수년간 감액만 당해서 힘들어 할 때, 혹은 이제 더 이상 설 자리가 없다고 판단 될 때, 선수를 위해 대승적인 판단을 내리는 경우가 있다. 바로 무상 트레이드이다. 상대 구단에 부담을 주지 않고 오직 선수의 앞날만을 위해 무상으로 보내주는 미덕을 보여 준다. 구단의 일도 결국은 사람이 하는 일인지라 선수의 행동거지가 올바르고 인간미가 있는 선수들은 언제인가는, 누군가는 도움을 준다. 아직은 세상이 아름다운 이유이다. 반면에 케이스 바이 케이스(case by case)로 구단이 나서서 반강제적으로 트레이드를 추진하는 선수가 있다. 거의 헐값에 넘기다시피 이것저것 따지지 않고 그냥 도매금으로 트레이드한다. 바로 선수단에 악영향을 끼치는 선수로 전체 분위기를 흐리고, 불평불만을 쏟아 내고, 팀 내 훈련 분위기를 어둡게 하는 유형의 선수들을 말한다. 구단은 약간의 손해가 있더라도 이런 선수들을 솎아 내려 한다. 더 이상 선수단의 오염원으로 방치하면 더 큰 일을 당할 수 있을 것 같아서 미리 싹을 자르려 한다. 이런 경우 트레이드가 원만하게 되지 않더라도 구단은 많은 방법을 강구한다. 선수를 회유할 방안, 제3자를 이용한 설득, 2군 조치로 선수단과 분리 등을 모색한다. 그러다가 모든 게 여의치않고 계속 선수의 변화가 없다고 판단하면 선수와의 이별을 택한다. 대를 위해 소를 희생시켜 전체를 보호하는 선택을 한다. 팀이 우선이기 때문이며 팀보다 위대한 선수는 없기 때문이다.

이렇게 구단 간의 트레이드에 얽힌 여러 사연들을 살펴보았다. KBO 리그에서 즉각적인 전력 보강을 이룰 수 있는 방안이 트레이드를 통한 길인데 구단 간의 이해득실을 너무 따지다 보니 활성화가 되지 않고 있다. 구단과 선수의 상호 이익을 위한 적정한 협상과 타협이 제대로 이루어져서 기회를 잃은 선수들에게 많은 기회가 다시 주어지길 바란다.

방출
통보

2군 생활이 길어지면 안 되지만 1군 전력이 단단하여 쉽사리 기회가 오지 않거나 본인이 생각한 계획보다 훨씬 길어지면 선수들의 의지와 목표가 흔들리게 된다. 이때 마음을 다잡고 스스로를 일으켜 세우는 선수는 멘털이 강하고 목표의식이 확고한 선수이다. 1군과 달리 2군 선수들에게는 밤이란 시간이 각자 개인적으로 주어진다. 이 시간을 어떻게 활용하느냐에 따라 당락이 결정된다. 단체훈련이 끝남과 동시에 친구며 지인이며 이성 만남을 위해 부리나케 사라지는 선수들을 유심히 보노라면 어쩌다가 마음의 끈을 놓아 버렸는지, 누가 저 선수들을 잡아 줄 수는 없는 것인지, 분명 저렇게 운동하면 안 된다는 것을 잘 알 텐데 어쩌다가 막 가는 것인지, 이해가 되지 않았다. 운동에 마음이 떠난 선수에게 좋은 말과 걱정도 한두 번이면 족한데 프로 세계는 학교가 아니기 때문이다.

자신의 야구와 미래를 위해서 절실하게 몸부림치는 선수는 위기상황이 오더라도 한두 번의 기회를 더 받기도 하는데, 생각과 몸이 다른 곳에 가 있는 선수들은 여지없이 방출 후보가 된다. 목표의식 없이 생각 없는 행동을 하는 선수들은 처음 입단 때에는 희망과 굳은 각오로 투지를 불태웠던 선수였는데 언제부터인가 태도가 달라지기 시작한다. 모두들 말 못할 사연과 숨기고 싶은 고민들 등등 다양한 이유가 있겠지만, 개중에는 자신감 상실과 대인관계 부적응 등의 인간관계에서 불거져 나오는 갈등이 제일 큰 문제로 대두된다. 특히 코치와의 갈등은 결국 선수들에게 유리하게 작용되지 않는다. 제일 좋은 방법은 유연한 마음으로 슬기롭게 잘 처신하는 방법밖에는 정답이 없다.

아마야구와 동일하게 프로도 코치를 잘 만나야 되고 코치도 선수를 잘 만나야 성과를 내고 인정도 받을 수 있다. 상호가 협력해야 할 필연성이 여기에 있는 것이다. 선수는 코치를 존중하고 믿음을 갖고 소통해야 한다. 코치도 마찬가지로 선수를 인격체로서 가족의 일부로 생각하고 애정을 갖고 지도를 해야 한다. 그런데 갈등이 생긴다는 것은 한쪽이 분명 일방적으로 앞서 나가거나 인격적인 문제가 발생하거나 하며 상호 신뢰가 무너지면서 간극이 벌어졌단 이야기이다. 코치도 선수도 모두 가해자 없는 피해자가 되고 선수와 갈등이 많은 코치도 구단의 신뢰는 점차적으로 무너져 갈 것이다. 그래서 결국은 모두 실패자가 된다.

선수단 관리 차원에서 의욕이 떨어진 선수에 대하여 처음 한두 번은 그런 여러 가지 이유들에 대한 근본적인 해결과 치유에 도움을 주지만, 불미스러운 일들이 재차 일어나고 선수의 말도 양치기 소년처럼 신뢰성이 없어지며 유사한 사고가 반복이 될 때 구단의 인내심은 그리 오래가지 못한다.

구단은 통상적으로 6월이 오면 중간 정산을 하며 선수들에 대한 중간평가도 겸한다. 이때 기본적으로 1군급 선수, 대체백업우선그룹, 중장기육성선수그룹 그리고 구성선수그룹별로 선수들을 분류한다. 7월과 8월에 기량 향상이 이루어지는 선수들은 향후에 상위그룹으로 승격하고 기량 하락과 부진이 장기적으로 이어지거나 좋지 않은 사건사고에 연루되는 선수들은 별도로 그룹을 만들어 관리에 들어가며 보다 면밀한 검토에 들어간다. 그리고 장기 부상과 수술 선수도 관리그룹 대상에 오르는데 직전까지의 활약도와 팀 기여도 여부를 많이 참조하고 향후 활약, 기대도 등도 고려한다.

구단이 냉정하다고들 하지만 실상은 그렇지 않다. 가급적이면 선수들 편에서 더 좋은 조건으로 운동하게 하려는 노력을 많이 한다. 보이지 않는 이곳저곳을 보며 선수들을 위한 무언가를 찾기 위해 고민을 아끼지 않는다. 선수들에게 모든 설명을 일일이 다 해줄 수는 없지만 선수들이 당연하다고 생각하는 모든 것에 구단의 정성과 배려가 녹아 있다는 것을 꼭 얘기해 주고 싶다.

프로선수가 되면 오래 살아남기 위한 몸부림을 치는 게 당연하다. 성적이 좋아서 1군에서 승승장구할 적에는 장밋빛 세상이지만 언제든지 슬럼프와 경쟁자가 나타난다. 야구가 잘 풀리지 않을 때에 그 고통은 이루 말로 표현하기 힘들다. 혼자 감내하며 이겨 낼 고통이라면 충분히 감당해 낼 수 있는데 가까이는 가족, 결혼한 선수면 부인과 자녀들 그리고 처가까지 나를 향한 기대에 부응하지 못한 부담감으로 자신을 옥죌 때가 있다.

그럴수록 더 몸부림치며 마음고생을 한다. 야구뿐만 아니라 노력하는 자에 대한 공평을 믿는다면 선수는 성장할 것이다. 볼이 둥근 것처럼 언젠가는 다시 돌아온다. 너무 속 썩이지 말고 땀을 흘려라. 천재 선수에게도 어려움이 닥치고 슬럼프가 있듯이, 내 자신이 천재가 아님을 아는 당신은 땀을 흘리며 극복해야 한다. 자신이 제일 잘 알 것이다.

현직 프로야구 스카우트가 전하는 프로가 된다는 것

PART 4

아마야구의 위기

CHAPTER 01

아마야구의 현주소

아마야구 저변의 고갈현상

신생아 출산율이 해마다 하락하고 심지어 산부인과의 폐업률도 올라가고 있다고 한다. 대한민국의 인구생산능력이 G20 타 국가 대비 현저히 저하되어 향후 몇십 년 후에는 인구노령화와 출산율 감소 여파로 나라를 지킬 젊은이들도 부족해지고 나라를 먹여 살릴 산업일꾼들의 숫자도 줄어들어 전체 GDP 하락을 걱정한다고 한다.

생산인구가 점차 하락하여 일할 사람이 부족해지고 있어서 국가 존망의 앞날을 걱정하는 이들이 많아졌다. 국민연금을 불입할 사람들도 점차 줄어들고 연금 혜택을 받는 노인인구만 늘어나서 국가가 운영하는 국민연금기금의 고갈속도가 가팔라지고 경제적으로도 심각한 위협에 빠질 것이라고 전문가들이 하나같이 우려를 쏟아 내고 있다. 시골에선 이미 아기 울음소리가 그친 지 오래 되었고 농어촌의 인구도 갈수록 줄어들고 있다.

[그림 4-1] 1970~2022년 출생아수 및 합계출산율 추이(출처: 통계청)

지방자치단체(지자체)에서도 귀농과 귀어를 위한 프로그램을 활발하게 펼치고 있으나 정책적인 실효성을 기대하긴 역부족이란 평이 많다. 어떤 지자체에서는 출산장려금으로 거금을 지급하기도 하는데 뚜렷한 출산율 하락을 막기에는 힘이 많이 부치는 게 사실이다.

실제 대한민국의 신생아 출산은 베이비부머(baby boomer)세대부터 점차 상승하여 1960년에 1백 8만 명으로 최고 정점을 찍고 이후 10년간 1백만 명대를 유지하다 1972년도에 95만 명대로 추세가 꺾이기 시작하여 2000년 밀레니엄 시대로 들어오면서 50만 명대의 출생인구를 보여 주었다. 이후 2020년에 진입하며 30만 명대가 붕괴되었고 급기야 2022년에는 겨우 25만 명대의 최저 출산인구를 보여 주며 인구절벽의 위기감을 고스란히 전 국민이 받고 있는 중이다. 이 같은 이유는 젊은 사람들의 결혼 가치관 변화와 딩크족의 출현 그리고 만혼에 의한 한 자녀 갖기 등에 있다. 무엇보다 더 중요한 이유는 육아에 드는 총비용과 사교육비의 증가 등으로 1인당 육아 총 소요비용에 대한 거부감이 결혼율 저조와 출산율 하락으로 연결되며 악순환이 연속되고 있다는 점이다. 엎친 데 덮친 격으로 젊은이들의 취업률 하락과 주거비용의 급격한 증가 등이 가처분소득의 축소로 직결되며 결혼과 육아에 대한 부담감으로 작용되고 있다. 이러한 현상으로 과거 대비 결혼 기피현상이 커진 탓도 있고 시대가 변화되면서 결혼에 대한 사회적인 철학과 문화가 변화되고 있는 과도기인 것 같기도 하다. 이러한 문제인식으로 몇 년 전부터 범정부 차원에서 출산유도정책을 펴며 막대한 예산을 집중시키며 반등의 노력을 경주하였으나 현재까지도 가시적인 성과가 나오지 않고 있으며 오히려 암울한 수치만 뉴스를 통해 전파되고 있다. 정부와 지방자치단체의 출산장려금으로 일정금액을 일시적으로 지급하는 방식으로는 근본적인 문제를 해결하기 어려워졌다. 출산 이후 자녀가 자라서 성장하는 어느 시점까지의 적극적인 각종 정책이 수반되지 않고는 추락하는 출산율을 반등시키기는 어렵지 않을까 생각한다.

이러한 여파에 향후 몇 년 후가 될지는 모르겠으나 아마야구와 프로야구도 직격탄을 맞을 것으로 예상이 된다. 현재진행형으로 이미 벌써부터 유소년 야구에서 선수 부족 현상을 호소하고 있고, 대회에 기본적으로 참가할 정족수가 부족하여 여기저기 선수를 빌리러 다니기도 한다는데 이마저도 쉽지 않아서 대회 참가를 포기하기도 한다고 한다.

프로야구의 근간이 되는 풀뿌리 야구 현장에 선수가 부족하다. 출산율이 줄어드는 파급이 점차적으로 밀려와 프로야구를 덮칠 날도 당연히 멀지 않았다고 본다. 점점 노령화되어 가는 사회 속에서 젊은이들은 결혼을 미루고 결혼한 사람들은 출산을 미루거나 아예 포기하고 있는데 이를 해결하기 위한 혁신적인 출산장려정책이라도 나와야 먼 훗날 프로야구를 선수 걱정 없이 볼 터인데 말이다. 그리고 설사 남자아이가 태어났다 하더라도 향후 이 아이가 야구 종목으로 흡수되는 확률은 매우 희박해진다. 한 가정 한 아이 정도의 비율로 아이를 낳고 그중에서 여자아이도 태어날 것이고, 그 비율 속에서 각종 스포츠 종목들로 남자아이들의 선호도와 호감도에 따라서 종목도 분산될 것이기 때문이다. 게다가 게임부터 개인 종목 스포츠까지 총망라하고 난 뒤 야구 종목으로 귀착하기까지 많은 여정들과 선택의 시간들 속에서 점점 야구 인구를 늘리는 것도 출산율 회복만큼이나 어려울 수 있을 것 같은 불길한 예감이 든다. 쓸데없는 기우가 되길 바라면서도 곧 현실로 맞닥뜨릴 심각한 문제가 아닐 수 없다.

도시로 몰리는 인구 분포 탓에 수도권 쪽은 아직까지 다소 숨통은 틔우고 있으나 지방에선 이미 우려가 현실로 변하고 있다고 하니 지켜만 보기에도 숨이 답답하다.

인구가 곧 국가의 경쟁력인데 어쩌다가 이런 우려가 나오고 있는지 국가 기관이나 상부기관들은 인구문제를 해결할 혁신적 정책을 더 많이 고민해서 세워야 하고 KBO와 대한야구소프트볼협회(KBSA) 차원에서도 아마야구부터 경각심을 갖고 면밀히 챙겨 보기 바라는 마음이다.

대학야구의
신음

대학야구가 아픈 신음을 내고 있다. 예전처럼 대한민국 아마야구를 대표하여 국제대회에서 국위를 선양하고, 프로야구의 선수 공급처로서 절대적인 위치를 차지하던 그 시절이 옛이야기처럼 기억에서 멀어져 가고 있다.

많은 원인들이 있지만 대표적인 것을 열거하자면 우선 국정농단으로 대한민국 헌정사상 초유의 대통령 탄핵 사건을 이야기 안 할 수가 없다.

웬 뜬금없는 대통령 탄핵 사건을 들먹이고 정치 이야기가 여기 대학야구 이야기에서 나오는지 의아해할 수도 있지만, 바야흐로 국정농단 사건으로 야기된 촛불시위와 그로 인한 대통령 탄핵 과정에서 불거져 나온 여파는 정유라 사건으로 옮겨 가며 대학 특기생들의 수업일수 강화로 번져 갔다. 당시 정유라는 전지훈련 및 대회 참가로 강의를 빠졌던 날들도 모두 강의를 참석한 것으로 체크된 탓에 반향이 꽤 컸다. 그로 인해 대학은 특기생이든 일반 학생이든 정해진 수업을 받아야 하고 대회 참가나 훈련도 강의 이후 휴일, 방학에 치러야 하는 규정으로 바뀌었다. 대학야구의 침체 신호탄이 쏘아진 것이다. 한때는 학점이 충족되지 못한 야구선수는 경기 출전도 불가했던 때가 잠깐 있었다.

예전에는 대학총장의 직권하에 엘리트체육을 집중 육성하며 예산이 투입되던 대학교의 체육행정이 모두 이 사건으로 말미암아 대대적으로 압박받는 변화를 가져왔다.

학교의 명예와 PR, 재학생들의 긍지를 살리고 국가 차원의 체육 발전을 위해 집중 육성되던 체육정책에 갑작스런 변화가 오면서 혼동과 혼란이 함께 닥쳐왔다. 특기생들의 시련 아닌 시련이 시작된 것이다. 말이 쉽지 학교 수업을 배제하고 특기체육에 열중이었던 선수들에게는 수업 시간 자체도 와 닿지 않을 뿐더러, 낯선 학과목 책을 들고 무조건 학과 강의 공부를 해야 하는 수업 시간이 얼마나 힘들고 답답한 시간인지 가늠하기조차 힘들 것이다. 얼마나 고역인지를 말이다.

대한민국 체육사에 대학 특기생제도는 수많은 국제대회 메달의 산실 역할을 하였다. 그러한 각종 기록과 역사를 함께 하였던 대학 선수들이 이제는 강의 시간을 모두 마치고 훈련에 매진해야 한다. 그것도 제반 여건이나 예산의 집중적인 지원하에 훈련할 수 없는 여건에서 말이다. 물론 여기서 개인 종목 선수들은 이전과 대비하여 많은 환경변화가 있다고는 볼 수 없으나 실질적으로 구기 종목 선수들은 많은 피해를 보고 있다.

야구장은
너무 먼 곳에

교내에 야구장이 위치한 대학교일 경우는 좀 나은 편이다. 개별적이지만 강의 종료 후 이동 없이 바로 훈련에 참가는 할 수 있기 때문이다. 그러나 야구장이나 훈련장이 교내에 위치하지 않고 버스로 이동해야 하는 교외에 있는 경우는 난감해지는 게 사실이다. 왜냐면 대학교 학과 강의 시간이 선수들 개인마다 혹은 학년마다 모두 달라 단체로 모여서 훈련을 한다는 것 자체가 어려운 여건이기 때문이다. 그래서 고육지책으로 팀플레이 등은 향후 모두가 모일 수 있는 주말이나 가끔 하는 것으로 대체하고, 강의 후 개별적으로 속속 복귀하는 선수들은 개인훈련으로 끝내는 것으로 바뀌었다.

이 대목에서 우리가 주목해야 할 부분은 선수들의 기량 향상 부분이다. 학과 공부는 공부대로 과연 기존의 일반 학생들과 경쟁해서 좋은 학점을 기대할 수 있을까? 교수들의 절대평가에서 좋은 평가가 나올 수 있을까? 물론 개중에는 우월한 공부 실력을 갖춘 선수들도 있다. 하지만 우리네 보통의 일반 선수들 대부분에게는 학과 시간이 오히려 선수들의 장래를 위해 도움 되지 않고 기회비용 상실이 아닐까 생각한다. 결국에는 공부는 공부대로 야구는 야구대로 경쟁력을 잃고 마는 현상이 이미 우리들 곁에 가까이 다가와 있다. 현장을 누비며 지켜보는 스카우트들은 피부로 실감하는 우려되는 사항이다. 뭔가의 조치가 필요함을, 이대로는 모두가 공멸한다는 위기감이 엄습한다.

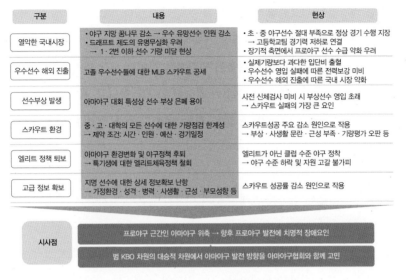

구분	내용	현상
열악한 국내시장	• 야구 지망 꿈나무 감소 → 우수 유망선수 인원 감소 • 드래프트 제도의 유명무실화 우려 → 1·2번 이하 선수 기량 미달 현상	• 초·중 야구선수 절대 부족으로 정상 경기 수행 지장 → 고등학교팀 경기력 저하로 연결 • 장기적 측면에서 프로야구 선수 수급 약화 우려
우수선수 해외 진출	고졸 우수선수들에 대한 MLB 스카우트 공세	• 실제기량보다 과다한 입단비 출혈 • 우수선수 영입 실패에 따른 전력보강 미비 • 우수선수 해외 진출에 따른 국내 시장 약화
선수부상 발생	아마야구 대회 특성상 선수 부상 은폐 용이	사전 신체검사 미비 시 부상선수 영입 초래 → 스카우트 실패의 가장 큰 요인
스카우트 환경	중·고·대학의 모든 선수에 대한 기량점검 한계성 → 제약 조건: 시간·인원·예산·경기일정	스카우트성공 주요 감소 원인으로 작용 → 부상·사생활 문란·근성 부족·기량평가 오판 등
엘리트 정책 퇴보	아마야구 환경변화 및 야구정책 후퇴 → 특기생에 대한 엘리트체육정책 철회	엘리트가 아닌 클럽 수준 야구 정착 → 야구 수준 하락 및 자원 고갈 불가피
고급 정보 확보	지명 선수에 대한 상세 정보확보 난항 → 가정환경·성격·병력·사생활·근성·부모성향 등	스카우트 성공률 감소 원인으로 작용
시사점	프로야구 근간인 아마야구 위축 → 향후 프로야구 발전에 치명적 장애요인 범 KBO 차원의 대승적 차원에서 아마야구 발전 방향을 아마야구협회와 함께 고민	

[그림 4-2] 아마야구의 위기 현황(출처: 필자 작성)

　　선수 생활과 공부를 병행해서 야구로 성공하지 못할 시(프로 미진출 시) 만일의 경우를 대비하여 사회의 낙오자가 되지 않게끔 야구선수의 문맹화를 방지하고, 사회의 일원으로 당당하게 일어날 수 있도록 한다는 원 취지에 대하여는 반론은 없다. 다만, 일말의 이의를 제기한다면 원 취지는 일반 선수들에게 해당될 수도 있는 문제이지만, 소위 말하는 엘리트체육을 수행할 엘리트들은 엘리트답게 집중 육성하여야 함을 주장하고 싶다. 어중간한 정책으로 두 가지 모두를 다 잃을 수 있어서 심히 우려스러운 마음이고, 일반 선수도 엘리트들도 모두 공동화시키는 제도, 모두를 일반화시키는 제도로서 강제로 전체를 하향 평준화하는 졸속 악법이란 느낌을 지울 수가 없다. 모든 선수들을 고르게 평등화하는 이런 환경제도 속에서, 대한민국 체육과 대학야구가 아파하고 있다. 신음 소리가 여기저기서 들린다.

지금 처방전이 필요한데 아직 의사를 못 만나고 있다. 더 아프기 전에, 더 이상의 피해가 없었으면 하는 마음만 가득하고, 어디선가 누군가라도 움직여야 하는데 메아리조차도 들리지 않음이 안타까울 뿐이다. 고스란히 대학 선수들만 피해를 안고 가는 것 같다. 취업이 가능한 학생도 아니고, 야구선수로서 프로에서 서로 데려가려고 안달을 하는 것도 아닌, 그런 모습일 뿐이다. 불나방처럼 불 속으로 들어가고 있다.

야구의 선진국은 역사가 말해 주듯이 미국과 일본이 있지만, 그에 못지않게 수십 년 동안 지속적인 발전을 거듭해 오고 있는 대한민국도 야구 선진국이라고 감히 말할 수 있다. 규모의 경제에서 미국과 일본에 비하면 다소 밀리지만, 엄연히 프로야구 리그가 존재하고 그로 인하여 파생되는 경제 규모가 산업화되어 가고 있고, 가히 선수들의 기량만 보더라도 MLB에서 맹활약하는 KBO 리그 출신의 저력을 여지없이 확인할 수 있다.

100개도 채 안 되는 고교 팀 수와 50개를 넘나드는 대학 팀 수에 비하여 (2023년 8월 현재 KBSA에 등록된 18세 이하부 팀은 총 95개이며, 대학부 팀은 총 47개이다. 2023년 8월 25일 동기화 기준), 근성의 야구로 뭉친 대한민국은 분명히 야구 선진국임은 자명하다. 하지만 시설적인 측면, 즉 야구 SOC(사회간접시설) 측면에선 아직까지 많은 아쉬움이 있다. 대학야구의 환부와 환경을 이야기하려다 자연히 사회간접시설 쪽으로 화두를 옮겨왔는데 여기 이 부분에서 타 선진국들과의 환경적인 차이가 두드러짐을 이야기하고 싶다.

미국과 일본의 아마 선수들은 모두 학과 수업을 철저히 받고 학업도 열심히 하는 게 사실이다. 다만 우리나라의 여건과 차이가 나는 부분은 야간에도 불을 환히 밝힌 야구장이 학교 내에 혹은 학교 주변에 군데군데 위치해 있고, 언제든지 개방을 하고 있으며 얼마든지 스케줄대로 학과 후 훈련을 병행할 수 있다. 우리네 대학 선수들처럼 학교 내에 야구장이 없어서 먼 거리를 이동해야 하고, 훈련 후 다시 원위치로 돌아오고 하는 시간 허비와 피로는 없단 이야기이다. 선진국의 교육시스템 중에서 우리나라가 벤치마킹해 볼 만한 내용과 성과가 있다면, 마땅히 반면교사하며 배워야 할 것이다. 하지만 시설이 받쳐 주지 못하고 있고, 환경이 안 되는 상태에서 무조건적으로 밀어붙일 때는 결국은 많은 시간을 두고 희생이 따른다. 세월이 흘러서 더 많은 시간이 흐르고 난 뒤에는 우리 선수들도 훈련장과 야구장 걱정 없이 맘껏 자신의 꿈을 펼칠 날이 올 것이라고 기대하지만 아직은 모든 게 갈 길이 멀다.

대한민국도 국민 1인당 GDP가 3만 달러[2022년 기준 대한민국의 1인당 국내총생산(GDP)는 3만 2,142달러로 집계되었다. 출처: 경제협력개발기구(OECD), 세계은행(WB), 한국은행, 진선미 의원]를 넘어섰지만, 사회간접시설의 불충분과 엘리트체육 육성정책의 철회와 후퇴는 향후 국제 스포츠 경쟁에서 답보 내지는 퇴보하는 계기가 될 것이 분명하다. 이러한 현상은 머지않은 미래에 아시안게임이나 올림픽의 메달 경쟁에서 나타나리라 본다. 비단 야구뿐만 아니라, 엘리트 종목의 여러 구기 종목에서 나타날 것이다. 언제가 될지 모를 그때 즈음 갑자기 정책이 예전으로 회귀될지도 모른다. 메달 획득 실패가 거듭되고 국민들 여론이 부정적으로 들끓고, 국민 사기가 저하되었다고 판단되면 정치적으로 체육정책에 대한 원인 규명과 반성의 움직임이 있을 것이고, 그에 따른 원인분석결과가 나와서 다시 체육정책이 엘리트 육성 쪽으로 전환될 날이 올 것이다.

필자가 여기서 하고 싶은 이야기는 대학 선수들이 강의실에서 과연 무엇을 어떤 꿈을 키운다고 책을 붙잡고 리포트를 써 나갈까? 하는 점이다. 차라리 원 없이 선수로서의 꿈을 실현시키기 위해서 흠뻑 젖은 유니폼으로 돌아가서 후회 없이 훈련에 매진하는 게 오히려 낫지 않을까?

강의실에서 공부로만 승부해 온 일반 학생들 틈바구니에서 우리네 야구선수 대학생들이 다른 일반 학생들과 경쟁한다는 것 자체가 언뜻 설득력이 없다고 본다. 만약 프로 지명이 되지 못하고 야구선수로서 종지부를 찍었을 때 그 선수가 과연 학교 학과 점수도 어느 정도 받았으니 졸업 후 대기업이든 중소기업이든 타 학생들과 함께 경쟁하며 취업에 대한 경쟁력을 높일 수 있을까 싶다. 지금의 제도는 불확실성만 키우고 불안감만 조성하는 어중간한 정책임에는 틀림이 없다. 차라리 특기자들에겐 그 길로 승부를 보게 함이 오히려 선수들과 가족 그리고 관계자 모두들에게 구원의 손길을 주는 것이고 또 그렇게 되길 바라고 있을 것이다.

불감청(不敢請)이언정 고소원(固所願)에서 불감청할 것도 없이 무조건 청하고 싶다. 특기자들에게 훈련의 시간과 자유를 달라고, 학생들이 강의를 강의실에서 받듯이 특기자 야구선수들도 야구장에서 훈련을 받는 것이 곧 강의를 받는 것이라고, 그렇게 하면 한줌 후회도 없이 자신의 장래를 위하여 아낌없이 불태 우고 결과에 대하여 겸허히 받아들일 것이다.

전문대학의
약진

야구장 부재에 의한 훈련 부족과 시간 부족이라는 변수들이 의외의 현상을 낳고 있다. 프로 지명을 받지 않고 대학에 진학하는 선수들이 4년제 대학보다 2년제 대학으로 진학하는 선호도가 변한 것이다. 대표적인 이유로 충분한 훈련 시간이 주어지고 2년 뒤에 프로 지명 기회가 다시 주어지는 혜택이 있고 4년제보다는 경기 출전 기회가 바로 주어진다는 점이 메리트로 작용한 듯싶다. 그러한 이유로 전문대로 진학하여 열심히 기량을 연마하여 프로 지명을 받아서 프로야구에 진출하는 케이스가 증가하고 있고, 연쇄반응을 보이면서 많은 고교야구선수들이 최근의 진학 흐름에 맞춰 방향 전환을 하고 있다.

실제 대학야구를 관전하다 보면 이젠 4년제 대학과 2년제 대학과의 기량 차이는 거의 없어졌다. 오히려 2년제 대학들의 전력과 기량이 앞서는 학교들도 있어서 소위 말하는 서울권역의 전통의 4년제 대학들이 매번 곤욕을 치르며 겨우 이기든지 아니면 아예 콜드 패를 당하는 일도 자주 목격된다. 지방의 모 2년제 대학은 선수 인원이 80명에서 90명에 달하여 1학년과 2학년을 나누고도 1부 소속과 2부 소속으로 나누어 훈련과 경기를 치른다고 한다. 자체 내에서 경쟁을 거쳐야만 경기에 나갈 수 있어서 선수층도 두텁거니와 기량도 학교 내에서 한 번 더 걸러서 출장하다 보니 다른 대학팀들도 긴장하지 않으면 안 되는 전력이 되었다. 당초 2년제 대학에 입학하였던 원 취지가 무색해질 정도로 경기 출장마저도 보장되지 못하고 졸업 때까지 겨우 몇 경기밖에 출장 못하고 졸업해야 하는 일도 빈번하다. 원래 취지는 모든 경기에 출장하여 기량을 맘껏 선보이고 프로에 도전하는 꿈을 꾸며 2년제에 지원하였는데 지원자가 몰리다 보니 학교로선 반가운 일이지만 학부모와 선수들에겐 또 다른 시련이자 도전이 된 셈이다.

현재 많은 대학야구 감독들이 경기 진행이 어려울 정도로 선수 수급난이 이어지고 있고 기량들도 수준 이하로 떨어졌다고 이구동성으로 걱정들을 토로한다. 일례로 지난 십수 년간 대학야구 최약체로 평가받던 서울의 모대학교조차도 이젠 다른 대학팀들과 어깨를 나란히 하고 대등한 시합을 펼친다는 것이 더 이상 이변이라 말할 수 없게 되었다. 그만큼 대학야구는 점차적으로 기대 수준은 차치하고 평균 수준 이하로 전락 중임을 보여 주는 것이다. 실제로 평균 경기 시간이 4시간이 넘어갈 정도로 이닝을 종료시키기 어려울 정도의 시즌도 있었다.

스카우트로서의 입장도 그러하지만 감독 이하 코치로서도 경기가 진행이 안 되는 것들을 지켜보노라면 대학야구 앞날과 향후 프로야구에 미칠 악영향까지도 걱정이 안 될 수가 없다. 이를 두고 하향평준화가 되었다고 하는 건지 웃고픈 대학야구 현실이다. 이러한 현상들이 또 언제 어떻게 변화될지는 아무도 모르지만 4년제 대학들을 위시하여 한국대학야구연맹은 급기야 대학 4년제에도 얼리드래프트제도를 도입하여 2학년 때에 프로 지명 기회를 받을 수 있도록 기존 신인드래프트제도에서 변경을 요청하였고 KBO 이사회에서 아마야구 발전에 기여한다는 명분 아래 2021년 5월 25일 승인·의결되었다. 얼리드래프트는 당연히 2년제 전문대보다는 4년제 대학에 초점이 맞추어졌다 해도 과언은 아니다. 현재 대학에 진학한 모든 선수들은 졸업반이 되는 해에 프로야구 드래프트에 참가할 수 있다는 규정이 있는데, 중간에 중퇴하거나 휴학한 경우도 반드시 졸업 연도에 맞추어 프로에 참가신청을 해야 한다. 프로야구로서는 이 제도에 대하여 마다할 이유가 없는 반면 대학 측에선 고육지책이 아니었나 싶다. 선수가 부족하여 전반적인 전력 약화와 질적 하락을 기정사실로 받아들이고 있는 상황인데 그나마 좀 야구를 할 줄 아는 선수가 2학년 이후 프로로 빠져나간다면 그것 또한 향후 팀 운영에 어려움을 초래할 것 아닌가? 그럼에도 대학은 결국 얼리드래프트란 제도를 제안하고 받아들이며 조금이나마 대학야구를 활성화시키려고 안간힘을 쓰고 있다.

그에 따라 2022년 프로야구 신인드래프트는 얼리드래프트 시행의 원년이 되었다. 제도 도입에 따라 2년제로 몰리던 야구 인재들이 4년제 대학으로도 분산되는 계기가 되어 선수 수급이 원활하게 잘 되어 고르게 대학 야구가 발전되길 바란다. 이에 그동안 호각세를 보이며 발군의 실력을 보여 주던 2년제 대학들의 향후 행보와 선수 수급들이 또 어떻게 전개될지 지켜볼 일이다. 야구의 흐름은 늘 그러했듯이 유기적으로 살아 있는 생물처럼 변화한다. 국내 굴지의 대학교 브랜드보다도 내가 생존할 수 있는 그런 대학으로 선택하고 종국에는 프로 지명을 받기 위해 조금이라도 유리한 조건의 대학에 진학해 살아남기 위한 노력을 해야 할 것이다.

주말리그가
선수 부상을 초래한다

2023 고교야구 주말리그(경기권A·B·C, 경기·강원권) 일정

※ 전반기 - 경기권 A : 충훈고, 분당BC, 라온고, 경민IT고, 상우고, 안산공업고, 부천고
　　　　　경기권 B : 우성베이스볼AC, 비봉고, 인창고, 여주ID, 진영고, 야탑고, TNP BC
　　　　　경기권 C : 청담고, 백송고, 신흥고, 경기항공고, 장안고, 율곡고야구단, 금곡BC
　　　　　경기·강원권 : 원주고, 설악고, 강릉고, 소래고, 유신고, 강원고
※ 후반기 - 경기권 A : 장안고, 청담고, 유신고, 인창고, 비봉고, 충훈고, 백송고
　　　　　경기권 B : 분당고, 상우고, 야탑고, 안산공업고, 여주ID, 진영고, 부천고
　　　　　경기권 C : 신흥고, 소래고, 금곡BC, 율곡고야구단, 경기항공고, TNP BC, 경민IT고
　　　　　경기·강원권 : 라온고, 원주고, 우성베이스볼AC, 설악고, 강원고, 강릉고

권역	일자		9:30	12:00	14:30	경기장
전반기	4월	8	충훈고 : 분당BC	상우고 : 안산공업고	라온고 : 경민IT고	배나물
			우성AC : 비봉고	진영고 : 야탑고	인창고 : 여주ID	팀업2
		9	라온고 : 충훈고	경민IT고 : 분당BC	부천고 : 상우고	개군
			청담고 : 백송고	장안고 : 율곡고	신흥고 : 경기항공고	팀업2
			원주고 : 설악고	강릉고 : 유신고	소래고 : 강원고	강릉 남대천
		15	안산공업고 : 부천고	충훈고 : 경민IT고	분당BC : 라온고	팀업2
			인창고 : 우성AC	여주ID : 비봉고	TNP BC : 진영고	비봉
			신흥고 : 청담고	경기항공고 : 백송고	금곡BC : 장안고	배나물
		16	야탑고 : TNP BC	우성AC : 여주ID	비봉고 : 인창고	팀업2
			율곡고 : 금곡BC	청담고 : 경기항공고	백송고 : 신흥고	개군
			강릉고 : 소래고	강원고 : 설악고	유신고 : 원주고	원주 태장
		22	안산공업고 : 분당BC	부천고 : 라온고	상우고 : 충훈고	배나물
			야탑고 : 비봉고	TNP BC : 인창고	진영고 : 우성AC	비봉
			유신고 : 강원고	원주고 : 강릉고	설악고 : 소래고	강릉 남대천
		23	경민IT고 : 부천고	분당BC : 상우고	충훈고 : 안산공업고	개군
			율곡고 : 백송고	금곡BC : 신흥고	장안고 : 청담고	팀업2
			강원고 : 원주고	소래고 : 유신고	설악고 : 강릉고	강릉 남대천
		29	여주ID : TNP BC	비봉고 : 진영고	우성AC : 야탑고	배나물
			경기항공고 : 금곡BC	백송고 : 장안고	청담고 : 율곡고	비봉
			설악고 : 유신고	원주고 : 소래고	강릉고 : 강원고	팀업2
		30	상우고 : 라온고	부천고 : 충훈고	안산공업고 : 경민IT고	개군
			진영고 : 인창고	TNP BC : 우성AC	야탑고 : 여주ID	개군
			장안고 : 신흥고	금곡BC : 청담고	율곡고 : 경기항공고	남사2
	5월	5	경민IT고 : 상우고	라온고 : 안산공업고	분당BC : 부천고	남사2
			여주ID : 진영고	인창고 : 야탑고	비봉고 : TNP BC	비봉
			경기항공고 : 장안고	신흥고 : 율곡고	백송고 : 금곡BC	배나물
			(경기·강원) 4위:3위	(경기·강원) 5위:2위	(경기·강원) 6위:1위	팀업2
후반기	6월	3	장안고 : 청담고	비봉고 : 충훈고	유신고 : 인창고	팀업2
			분당BC : 상우고	여주ID : 진영고	야탑고 : 안산공업고	비봉
		4	신흥고 : 소래고	경기항공고 : TNP BC	금곡BC : 율곡고	개군
			라온고 : 원주고	우성AC : 강원고	설악고 : 강릉고	팀업2
		10	유신고 : 장안고	인창고 : 청담고	백송고 : 비봉고	비봉
			야탑고 : 분당BC	안산공업고 : 상우고	부천고 : 여주ID	배나물
			금곡BC : 신흥고	율곡고 : 소래고	경민IT고 : 경기항공고	팀업2
		11	충훈고 : 백송고	장안고 : 인창고	청담고 : 유신고	팀업2
			진영고 : 부천고	분당BC : 안산공업고	상우고 : 야탑고	개군
			우성AC : 설악고	강릉고 : 원주고	강원고 : 라온고	강릉 남대천
		17	충훈고 : 청담고	백송고 : 유신고	비봉고 : 장안고	배나물
			TNP BC : 경민IT고	신흥고 : 율곡고	소래고 : 금곡BC	비봉
			강원고 : 강릉고	라온고 : 우성AC	원주고 : 설악고	원주 태장
		18	진영고 : 상우고	부천고 : 야탑고	여주ID : 분당BC	팀업2
			TNP BC : 소래고	경민IT고 : 금곡BC	경기항공고 : 신흥고	개군
			강릉고 : 라온고	설악고 : 강원고	원주고 : 우성AC	원주 태장
		24	인창고 : 백송고	청담고 : 비봉고	장안고 : 충훈고	비봉
			안산공업고 : 부천고	상우고 : 여주ID	분당BC : 진영고	배나물
			원주고 : 강원고	라온고 : 설악고	우성AC : 강릉고	원주 태장
		25	비봉고 : 유신고	백송고 : 장안고	충훈고 : 인창고	개군
			여주ID : 야탑고	부천고 : 분당BC	진영고 : 안산공업고	남사2
			율곡고 : 경민IT고	소래고 : 경기항공고	신흥고 : TNP BC	팀업2
	7월	1	안산공업고 : 여주ID	야탑고 : 진영고	상우고 : 부천고	비봉
			경기항공고 : 금곡BC	경민IT고 : 신흥고	TNP BC : 율곡고	팀업2
			(경기·강원) 4위:3위	(경기·강원) 5위:2위	(경기·강원) 6위:1위	팀업2
		2	인창고 : 충훈고	유신고 : 충훈고	청담고 : 백송고	개군
			율곡고 : 경기항공고	금곡BC : TNP BC	소래고 : 경민IT고	팀업2

[그림 4-3] 고교야구 주말리그 일정(출처: 대한야구소프트볼협회)

고교야구에 주말리그가 도입된 지도 몇 년이 흘렀다. 애초 도입 취지에 맞게 성과가 나오고 있는지 누군가에게 질문을 던지고 싶다.

선수들의 학습권 보장을 위해서 주중에는 학교 수업과 훈련을 병행하고 주말에만 리그 대회를 치르자는 취지는 뜻하지 않게 강행군이 되어 어린 선수들을 힘들게 하고 있다. 말이 수업이지 선수들이 학교 교실에서 겪을 고행 같은 수업 시간을 상상해 본 적 있는가? 그 수업 시간을 이용하여 선수들이 일종의 스트레스성 피로를 풀 수 있다고 감히 말하지 말길 바란다. 정적인 휴식과 동적인 휴식 어디에도 해당되지 않고 스트레스 물질에 의한 근피로 가중만 더할 것이다.

원래 피로의 방지와 억제 해소에는 다양한 방법이 있지만 무엇보다도 우선되어야 함은 바로 휴식이다. 즉 평안한 마음으로 휴식을 취하는 것을 말하는데 이 속에는 영양식을 통한 에너지 공급이 있을 것이고, 기분전환에 의한 피로회복도 있을 것이다. 지금 제도하에서는 선수들이 혹사 아닌 혹사로 부상 위험이 높아질 수 있다고 감히 이야기하고 싶다.

운동을 수행하면 당연히 근육에 피로물질이 쌓인다. 그 물질들을 적절하게 해소시켜 주지 못하면 근육들의 근 에너지 생성과 발달에 지장을 초래하고 이것을 지속적으로 해소하지 못하면 부상으로 연결되는 악순환이 연속된다.

연초 신학기부터 개학을 하고 나면 주중에는 수업과 훈련을 이어 가고, 주말에는 주말리그가 이틀 동안 열린다. 시드 배정이 잘되면 그나마 서울 인근으로 가서 시합을 하는데 어떤 때엔 3~4시간 걸리는 시도의 영역을 훨씬 넘는 곳에서 주말리그가 짜여 지기도 하여 교통편과 허비되는 시간 부분에서도 효율성은 찾아보기 힘들 때도 많다.

경기도 소속의 고교야구 팀의 경기·강원권 주말리그 경기가 일요일 마지막 오후 3시에 강원도 강릉에서 열렸다고 치자. 경기 소요 시간이 평균 3.5시간이니 경기 후 간단하게 정리하고 씻고 선수들의 저녁 식사를 해결하고 밤 8시 출발하면 요즘 일요일 귀경길 고속도로 상황을 감안하면 족히 5시간은 훌쩍 넘어간다. 실제 2022년 인천 지역 모 고교팀이 강릉에서 경기를 치렀던 사례가 있었다. 과연 도착 시간은 몇 시며 언제 집으로 귀가하고 또 어떻게 아침 등교를 할 것인지 상상이 안 된다. 그런 일들이 지금 벌어지고 있고, 이게 현실이다. 피로에 지친 선수들이 진학과 진로에 대한 스트레스를 받으면서 경기까지 잘해야 하는 부담감을 등에 지고 가고 있다. 과연 우리네 어린 선수들은 언제 휴식을 취할 수 있을까? 자신의 장래를 위하여 한껏 운동도 제대로 못하는 이 부분도 심히 우려스러운 부분이다.

고교야구에서는 선수의 어깨, 팔 부상을 방지하기 위하여 투구수 제한 제도를 시행하고 있다. 2018년부터 시행된 제도는 많은 문제점을 안은 채 지금까지도 이어지고 있는데 이에 대한 학교 감독들의 문제점 토로는 어제오늘 일이 아니다. 실제적으로는 고교 선수들의 부상 방지를 위한 교육지책으로 만든 제도인데 선수들의 기량 향상과 디테일한 부분의 야구에서는 후퇴하고 있다는 느낌을 지울 수가 없다고 이구동성으로 말하며 제도 개선의 필요성에 목소리를 높인다. 필자도 감독들의 그러한 하소연에 동감을 하며 동의한다. 무조건적인 투구수 제한을 계속 고집하기보다 유연성을 가지고 지역 주말리그나 전국 대회 예선전은 기존 제도대로 하되 전국대회 8강전이나 4강전 이후로는 투구

수 제한을 한시적으로 없애는 방안 등이 고려될 필요가 있다고 생각한다. 모든 운동이 그러하듯이 실전에서 경험을 하면서 기량이 향상되는 부분을 찾아가는 게 정석이다. 그에 대한 머슬 메모리나 자신감 등의 상승지수는 수치화하기 어려운 부분이지만 실전의 경험이 매우 중요하단 것은 만인이 알고 역사가 아는 부분이다.

인체 구조상 감각적인 부분에서 무엇인가 자기 것으로 만들어 가는 면에서 보자면 투구수 제한제도는 분명 무엇인가 여운을 많이 남기는 제도임에는 틀림이 없다.

지금은 현역을 은퇴한 지 오래된 역사 속 불세출의 명투수들이 모두 다 투구수 제한과는 상관없이 오랜 기간 동안 명성을 높이며 선수 생활을 이어갔다. 정작 제일 중요한 것은 투구수 제한보다도 투구 자세의 유연함이고 타고난 어깨이다. 가까운 일본만 하더라도 고시엔[Koshien(甲子園)]* 대회에 출전하는 고교생들이 지역 예선을 어렵게 통과한 후 연일 혈전을 펼치는 모습들은 한여름을 들끓게 한다. 그 속에서 에이스의 분투소식과 연일 명승부를 펼치며 역투하는 팀 에이스들과 대비해 우리는 몇 게임과 몇 이닝을 연속으로 계속 던졌다고 방송언론들에서 대서특필하는 모습을 보노라면 우리들은 다소 과잉보호가 아닐까 싶은 생각이 든다. 단련되어가는 통증에 화들짝 놀라서 그만두고 마는 어중간한 상태가 계속되는 기분을 지울 수가 없다.

Baseball **Tip**

> **고시엔**
>
> 한신고시엔야구장(Hanshin Koshien Stadium, 阪神甲子園球場)은 1924년 8월 1일 완공한 야구장으로, 일본 프로야구팀 한신 타이거즈(Hanshin Tigers)의 홈구장으로 쓰이고 있다. 이 곳에서 매년 봄·여름에 「마이니치신문(每日新聞)」과 「아사히신문(朝日新聞)」 주최로 전국고교야구대회를 개최하고 있으며, 이 대회에 맞춰 전국 각지에서 100만 명 이상의 사람들이 몰려든다. 흔히 이 전국고교야구대회 자체를 고시엔이라고 부르기도 한다.

주말리그나 투구수 제한에도 불구하고 해마다 좋은 투수들은 나온다. 여러 가지 여건들은 분명 안 좋은데도 끊임없이 명물들은 출현한다. 대한민국의 인적 토양이 좋긴 좋은가 보다. 여건이 더욱 무르익고 주변 정책과 환경이 더 좋아진다면 대한민국을 대표할 명물들이 더 많이 나오지 않을까 생각된다. 하지만 현실은 그런 명물들보다 남은 다수들이 문제인 것이다. 더 좋아질 여력이 있는 다수들에게 좋은 경험을 통해 감각이 이어지고 유지되도록 해야 하는데, 이와는 반대로 채 느끼기도 전에 강판되어야 한다는 것이다. 팀의 에이스들을 2명 이상 보유하기 힘든 고교야구 현 상황상, 선수를 돌려가며 잘 활용해야 하는데 투구수 제한은 그러한 감독의 전략과 고민들을 다른 곳으로 향하게 한다. 아직은 기량이 안 되는 선수들을 이닝 수를 채우기 위해 위험을 감수하면서 억지로 출장을 시키고 결국은 위기를 초래하여 경기의 흐름이 완전히 바뀌는 양상을 낳기도 한다. 결국은 그런 일들로 인해 패배의 아픔을 얻기도 한다. 투구수 제한은 절묘한 대진 운과 더불어 뜻밖의 팀들이 수십 년 만에 우승의 영예를 차지하는 이변이 발생한다. 어떻게 보면 공평하게 골고루 돌아가면서 우승할 수 있게 해주는 재미있는 마법상자 같은 제도이기도 하다.

필자는 사실 이 제도를 반대하는 사람 중에 한 명인데 투수들의 제구력 부분에서 과거 대비 후퇴되었다고 생각하고 있기 때문이다. 본래 무엇인가를 논리적으로 얘기할 때에는 데이터로 이야기를 해야 하며 논리적 증빙을 갖고 논쟁을 벌여야 한다만 정확한 조사가 이루어지지 않았기에 감에 의존하여 감히 이야기한다. 투구수 제한제도로 인하여 부상 비율이 얼마나 줄었는지? 모든 야구인들이 희망하는 수치가 나왔는지? 전문기관을 통한 정확한 조사가 이루어져서 이 제도를 계속 유지해야 하는지에 대한 논의가 필요한 시점이다.

관련하여 과거 예를 들어 필자의 경험담을 한 번 이야기하고자 한다. 키 작고 뚱뚱하고 힘없는 동료가 있었다. 발도 느린 그 친구는 마땅한 포지션이 없어서 내야도 아니고 외야수도 아니었고 더구나 포수도 아니었다. 그 신체 조건으로는 투수로서도 아예 생각할 틈도 없었고 또한 할 맘도 없었다. 그 친구는 매일 배팅 볼만 던졌다. 어쩌다 던지는 애들보다 매일 던지다 보니 나름 요령도 생겼고 부드러운 구질로 타자들의 입맛에 맞게끔 여기저기 골고루 던질 수 있게 되었다. 그러다 보니 어느새 3학년 선배들의 배팅 볼 전담이 되었고, 눈 감고 던져도 스트라이크를 던질 정도로 쉽고 정확하게 구석구석 던질 수 있게 되었다. 그렇게 1년, 2년을 지내다 어느새 3학년 졸업반이 되었고 팀 투수 구성상 그리고 투수 인원이 적은 지방 팀의 문제이기도 하여 자연스럽게 투수가 되었다. 반전은 이때였다. 팀의 투수들이 부상으로 결장을 하여 어쩔 수 없이 반신반의하며 그 친구를 마운드에 올렸는데 상대 팀 타자들이 꼼짝을 못하며 범타 일색으로 물러났다. 경기에 투입할 수 있는 정도가 아니라 기존의 에이스들보다도 더 안정적으로 경기를 풀어 가는 믿음직한 투수가 돼 있던 것이다. 긴 세월 동안 자신의 길을 묵묵히 걸어온 결과로서 참으로 다행스러웠다. 오랜 배팅 볼 연습을 통해 속구보다도 제구력을 통한 자신만의 결정구인 변화구를 만든 것이 특별했다. 같은 직구인데도 약간의 시간 차를 두기도 하고 코너워크를 가미하니 의욕만 앞세운 상대 고교생들은 그 친구의 볼을 제대로 칠 수가 없을 정도였다. 그 친구는 성장을 거듭하여 먼 훗날 프로선수로도 진출하여 당당히 선발라인업에 들어갔다. 옛 친구의 경험담을 소재로 하며 여기서 강조하고 싶은 대목은 제구력을 갖추기 위해 현재 투구수 제한이란 제도는 모순이 있다는 점이다. 제구력을 기르기 위해서는 꾸준한 피칭연습이 필요하다. 그 감각은 쉽게 문을 열어주지도 투수들에게 그냥 주어지지도 않는다. 태어날 때부터 천부적인 재능이 있는 선수 외에는 올바른 자세, 훌륭한 코치들의 코칭 그리고 꾸준한 훈련이 함께 되어야 얻을 수 있는 고난도의 예민한 기능이다. 남몰래 흘린 땀방울도 많았겠지만 그 친구는 꾸준하게 배팅볼을 던지는 훈련을 통해서 그런 기능을 익힌 것이다.

그 당시에는 대회를 앞두고서는 오전·오후로 훈련을 계속하였고 심지어 야간훈련도 했다. 평상시에는 오전 수업을 받고 오후 훈련을 하였는데 지금 생각해보면 그게 엘리트 특기자 정책이었던 것 같고 오히려 특기자에게는 훈련장이 수업의 연장이라서 더 효율적이었다고 본다. 그러나 요즘 선수들은 전면 수업을 다 마치고 오후 늦은 시간 그라운드에 모여서 훈련을 시작한다. 그나마 학교 내에 야구장이 있으면 훈련에 들어가는 시간을 절약할 수도 있지만 학교가 아닌 장외로 이동해야 할 경우엔 더욱 훈련할 시간이 부족해진다. 게다가 그 야구장에 야간 조명 시설이 되어 있지 않으면 제대로 된 훈련은 힘들다고 봐야 한다. 설상가상으로 저녁 식사라도 제대로 챙기는 학교라면 그나마 조금 나을 듯싶다. 이래저래 요즘 선수들의 고충이 말이 아니다.

지역 지방자치교육위원회마다 정책이 조금씩 상이하겠지만 대부분은 연간 수업일수에서 25일 정도를 훈련과 대회에 할애해 준다고 한다. 방학 때 열리는 대회를 차치하고서라도 주말리그를 제외해도 빠듯한 일수이다. 주어진 25일 일수에서 대회를 준비하는 훈련 시간과 대회를 치르는 평일의 주중 일자까지 모두 계산을 해야 하니 학교 관계자와 감독들의 고역은 이루 말할 수가 없다. 만약에 힘들게 좋은 성적으로 준결승과 결승까지 올라갔을 때 수업일수와 충돌한다면 그땐 어떻게 해야 될까? 학교장 재량하에 일수를 더 연장해서 받을 길이 있나 모르겠다. 고교 야구 감독들은 궁여지책으로 선수들을 조퇴시켜 대회 준비를 위한 단체훈련을 시킬 때도 있다고 한다. 조퇴를 세 번 하면 1일로 간주하는 규정을 적극 활용한다고 하는데, 피땀 어린 노력으로 대회를 준비해도 성적을 내기가 어려운 판에 제대로 훈련도 할 수 없는 이런 기울어진 운동장에서 선수가 진로를 위한 대회를 치르는 데도 제약이 있으니 참으로 어이가 없는 심정이다. 일반 학생들은 교실에서 맘껏 꿈과 희망을 쌓아 가는데 야구선수들은 정작 꿈을 키우는 교실(훈련과 대회)을 맘껏 활용하지 못하는 이 모순을 누가 책임져 줄 것인가 반문하고 싶다.

CHAPTER 02

생존하기 위한 방편

지명제도 변화에 대한 제안

앞서 대학야구의 아픔과 위기를 논한 바 있다. 실제 대학야구 감독을 비롯하여 관계자들과의 만남에서 늘 나오는 걱정거리이자 우려에 대하여 보다 근본적인 대책 마련이 필요하다 생각되는데, 어디에서도 누군가도 안타까운 소리만 내지 움직임이 없다. 움직이지 않으면 아무것도 일어나지 않는다. 사람의 모든 행동 결과는 생각에서 비롯된다. 생각을 하여 동기가 서면 행동으로 이어지고 습관이 되고 인생이 바뀐다.

대한민국 아마야구의 중심축 역할을 해왔던 대학야구의 침몰 앞에서 이를 막아야 할 책무가 있는 사람들은 뜻을 모으고 더 이상 머뭇거리지도 말 것이며 방임도 하지 말아야 한다. 현장을 찾아서 정확한 현상 파악과 원인분석 후에 해결방안을 모색하고 대처방안을 마련해야 한다. 장애요인을 축출하여 하나씩 해결해 나가는 의지와 행동을 가져야 한다. 대학야구가 흔들거리고 삐걱대면 결국 종국에는 KBO 리그에도 위협이 된다. 결코 방관할 사안이 아니다. 심각성을 미리 인지하고 SOS 신호를 잘 구분하여 장기적인 대책 마련에 들어가야 한다. 하인리히 법칙을 잘 알 것이다. 대형사고가 터지기 전 끊임없이 보내오는 신호들을 무시하고 방관하다 터지는 대형 인명사고들을. 대학야구의 비명과 신음은 분명히 프로야구에 하인리히 신호보다 더 선명하고 강렬한 신호이다. 무감각한 우리가 마치 온도가 서서히 변화하는 냄비 속의 개구리처럼 변화를 인지하지 못하고 공생이 아닌 공멸로 가는 것은 아닐지, 대한민국의 인구문제와 차세대들의 국민연금 고갈 걱정만큼이나 심각하게 느껴진다.

필자의 고민은 여기서 그치지 않고 더 나아가 고교 졸업 후 프로 1~2년 차에 방출의 아픔을 당하고 사회에 내동댕이쳐지는 젊디젊은 어린 선수들에 대해서도 미쳐 있다. 대학을 다시 갈 수도 없고 한 번 프로선수 등록이 된 이상 아마야구에 등록이 될 수도 없다. 차라리 이네들이 처음부터 대학을 선택하여 몸과 기량을 더 단단히 하고 프로에 도전했으면 더 좋은 경쟁력을 갖추고 프로에 진출하지 않았을까? 그래도 최소한 5년 이상은 기존 선수들과 경쟁하며 주전 기회를 찾지 않았을까? 하고 반문해 본다.

프로 1~2년 차에 왜 방출을 당하는지에 대한 질문에 필자는 이런 대답을 해준다.

드래프트에서 후순위의 8라운드급에서 11라운드급 선수들 중에서 고졸 선수들도 일부 분포가 되는데 파워적인 면이나 기량적인 면이 당장 프로에서 기존 선배들과 경쟁을 벌일 수 있는 정도로는 아직 미흡한 게 사실이다. 구단들은 1년 동안 성장과정이나 성장속도 등을 면밀히 살피는 데 기량 발전과 발전가능성이 없어 보인다는 판단을 할 수가 있다. 이는 물론 코칭스태프의 냉정한 평가도 포함된다. 구단은 매년 드래프트를 통하여 11명 가량의 신인들을 선발한다. 여기서 문제는 구단의 선수 총인원을 해마다 증가시키지 못하고 특정 인원만을 유지하며 예산 준비를 하는 데 있다. 선수 1인당 소요되는 직·간접 비용은 실로 많은 예산이 투입된다. 선수 연봉에 들어가는 직접비용과 전지훈련비와 일반훈련비, 호텔 원정비 등 많은 항목에서 소요되는 간접비용들은 구단들로 하여금 매년 허리띠를 졸라매게 하여 선수 인원수는 해마다 줄어드는 추세이다. 다시 말해서 해가 바뀌면 새롭게 신인 11명이 입단을 하니 그 인원수만큼 나가야 된다는 이야기이다. 그래서 경쟁력이 떨어지고 미래가능성이 떨어진다는 평가로 의견이 모아지면 어린 나이의 선수임에도 부득이하게 방출의 칼날을 피할 수 없다. 정말로 뛰어난 기량을 갖추고 특A급 대우 내지는 최소한 구단 우선순위로 들어오는 선수들의 경우, 몇 년간은 집중해서 육성하려는 구단의 의지가 있지만 후순위 선수들에 대한 기대치는 그리 높지 않다. 구단의 인내와 육성 의지에 걸맞은 인원수 확대 정책이 없는 한 예산 문제에 부딪치면서 정규인원으로 갈 수밖에 없다.

현실적인 문제이기에 계속 해마다 신인은 들어와야 되고 기존 선수는 냉정한 프로의 약육강식의 생리에 따라 방출을 해야만 한다. 그 속에서 살아남고 버텨 내야 하는 서바이벌 정글인 셈이다. 후순위 선수들이 흙 속의 진주가 되지 말란 법도 없지만, 프로 선배들에 비해 체격과 골격, 파워가 떨어지고 타구의 질도, 던지는 볼의 구위도 모든 게 밀린다는 것을 느끼는 순간 점점 위축되는 선수 자신을 발견하게 된다. 그런 자신감 상실이 제일 위험한 것인데 그걸 극복하는 선수가 있는 반면 이겨 내지 못하는 선수가 더 많다. 이런 현상은 특히 투수보다도 야수 쪽에서 두드러지게 나타난다.

드래프트는 매년 필수적으로 되풀이되면서 치러지고 지명 인원수를 매년 동일하게 유지하며 프로야구의 책무로서 이어져 오고 있다. 그것으로 일부는 아마야구에 이바지하고 일부는 프로야구에도 도움이 되며 함께 상생한다.

이 부분에 대해 필자가 제안하고 싶은 것이 있다. 대학야구 위기 극복과 질적 향상을 동시에 추진하면서 프로야구에 양질의 인원을 제공하는 공급처로서 대학야구 본연의 역할을 살리자면 프로 지명 인원수를 기존대로 하되 대학 저축 선수를 만들자는 것이다. 과거에 이와 같은 형태의 대학 기지명제도가 있었지만, 후일 인권위원회의 권고로 지명권 보유 기간을 4년에서 2년으로 변경하며 야구 규약을 개정한 바 있다. 이렇게 변경된 제도로 인하여 예전에 4년제 대학으로 진학하게 되는 선수들은 자연스럽게 지명권리가 해제되어 졸업반이 되는 해에 무적의 신분으로 다시 드래프트에 나오게 되었다. 그래서 대학 기지명제도는 요즘은 거의 사라지다시피 되어 구단들도 해당 연도에 지명된 선수들을 가급적이면 모두 입단시키는 것으로 변모되었다. 그래서 자연스럽게 대학 기지명제도는 신인 지명제도에서 역사 속으로 사라졌다.

선수명	출신 학교	입단 연도	입단 구단
문승원	배명고 — 고려대	2012년	SK(현 SSG)
나성범	진흥고 — 연세대	2012년	NC
노진혁	동성고 — 성균관대	2012년	NC
한유섬	경남고 — 경성대	2012년	SK(현 SSG)
구승민	청원고 — 홍익대	2013년	롯데
고영표	화순고 — 동국대	2014년	KT
홍창기	안산공고 — 건국대	2016년	LG
최원준	신일고 — 동국대	2017년	두산
이정용	성남고 — 동아대	2019년	LG
최지훈	광주제일고 — 동국대	2020년	SK(현 SSG)

[표 4-1] 2010~2023년 대학 진학 후 프로구단에 입단한 대표 선수
(출처: KBO 역대지명자료 중 필자 발췌)

하지만 이 제도는 단점보다도 장점이 많았다. 대학 4년 동안 갈고 닦은 탄탄한 신체와 좋은 기량을 갖춘 대학 졸업반들은 프로에서도 충분히 경쟁되는 선수들로 변모되어 배출되기도 하였다.

제안하고자 하는 주요 내용은 프로야구의 든든한 선수 공급원으로서의 원취지를 살려서 예전으로 복귀해 2년 아닌 4년으로 하고, 대신 대학 기지명 선수에 대한 지명권 포기를 못하게 막는 방법을 찾았으면 싶다. 바로 입단하는 선수들은 선순위의 경쟁력 높은 선수들로 채우고 남겨진 인원을 대학으로 유도하자는 것이다. 또한 대학야구는 특기자들의 훈련 시간과 대회 참가에 대한 제약을 완화하는 정책을 펴도록 정치적인 해법도 함께했으면 한다.

이런 문제를 풀 수 있고 해결할 수 있으려면 KBO와 대한야구소프트협회 등을 중심으로 협의체가 구성되어야 한다. 이 협의체 안에서 현장의 목소리를 경청하고 문제인식을 공감하여 대책 마련 등을 논의해야 한다. 실질적인 풀뿌리 야구의 문제부터 대학야구에 이르기까지 모두가 한데 모여 머리를 맞대어 공생의 길을 모색해야 한다. 대학야구가 새롭게 얼리드래프트제도를 유연하게 운영함으로써, 대학 입학 후 지명까지 4년이란 시간을 기다리지 않아도 얼마든지 프로에 도전할 수 있는 길이 열렸듯이, 프로 진출 후 1~2년 만에 방출당하는 선수들이 없어지고 더 오래도록 버틸 수 있는 체력과 끈기를 가진 선수들로 재편될 수 있는 길을 터 주었으면 한다. 요약하자면 대학야구 문제를 해결함과 동시에 후순위 고졸 선수들의 프로 조기 방출을 방지하기 위한 조치로 고려해 볼만한 가치가 있을 것이라 생각한다.

프로 지명 후 축하세례에 가슴 뿌듯했던 기쁨이 채 1~2년이 가시기도 전에 청천벽력 같은 방출통보를 받는 상황을 줄이고, 최소한 기회를 더 받아서 나름의 경쟁력을 갖고 건강한 도전을 할 수 있는 제도로 열어 주자는 뜻이다. 고졸 프로 조기 방출자가 더 이상 사회에서 방황하지 않도록 사전에 예방하고 더 튼실하게 살아갈 수 있도록 준비할 시간의 여유를 가질 수 있도록 해야 한다. 그래서 필자는 아마 야구 현장과 프로야구 드래프트를 직접 참여하는 관계자로서 지금의 제도에 대한 변화를 적극 찬성한다.

과거
대학기지명제도 재해석

고교 졸업 후 지명을 받은 선수가 바로 입단하지 않고 대학을 원할 때는(구단이 반강제로 권유하기도) 프로 기지명 대학선수로 분류되어 지명 보유권을 구단이 4년 동안 갖는 제도였다. 그래서 2년제 대학을 진학한 선수들은 2년 후 프로에 입단하였고 4년제 대학 진학 선수들은 4년 후 프로로 들어올 수 있었다.

어떤 제도라도 명과 암이 있기 마련이듯이 이 제도도 맹점이 다수 있기는 하였다. 대학 진학 후 스스로 야구를 그만두는 선수들은 자의에 의한 것이지만, 어쩔 수 없이 구단에 의해 강제로 지명권을 포기당하기도 하였다. 지명권을 포기당하게 되면 한 마디로 실업자가 된다는 이야기이다.

사례로는 대학 진학 후 정상적인 기량 성장이 안 되었다거나, 부상으로 수술을 했다거나, 다른 사건사고에 연루되어 물의를 일으킨 경우에 해당되어 각 구단들은 대부분 이런 선수들을 과감하게 지명권을 포기하며 자유롭게 풀어 주었다. 무슨 이야기냐 하면 지명되었던 선수들을 기량 부족과 성적 부진, 부상 등의 이유로 프로 입단 자격을 해제했단 이야기이다. 대학 기지명과 유급선수 지명권 해제는 2000년대 중반까지도 횡행하였고 대학 기지명 보유권이 4년에서 2년으로 줄어든 시점까지 수년간 되풀이되었다.

구분	2001년	2002년	2003년	2004년	2005년	총계
A	–	2명	2명	–	–	4명
B	5명	5명	2명	1명	–	13명
C	4명	1명	3명	1명	1명	10명
D	7명	4명	2명	–	–	13명
E	3명	1명	2명	1명	–	7명
F	7명	5명	3명	1명	–	16명
G	5명	2명	2명	1명	–	10명
H	2명	2명	1명	–	–	5명

• 2004년 신인 지명부터 지명권리가 4년에서 2년으로 축소, 구단의 자의적인 지명 포기 사례가 줄어드는 계기가 됨
• 연도와 지명 포기 인원은 해당 연도에 지명 입단선수들이 대학 진학 후 포기된 사례임

[표 4-2] 지명권 포기 사례(2001~2005년) (출처: KBO 역대지명자료 중 필자 발췌)

아마대회
일정 조정

　어느 날 무심코 지나치던 초등학교 운동장에서 야구 유니폼을 입고 뛰어다니는 선수들을 본 적이 있다. 그날은 유난히도 추운 날이었는데 성인인 나에게도 옷깃을 여미게 하는 찬바람이 연신 불어대는 영하권의 날씨였다. 마침 시간이 조금 여유가 있던 차여서 어린 선수들이 어떻게 운동하나 싶은 마음에 학교를 유심히 바라보다 깜짝 놀라고 말았다. 내 눈앞에 펼쳐진 광경은 일반적인 그런 운동이 아니고 연습경기를 하는 모습이었다. 그것도 멀리서 버스를 타고 온 상대 팀이 있는 경기로서, 이렇게 추운 영하권의 날씨에 그것도 초등학교 선수가 시합을 하고 있다는 것에 놀라움을 금할 수가 없었다. '저러다가 다치면 어떻게 하나?' 하는 걱정과 '이 추운 날씨에 제대로 시합이 될까?' 하는 의문에서부터 도대체 왜 이런 날씨에 선수들을 추위와 부상으로 내모는지 참으로 어처구니가 없었다.

　모두 성장한 고교생들과 대학생들도 영하권으로 온도가 내려가면 양 팀 감독들끼리 서로 양해를 구하며 경기를 취소하는데 어떻게 저 어린 선수들을 이 날씨에 경기를 하게 하는지 싶었다. 협회에서는 영하권 날씨에 연습경기 금지라는 지시가 있는 걸로 알고 있는데 그런 내용들이 도처에 잘 전달이 되지 않는 것인지, 아니면 그냥 지도자가 밀어붙이는 것인지는 알 수가 없다. 하지만 어린 선수들이 그 날씨에 손을 호호 불어가면서 무엇을 얻고 무슨 생각을 할지 의문스러웠다.

해마다 초봄이 열리기 전 프로구단을 막론하고 초·중·고교 및 대학 등 모든 야구팀들은 보다 따뜻한 나라로 해외전지훈련을 떠난다. 야구의 특성상 적정 기온이 되지 않으면 훈련과 경기가 원활하게 이루어지기 힘든 사정과 부상 위험을 낮추기 위해서 해외 전지훈련 카드를 꺼내는 것이다. 물론 국내의 날씨만이 문제는 아니다. 국내 야구장 여건들이 수많은 아마 팀들의 일정 모두를 소화하기에는 그 수도 부족할 뿐만 아니라 제대로 시설을 갖춘 정상적인 야구장이 그리 많지 않은 이유도 크다. 한동안 코로나19로 인해 국내캠프를 꾸렸으나 이제는 전 세계적인 코로나19 정책 완화에 힘입어 전지훈련을 다시 계획한다. 해외 전훈지로 일본과 필리핀 지역 등이 대체지로 꼽히는데 가끔은 미국으로 먼 이동을 마다하지 않고 출정하는 팀들도 있다.

전지훈련의 장점을 꼽으라면 우선은 결속력을 말할 수 있다. 정든 가족들과 떨어지고 익숙한 학교를 떠나 낯선 곳으로 훈련을 떠나면 그야말로 단체 결속력이 생긴다. 단합과 단결심 등을 얻는 효과도 있고, 가족들과 떨어져서 가족의 의미도 되새길 수 있기도 하다. 그리고 마음을 다시 다잡는 계기가 된다. 멀리 이동하여 숙소에 짐을 풀고 처음 맞이하는 야구장에서 첫 훈련을 시작할 때 마음의 각오는 누구나 남다르기 마련이다. 과거나 지금이나 사람 마음이 다 그러하듯이 멀리 객지에 단체로 나오게 되면 우리 팀이란 의식이 매우 강해지고 승리에 대한 투쟁심도 생긴다. 그런 효과적인 장점이 전지훈련의 대표적인 성과이다. 다른 한편 집과 학교를 오고 가며 정해진 연습 장소에서 반복되는 훈련은 자칫 매너리즘에 빠질 수도 있어서 분위기 전환 차원이라도 전지훈련이 필요한 이유이기도 하다.

그러다 보니 비용 문제가 발생하는데 해당 학교의 해외 전훈 비용 지원은 예산상으로 있을 수도 없고 거의 전무하며, 대부분 학부모들의 경비 각출로 대체되는데 그 비용이 만만치 않음을 잘 알 것이다. 아무리 단체로 간다고 하더라도 근 한 달 이상을 해외에서 훈련과 숙식을 겸하는 것의 비용은 학부모님들의 경제적 부담을 가중시킬 수밖에 없다.

매월 나가는 회비에다가 특별회비까지 내느라 허리가 휠 지경인데, 해외 전훈비용까지 충당하려면 얼마나 힘이 부치겠는가? 그래도 아들에게 도움이 되고 팀이 좋은 성적을 내기 위해선 반드시 필요한 전지훈련이란 것을 너무도 잘 아시는 부모들이다 보니 가지 말자고 누구 하나 반대할 수 없는 상황이 되는 것이다.

그래서 필자는 생각했다.

왜 이렇게 봄이 채 오기도 전에 일찍부터 볼을 만져야 되고 무리하게 추운 날씨임에도 불구하고 연습경기를 해야만 하는지를. 왜 비싼 돈을 들여가면서 해외로까지 떠나서 훈련을 하고 와야 되는지를. 문제는 대회가 시작되는 시점이었다. 그 시점을 풀어 나가면 여러 문제가 해결되지 않을까 싶었다.

언제인가 필자는 폭염이 지나고 선선한 가을을 보내며 문득 이 좋은 가을날에 정작 야구대회는 전국체전 말고는 없다는 사실을 깨달은 적이 있는데 그때 파란 하늘의 푸르른 날씨가 참으로 아까웠다. 숨이 턱턱 막히는, 서 있기조차도 힘든 폭염 속에서도, 타이트(tight)한 일정으로 대회를 치르는데 정작 야구하기 제일 좋은 선선하고 청명한 가을에는 대회가 없다는 것이 아이러니했다.

어떤 때에는 우천으로 거듭 경기가 연기된 탓에 대회와 대회 간의 여분의 일자가 모두 소진되어 전국대회 결승전이 끝나기 무섭게 바로 다음 날 다음 대회로 넘어가 대회를 치르는 일들도 벌어졌다. 결승전을 치른 팀의 에이스가 다음다음 날 대회 예선전에 투구수 제한으로 경기 출장이 불가한 경우도 생기고, 대학은 대학대로 지명이 끝나고 난 뒤의 왕중왕전 대회 일정을 치르게 되어 있어 취업의 생명줄이 달린 선수들에게는 맥 빠진 대회가 되기도 한다. 수시 일정 때문에 신인드래프트도 반드시 9월 중순에 해야 하고 그래서 그 뒤에 벌어지는 대회들은 의미 없는 대회로 전락되는 일들이 되풀이되기도 하는데도 여전히 일정은 변함없이 무의미한 대회를 이끌어 간다.

어디서 무엇부터 손을 써야 되는지 곰곰이 짚어 봐야 될 부분이다.

우리가 알고 있는 아마야구 첫 본선 대회 일정이 3월에 열리는 까닭에 그 대회를 준비하기 위해선 어쩔 수 없이 투수들은 2월이면 게임에 들어가야 되고, 게임을 할 수 있는 어깨와 감각을 만들기 위해선 최소 4주 전부터 순차적으로 훈련을 해야 경기를 치를 수 있는 몸이 된다. 몸을 만들고 감각을 미리 준비하는 것에는 야수도 예외는 아니다. 기본적으로 기온이 10℃ 이상은 되어야 볼을 잡아도 무리가 없고 수비나 송구훈련을 하더라도 제대로 할 수 있게 된다. 즉, 대회를 치르기 위해 미리 몸을 만들어야 하는 것을 감안하면 1월 중순부터 부지런히 전지훈련을 떠나야 하는 것이다. 보다 나은 환경에서 모두의 기쁨과 성공을 위하고 팀의 성공을 위해서 말이다.

그래서 필자는 대회 일정에 대한 기간 조정을 건의하고 싶다. 첫 대회를 뒤로 좀 미루고 날 좋은 가을에 편성하면 안 될까? 대학 수시 입시와 프로 신인드래프트 등의 큰 이벤트 외는 다른 큰일은 없는데 이를 해결할 방안은 없는가? 그리하여 정상적으로 동계훈련 같은 동계훈련을 겨울에는 충실히 하면서 몸과 마음을 더 돈독히 다듬고, 이후 봄이 와서 얼었던 운동장도 녹고 기온도 올라가면 서서히 볼에 대한 감각을 올리는 그런 스케줄로 바꾸기를 바란다. 엄동설한에는 체력운동과 웨이트 트레이닝으로 체력 단련하는 시간을 갖고 야구에 대한 이론적인 공부도 하면서, 나아가 마음의 양식을 쌓는 다양한 책들도 읽고, 어학공부도 하면서 학창 시절의 건강한 자아형성을 위해 무언가 도움이 되는 일들을 하면 안 될까? 하는 안타까운 마음을 전한다.

첫 대회가 4월에 열리는 것으로 정착이 된다면 새해가 밝자마자 전훈 준비에 바빴던 여러 사전 준비에서 벗어날 수 있어서 좋고, 충분하게 몸을 만들고 준비해서 스타트하는 자신감도 보다 좋아질 것이다. 타자는 타자대로 자신의 늘어난 체력만큼 근력도 향상되어 있고, 충분한 스윙 연습으로 배트 스피드 또한 일취월장해 있을 것이다. 몸과 마음도 파워 업되어 야구에 대한 자신감과 의욕도 더욱 충만하게 될 것이다.

이 지면을 빌어 아마야구 관계자들께 적극적인 현안 검토를 부탁드리는 바이다. 프로입장에서는 4월에 시작하는 일정에서 9월 드래프트까지의 기간마저도 충분하게 선수들을 관찰할 시간이 된다는 점을 알린다.

검토 결과 도저히 일정상 대회 연기가 어렵다는 상황이 있다면 정 그렇다면 어린 꿈나무들인 초·중학교 선수들만이라도 대회를 뒤로 미루어 주길 간곡히 바란다. 고교 투구수 제한으로 아마야구를 보호한다는 이야기보다 이것이 더 아마야구 미래를 보호하고 준비하는 길이라고 생각한다.

공정한
심판의 필요

야구의 특성 중 하나는 심판의 역할과 비중이 타 종목 대비 절대적으로 높다는 것이다. 선수들의 플레이 하나하나에 심판의 판정과 콜(call)이 들어가는 종목들을 열거하자면 그리 많지 않을 것이다. 그래서 야구란 종목은 특히 투수가 던지는 볼 하나하나에 대한 판정과 경기 시작 후 종료까지 벌어지는 모든 플레이에 판정콜이 들어가다 보니 희비의 굴곡이 매우 큰 종목이 아닐 수 없다. 예를 들어 보통 선발투수가 6회까지 던지는 볼의 개수를 100개라고 가정하고 이후 던지는 중간투수들이 대략 50개의 볼을 던진다면 한 팀당 토털(total) 150번의 심판콜이 이루어지고 상대 팀까지 종합하면 약 300여 회의 심판콜이 이루어진다고 볼 수 있다. 게다가 루상의 견제콜이나 도루 시 아웃 여부 그리고 타이트한 상황의 세이프 혹은 아웃 콜 등, 수도 없이 많은 콜들로 한 경기를 채운다. 그만큼 심판의 역할과 비중이 높은 경기가 아닐 수 없다.

대개의 스포츠가 그러하듯 사회 곳곳에도 심판들이 존재한다. 한 번의 판정이 생과 사를 가르는 절대적 판정의 법관들, 합격 여부를 판가름하는 심사위원들, 대학입시의 수능 교실에서 수험생들의 입시시험을 감독하는 감독관들, 모두 일종의 심판들이 아닐까 싶다. 그만큼 우리 사회에는 수도 없이 많은 심판들이 존재한다. 그 심판들이 가져야 할 최고의 덕목은 아마도 본업에 대한 가치관의 존재 여부가 아닐까 싶다. 반대로 위험한 것은 가치관의 부재일 것이다. 스포츠 심판도 마찬가지다. 아니 오히려 더 사회의 심판들보다 더 올바른 가치관을 지녀야 할 것이다. 심판의 역할과 비중이 가장 큰 야구에서는 더더욱 그러할 것이다.

전 세계의 모든 스포츠 종목들은 정기적으로 국제대회와 국내대회를 치르면서 종목의 존재를 확인하고 존속시키고 발전시킨다. 올림픽이나 월드컵처럼 국가의 자존심과 명예를 드높이기 위해 사력을 다하여 벌이는 대회뿐만 아니라, 국가 간의 각종 대회와 아시안 게임 등 이루 말할 수도 없는 많은 대회를 통해 스포츠 종목들은 심판들의 공정함과 함께 발전한다. 월드컵을 보면서 느낀 점은 야구에서 이미 적극적으로 활용 중인 비디오 판독을 축구에서도 도입하여 적용한다는 점이다. 최신 과학기법이 도입되어 보다 선명하게 납득될 정도로 정확하게 오프사이드(off-side) 반칙을 걸러 내는 것을 보니, 축구도 혁신적인 방식을 도입하여 공정성을 높이기 위한 시도를 보여 주는 모습이 바람직해 보였다. 반면 골문 앞에서 벌어지는 수비수들의 반칙으로 인해 받게 되는 페널티킥(penalty kick)에 대해선 주심의 재량에 맡기는 경향이 많아, 주심의 의도 아닌 의도적 판정으로 억울하게 실점을 하는 일들이 눈에 들어왔다. 자세히 비디오 판독으로 들여다보았으면 반칙으로 판정받을 수 없는 플레이들인데 주심의 순간적인 판단에는 반칙으로 보여서 페널티킥을 선언하는 일들이 펼쳐졌다. 당연히 해당 수비수들만의 억울함에서 그치지 않고 팀의 벤치와 응원하는 팬들 그리고 더 나아가선 지구 반대편에서 밤잠을 설치며 응원하는 자국의 국민들까지도 울분과 분노를 자아내게 했다. 그만큼 심판의 권한과 책임, 공정성은 해당 종목의 존속과 미래 발전에 직간접적으로 영향을 미치고 연관성도 매우 높다.

당연히 승리해야 할 실력을 갖춘 팀이 이겨야 하고, 준비를 착실히 잘하고 단결력이 뛰어나며 게다가 감독·코치들의 경기수행능력도 월등히 높은 응당 이길 팀이 이겨야 하는 것이 공정한 게임이다. 그 공정한 게임을 만드는 것이 심판이다. 물론 스포츠의 변수는 이런 부분에 국한되진 않지만 그래도 심판의 공정성은 해당 종목의 신선도와 건강함으로 직결한다. 선수들의 기량 차와 운에 의하여 벌어지는 희귀한 변수들 외에는 심판들의 자질 문제와 고의적인 오심들로 인하여 경기의 흐름이 바뀌어서는 안 된다. 이런 일들로 대회 자체에 오명이 씌워지는 것은 결코 용납되어선 안 되고 스포츠에서 배제되어야 함이 마땅하다 할 것이다.

자! 이 시점에서 야구를 되돌아보자.

야구에는 리틀 야구부터 초·중·고·대학교 그리고 각종 사회인리그와 독립리그 등에 무수히 많은 심판들이 존재한다. 그 심판들은 프로 심판과 아마 심판들로 나누어지고, 아마 심판은 비야구인 출신과 야구인 출신 등으로 분류할 수 있다. 이들 중 대다수는 안정이 보장되지 않은 열악한 환경 속에서 생활과 업을 병행하고 있다. 대부분이 전문 심판으로 활동하기보다는 투잡(two-job)으로 시간을 할애하며 활동을 한다. 때로는 경기당 얼마를 받는 심판비를 받으면서 경기에 투입되어, 지역대회 내지는 전국대회를 수행하며 고군분투하는 모습들이다. 그럼에도 개중에는 프로 심판들을 긴장하게 할 정도로 활기찬 제스처와 우렁찬 콜로 경기를 주도해 가는 심판들도 있어서 그날 경기의 또 다른 활력 요인이 되어 선수들의 집중도를 높이는 효과를 낼 때도 가끔씩 있다. 반면에 어설픈 콜만이 아니라 타이밍도 훨씬 늦고 답답한 콜로 인하여 경기를 지루하게 끌고 가는 심판들도 더러 있으며, 제일 중요한 공정성에 문제가 많은 심판들이 있어 시합을 지켜보는 많은 사람들의 얼굴을 찌푸리게 한다. 특히나 고교 주말리그나 전국대회를 보노라면 군데군데 허술한 모습들이 보여서 그 판정에 대한 의아심이 오래도록 남을 때가 있다.

심판들은 정말이지 하늘이 두 쪽이 나더라도 공정해야 한다. 왜냐면 어린 학생들의 장래 진로가 걸렸기 때문이다. 어쩌면 이들 선수들은 수능을 미리 야구장에서 치르는 것이 아닌가? 한 타석, 한 타석 모여서 성적이 되고 이것으로 대학을 가게 되고 프로로 가기 위한 기초가 되는 것이기 때문에 더더욱 열심히 공정하게 판정해야 한다. 마치 이들 모두를 집안의 소중한 가족처럼 여겨 어디 한 부분이라도 치우침이 없이 공정하고 정확해야 한다. 특히나 기량 차가 많이 나서 일찍 승부가 기운 경기일지라도 마지막까지 최선을 다하는 선수들을 위해서 끝까지 공정하게 봐야 한다. 다소 답답하고 눈치 없는 심판이라고 핀잔을 들을지언정 내면의 자신과 맑은 눈망울의 선수들에게 떳떳해야 한다.

최근 대학야구에서 심판과 관련된 모든 문제들이 종합세트처럼 골고루 나타나는 것을 보면 우려를 금할 수가 없게 된다. 매 플레이마다 잦은 판정 어필이 벌어지고 양쪽 벤치들은 납득이 안 된다며 강하게 심판을 옥죄고 언성을 높이며 경기장 분위기를 험하게 몰고 가기도 한다. 더 웃기는 것은 어필 이후 4심이 모여서 그 판정을 번복하는 일이 발생한다는 것이다. 4심 합의에서 정확한 판정이 번복되기도 하고 오심이 바르게 잡히기도 한다. 그런데 상황이 눈앞에서 벌어진 판정에 대하여 30m나 멀리 떨어진 곳에 위치한 심판들이 합의를 한다는 것 자체가 넌센스이다. 자세히 볼 수도 없는 위치의 상황에서 짐작만 하는 것 일뿐인데 어떻게 판정을 짐작만 해서 한단 말인가? 그런 판정에 선수들의 희망과 장래가 무너져 가는 것이다. 감독과 선수들 그리고 학부모들의 억장도 함께 무너져 가면서 말이다.

대학야구도 마찬가지로 심판 판정은 매우 중요하다. 이들 대학 선수들은 프로 외에는 더 이상 진로를 맡길 데가 없다. 고교 선수들이야 대학 진로라는 징

검다리가 있지만 막바지의 대학생들에게 심판들의 판정 하나하나는 정당하게 자신의 평가를 받을 수 있는 토대가 되어야 한다. 열심히 정확하고 공정하게 판정해야 한다. 그런 날들이 쌓이고 또 쌓이다 보면 선수와 심판들과의 관계가 상호 존중과 경의로 뒤바뀔 날이 다가올 것이다.

정확한 판정이 어렵거나 순간 판단력이 예전 같지 않게 어려운 몸 상태에 있는 분들과 사심이 많은 심판들은 자진해서 심판 업무를 고사해야 한다. 아니면 실수가 유난히 많은 분들을 제외하는 제도도 도입되어야 한다. 야구 꿈나무들과 미래 프로 지망생들의 공연장들을 더욱 투명하고 청정하게 관리하기 위해선 변화와 혁신이 필요하다고 생각한다.

최소한 심판들에 대한 선수들의 볼멘 한탄은 없어야 한다. 스포츠답게 말이다.

스포츠맨십은 비단 특정한 곳에만 해당되지는 않는다. 감독과 선수도 마찬가지이다. 냉정하게 스포츠맨십을 스스로 교육하고 실행해야 한다. 말도 안 되는 이유를 대며 아웃 혹은 세이프 판정에 불복하는 과도한 동작을 취하는 감독과 선수들이 볼썽사나울 때가 있다. 어떤 경우에는 일단 우기고 보는 선수들이 있는데 과도한 플레이를 하다 보면 자신의 플레이에 대해 눈을 감든가 순간적으로 제대로 인식 못할 때가 발생한다. 그럴 때엔 심판의 판정에 맡겨야 한다. 과한 액션으로 오버하면 팀 분위기가 또 다르게 흘러갈 수 있고, 학생야구에서 어린 선수들이 심판에게 예의에 어긋난 과한 행동을 하는 것은 감독 이하 모두를 욕 먹이는 일이다. 열심히 하는 것과 어깃장 부리는 것은 구분되어야 하며 평소 교육에서 가르쳐야 한다.

심판들도 본인들이 맡은 업 자체가 어린 선수들에게 미치는 영향력이 매우 높다는 것을 인식하고 자부심을 갖고 업에 임해야 한다.

심판들이 어려운 환경 속에서 고군분투하고 있고 환경개선을 위한 여러 가지 사항들을 윗선에서도 살피어 하나하나 개선해 줘야 할 것이다. 공정한 심판을 위한 정례 교육과 프로그램 마련 등 개선해야 할 일들이 많아 보인다. 모두가 각자의 길에서 최선을 다하기 위해 굽어보고 살피고 하면 문제가 보이고 그 해결의 답도 나온다. 현장에 답이 있듯이 더 이상의 탁상공론은 지양되어야 하고, 진정한 야구의 상생을 위하고 공멸을 막기 위해 보다 효율적인 개선책들을 찾아 분주히 행동해야 한다.

대한야구소프트볼협회에서 2023년 시즌에 돌입하면서 'AI 로봇심판제도'를 도입했다. 목동야구장에 설치하여 황금사자기 전국대회 8강전부터 스타트를 끊었다. 도입 초반부에는 평상시 같으면 충분히 스트라이크 판정이 될 투구도 볼로 인식되어 혼선을 빚기도 하였지만 그래도 양 팀에게 공평하게 판정을 한다는 신뢰감으로 소프트랜딩(soft landing)을 하는 분위기였다. 그러다 점차적으로 오류와 함께 엉뚱한 볼에 대한 스트라이크존이 형성되기도 하여 잠깐이지만 파행을 겪는 우여곡절이 있기도 하였다. 고교야구 경기가 벌어지는 신월야구장과 목동야구장 중에서 목동야구장만 로봇심판을 운영하기에 신월야구장에서 경기를 펼치는 팀들과의 형평성이 맞지 않는 부분도 있지만 여하튼 과감한 시도를 하며 변화를 추구했던 것은 칭찬받아 마땅하다. 앞으로의 숙제는 로봇심판의 판정존에 대한 오류를 최소화하는 부분과 현재 고교야구 수준을 감안한 스트라이크존 확대가 요구되고, 나아가 목동야구장뿐만이 아니라 전국대회가 개최되는 야구장마다 시설이 설치되길 바라는 마음이다.

에필로그

글을 마무리하면서

프로선수로의 꿈을 실현하기 위해서 오늘도 흠뻑 젖은 땀으로 하루하루를 알차게 보내고 있을 선수들에게,

내일의 희망을 본인의 계획대로 알차게 일구어 나가는 모든 프로 지망생들에게 다시 한 번 당부하는 이야기가 있다.

그동안 특별한 목표의식 없이 생각 없이 해왔던 자신의 훈련방법이나 생활에 대해 스스로가 진지하게 뒤돌아보는 시간을 가질 것을 권한다.

혹시 맹목적으로 그냥 훈련만 하고 다람쥐 쳇바퀴 돌듯이 생각 없는 시간들을 보내면서 여기까지 온 것은 아닌지. 분명히 실력이 잘 늘지 않는 것을 알고는 있는데 무엇이 문제인지, 어떤 것을 수정해야 하는지에 대한 진지한 고민 없이 행동하고 있는 것은 아닌지.

선수에게 알맞은 영양식이 있는데도 불구하고 그런 것에 관심 없이 청량음료와 근 피로회복에 전혀 도움 되지 않는 음식들만 좋아한 것은 아닌지.

야구 기술뿐만 아니라 파워 업을 하기 위한 방법이라든지 근력 향상을 위한 빌드 업을 시도해 보았는지.

이런 것들에 대한 스스로의 반성이 필요하다.

혼자서 조용하게 자신을 뒤돌아보면서 야구선수로서의 자신을 평가하는 시간을 가져야 한다.

- 나에게 어떤 계획이 있는가? 연간 목표와 월간 목표는 어떻게 잡았는가?
- 내가 계획한 대로 잘 진행되고 있는가?
- 나의 계획을 실행하는 데 어떤 장애물이 있는가?
- 그 장애물을 해결하기 위해선 어떻게 해야 할지 아는가? 등등

스스로에게 질문을 던지고 답을 해야 한다. 평가는 남들이 하지만 자신을 제일 잘 아는 사람은 자신이기 때문이다. 그래서 생각 없이 하루하루를 지내면 안 된다.

그 반성을 계기로 부족한 부분과 더 필요한 부분들을 다시 또 정리해서 버릴 것은 버리고 새로 채울 것은 채워 나가는 일종의 정리정돈이 필요하다. 그래서 그간의 훈련방식, 마음가짐, 체력 관리, 여가시간 활용 등 바꿀 것은 바꾸고 고칠 것은 고쳐야 한다.

야구선수들은 일반인들에 비하면 훨씬 많은 활동량을 소화한다. 동적으로 온종일 운동에 매달리는 선수들에게 필요한 것은 정적인 부분이다. 즉, 몸과 마음을 편안하게 쉬어 주면서 회복력을 높여야 다음 움직임에 힘도 생기고 부상도 방지할 수 있다. 정적인 휴식에는 음악 감상, 독서 등이 유용하고 충분한 수면을 갖는 것도 중요하다.

지금까지 이 지면을 빌어서 여러 가지 내용들을 전했다. 사실 전혀 새로운 내용이라기보다는 여러분들이 이미 익히 들어 알고 있는 내용들이 더 많을 것이라고 생각한다.

훈련 때마다 듣는 이야기일 수도 있고 지도자께서 틈틈이 강조하며 말씀 주시던 내용도 있으리라 본다. 단지 다시금 새기는 마음으로 받아서 그라운드에 나섰을 때 반복할 수 있도록 자기 것으로 만들기 바란다. 꾸준하게 마음으로 다지고, 기술적인 조언과 방법들은 지도자들과 함께 의논하고 개선하면서 각자의 그림을 그려 나가는 것이다.

혹여나 잠시 흐트러진 마음이었다면 마음의 빗질을 다시 하고 새롭게 하라는 의미다. 어떤 상황이든 마음과 생각에 따라 누군가에게는 늘 새로운 시작이고 또 누군가에게는 늘 불평불만의 시간이 된다.

10년 전의 일기를 꺼내어 많고 많은 걱정과 고민들을 대하노라면 왜 그렇게 힘들게 생각했을까 하고 겸연쩍을 수 있다. 지나온 세월만큼 성숙해졌기 때문이고 그때 당시의 고민들이 한낱 지나는 바람일 뿐이었단 것을 알게 되었기 때문이다.

여러분들이 겪는 지금의 고민과 고통들은 먼 훗날 되돌아보면 그렇게 아파하지 않아도 될 것들이 대부분이다. 그러니 운동하는 것 외에는 너무 많은 에너지를 소비하지 말길 바란다.

특히 이성 문제나 동료 선후배 간의 갈등과 오해는 심신을 힘들게 하고 운동에 전념 못하게 하는 원인이 될 가능성이 높다. 야구에 쏟아붓기에도 부족한 에너지이니 아껴서 고루고루 잘 사용하자.

8부 능선을 넘어 정상까지 얼마 남지 않았을 때 많은 사람들은 다시 힘을 얻는다. 몸은 이미 지쳐 있으나 손을 뻗으면 잡힐 듯이 눈앞에 나타난 목적지가 지쳐 힘들었던 몸과 마음에 마지막 힘을 생기게 하는 법이다.

이 책의 내용들이 여러분들에게 마지막 목적지를 알리는 표지(mile stone)가 되어 새로운 힘을 얻고 남겨진 길을 잘 찾아가게 하는 데 도움이 되기 바라면서 멀리까지 긴 세월을 보내며 달려 온 여러분들의 결실이 알차게 맺어지길 바란다.

그리고 마지막으로 이 책이 출판되기까지 여러 가지로 도움 주신 출판사 관계자 분들과 사랑하는 부인과 가족들 그리고 응원해 준 고향 친구들과 멋진 추천사를 써 주신 분들께 감사의 인사를 전한다.

진상봉

참고자료

좋은 책을 만드는 길, 독자님과 함께하겠습니다.

현직 프로야구 스카우트가 전하는 프로가 된다는 것

초 판 발 행	2023년 10월 18일 (인쇄 2023년 08월 31일)
발 행 인	박영일
책 임 편 집	이해욱
저 자	진상봉
편 집 진 행	박종옥 · 정은진
표지디자인	조혜령
편집디자인	채경신 · 윤준호
발 행 처	시대인
공 급 처	(주)시대고시기획
출 판 등 록	제10-1521호
주 소	서울시 마포구 큰우물로 75 [도화동 538 성지 B/D] 9F
전 화	1600-3600
팩 스	02-701-8823
홈 페 이 지	www.sdedu.co.kr
I S B N	979-11-383-5685-5 (13690)
정 가	17,000원

끝날 때까지 끝난 게 아니다.

− 요기 베라 −